# Taille homme

William MacLeod Raine

Writat

Cette édition parue en 2023

ISBN : **9789359253978**

Publié par
Writat
email : info@writat.com

# Contenu

# CHAPITRE I

## DANS LA ZONE DANGEREUSE

Elle se tenait au sommet de la colline, se découpant sur un ciel d'un bleu très profond. Déjà le soleil se couchait dans une entrejambe des plaines qui roulaient jusqu'au bord de l'horizon comme les vagues d'une grande mer terrestre. Ses feux reflétés étaient dans ses yeux sombres et orageux. Ses longs rayons obliques mettaient en valeur la silhouette grande et élancée, droite comme celle d'un garçon.

Le regard de la jeune fille était fixé sur une volute de fumée qui s'élevait paresseusement d'un creux de collines froissées. Ce film flottant parlait d'un feu de camp rempli de chips de bison. Son front était légèrement froncé d'inquiétude, car l'imagination pouvait remplir les détails de ce que contenait la coulée : les toits en toile blanche des goélettes des prairies, quelques travées de bœufs paissant à proximité, un groupe de contrebandiers de whisky flagrants et profanes du Montana. , et dans les chariots une cargaison d'alcool pour débaucher les Bloods et les Piegans près de Fort Whoop-Up.

Sleeping Dawn était un enfant impulsif. Elle avait toute la capacité d'indignation passionnée de la jeunesse, mais aucune de la sagesse de l'âge qui tempère les désirs avides du moment. Ces marchands de whisky ruinaient son peuple. Plus de soixante braves Pieds-Noirs avaient été tués au cours de l'année dans des bagarres ivres entre eux. Les Indiens des plaines vendaient leur âme contre de l'eau de feu. Lorsque l'engouement était sur eux, ils échangeaient des fourrures, des robes de buffle, des poneys, et même leurs femmes et leurs filles, contre une bouteille de poison.

Dans la lueur du coucher du soleil, elle se tenait rigide et pleine de ressentiment, un petit poing serré, l'autre attaché au canon du fusil qu'elle portait. Les maux du commerce se sont approchés d'elle. Fergus McRae portait toujours l'entaille résultant d'un coup de couteau obtenu lors d'une bagarre ivre. Il était probable que demain il couperait la trace des roues du chariot et se dirigerait à nouveau vers l'alcool et les ennuis. L'éclair rapide de la révolte s'exprima dans le piétinement de son pied mocassin .

Alors que le crépuscule tombait sur les plaines, Sleeping Dawn avança légèrement, rapidement, vers le camp situé au creux des collines. Elle n'avait d'autre objectif précis que d'observer le plan, pour s'assurer que ses craintes étaient justifiées. Mais à travers l'arrière-pays de sa conscience, des pensées rebelles couraient. Ces passeurs étaient totalement hors la loi. C'était son droit de les frustrer si elle le pouvait.

Sans bruit, elle longea la crête au-dessus de la coulée , se déplaçant à travers les herbes touffes avec la prudence qu'elle avait apprise étant enfant dans les loges de la tribu.

Trois hommes accroupis sur leurs talons à la lueur d'un feu de camp se dressaient devant le porche. Un quatrième était assis à peu de distance d'eux, rivetant une étrier avec deux pierres. Les chariots avaient été laissés près de l'entrée de la poche de la vallée, à environ soixante ou soixante-dix mètres du feu. Il est probable que les pilotes, après avoir détaché les équipes, avaient été entraînés plus profondément dans le tableau, vers un endroit plus entièrement protégé du vent.

Tandis que l'obscurité s'accumulait, Sleeping Dawn gisait dans les herbes touffes, les yeux fixés sur le camp en contrebas. Son âme inculte luttait contre le problème qui commençait à se former. Ces hommes étaient des loups, des hommes désespérés engagés dans une activité néfaste. Ils n'ont payé aucune taxe au gouvernement britannique. Elle avait entendu son père le dire. Contrairement à la loi, ils ont apporté leurs produits ignobles et les ont vendus aux races et aux membres des tribus. Ils n'avaient aucune considération pour le terrible préjudice qu'ils infligeaient aux indigènes. Leur seule intention était de devenir riche le plus rapidement possible, c'est pourquoi ils exerçaient leur activité de manière ouverte et provocante. Car la Grande Terre Solitaire était encore un désert où chaque homme était sa propre loi.

Le sang de la jeune fille battait vite avec le pouls de l'excitation. Une résolution se formait dans son esprit. Elle réalisait les risques et évaluait les chances avec sang-froid. Ces hommes tiraient pour tuer n'importe quel rôdeur à proximité du camp. Ils ne prendraient pas inutilement le risque d'être surpris par une bande d'Indiens égarés. Mais la nuit la lierait d'amitié. Elle croyait qu'elle pouvait faire ce qu'elle avait en tête et s'enfuir facilement à l'abri des collines avant de pouvoir la tuer ou la capturer.

À la périphérie du camp, un chien dans l'ombre se leva et aboya. La jeune fille attendait, immobile, tendue, mais les hommes ne prêtèrent guère attention à l'avertissement. L'homme qui travaillait à l'étrivière se leva, en fait, négligemment, le fusil à la main, et regarda dans l'obscurité ; mais bientôt il tourna les talons et retourna à son travail de sellerie. De toute évidence, le chien était habitué à lancer de fausses alarmes chaque fois qu'un coyote passait devant lui ou qu'une mouffette s'approchait avec curiosité .

Sleeping Dawn suivit la crête de la crête jusqu'à ce qu'elle descende jusqu'à l'embouchure de la coulée . Elle se glissa derrière le chariot à toit blanc le plus proche de l'entrée.

Une hache était posée contre la langue. Elle le ramassa, tout en jetant un coup d'œil vers le feu de camp. Jusqu'à présent , elle avait complètement échappé à l'attention. Le chien gisait, clignant des yeux, dans les flammes, son nez reposant sur ses pattes croisées.

Avec son couteau de chasse, la jeune fille déchira la toile sur le côté du dessus. Elle se tenait debout, un pied sur un rayon, l'autre sur l'essieu. La tête de hache tournait en demi-cercle. Il y eut un bruit de bois, un jet rapide d'alcool jaillissant. De nouveau, la hache brillait au-dessus de sa tête. Une troisième et une quatrième fois, il s'écrasa contre les douves.

Un homme près du feu de camp se leva d'un bond en jurant de surprise. "Qu'est ce que c'est?" » demanda-t-il sèchement.

De l'ombre des chariots surgit une silhouette légère. L'homme a saisi un fusil et a tiré. Une seconde fois, sans but, il envoya une balle dans l'obscurité.

La nuit silencieuse fut soudain animée de bruits. Des coups de feu, des cris, des aboiements de chien, des claquements de pieds qui couraient, tout cela arrivait en un mélange confus à Sleeping Dawn.

Elle obtint un moment de répit dans sa poursuite lorsque les commerçants s'arrêtèrent devant les chariots pour se repérer. La première des goélettes à toit blanc était intacte. Celui le plus proche de l'entrée de la coulée contenait quatre fûts de whisky dont les douelles étaient écrasées et le contenu s'infiltrait dans le sol sec.

Contre l'une des roues reposait un fusil. La jeune fille qui volait en panique l'avait oublié trop tard.

Le vandalisme de l'attaque a stupéfié les hommes. Ils auraient pu comprendre assez facilement quelques coups de feu sortis de l'ombre ou une descente en flèche sur le camp pour se précipiter et s'enfuir des chevaux de selle. Même une tentative sérieuse d'anéantir le parti par une bande errante de Pieds-Noirs ou de Cris était une entreprise qui n'aurait pas besoin d'être expliquée. Mais pourquoi quelqu'un devrait-il faire une chose aussi stupide, aussi inutile que celle-ci, et si peu utile dans son caractère destructeur ?

Ils ne perdirent pas de temps en spéculations, mais s'enfoncèrent dans les ténèbres à leur poursuite.

# CHAPITRE II

## L'AMAZONE

Le chien s'élança dans l'herbe touffue et tourna brusquement à droite. L'un des hommes le suivit, les autres prirent des directions différentes.

Le chien courut dans un ravin, fouilla le sol en reniflant et plongea dans un cours d'eau asséché. Tom Morse était aux talons à peine une douzaine de pas derrière.

Les jappements du chien indiquèrent à Morse qu'ils étaient proches de leur proie. Une ou deux fois , il crut distinguer le vague contour d'une silhouette volante, mais dans les ombres nocturnes, il se perdit presque aussitôt.

Ils franchirent la longue pente d'une colline basse et poursuivirent la descente au-delà. Le jeune homme des plaines avait les jambes et le vent d'un marathonien. Il avait la forme physique parfaite de quelqu'un qui mène une vie propre et dure dans l'air sec des hautes terres. La rapidité et l'endurance du fugitif lui indiquaient qu'il était dans le sillage d'une jeunesse parfaitement entraînée.

De façon inattendue, dans l'obscurité plus profonde d'un petit ravin au pied de l'éperon de la colline, le chassé s'est retourné contre le chasseur. Morse aperçut la lueur d'un coup de couteau alors qu'il plongeait. Il était trop tard pour vérifier sa plongée. Une flamme de feu lui traversa l'avant-bras. Les deux hommes tombèrent ensemble, se retournant encore et encore alors qu'ils luttaient.

Surpris, Morse desserra son emprise. Il avait découvert au toucher de la chair qu'il manipulait si brutalement que c'était une femme avec laquelle il se battait.

Elle profita de son hésitation pour se libérer et rouler.

Ils se faisaient face debout. L'homme fut étonné de la fureur de la jeune Amazone. Ses yeux étaient comme des charbons ardents, lui lançant des éclairs de haine et de défi. Sous la blouse de peau qu'elle portait, sa respiration était irrégulière et profonde. Aucun d'eux ne parla, mais son regard ne cédait pas un millième de pouce au sien.

La jeune fille se précipita vers le couteau qu'elle avait laissé tomber. Morse fut immédiatement sur elle. Elle a essayé de le faire trébucher, mais quand ils ont touché le sol , elle était en dessous.

Il luttait pour lui coincer les bras, mais elle se battait avec une fureur barbare. Son petit poing dur frappa son visage une douzaine de fois avant qu'il ne le fixe.

Souple comme une panthère, son corps se tordait sous le sien. Trop tard, l'éclat des dents blanches l'avertit. Elle lui mordit le bras avec l'abandon d'une sauvage.

"Espèce de petit diable !" cria-t-il entre ses dents serrées.

Il rejeta tous les scrupules qu'il aurait pu avoir et coinça fermement ses bras volants. Le corps mince et musclé se tordait encore dans de vaines contorsions jusqu'à ce qu'il le serre fermement entre les genoux dont même un cayuse indompté ne pouvait se libérer.

Elle a renoncé à lutter. Ils se regardèrent, haletants à cause de leurs efforts. Ses yeux brillaient toujours de défi, mais il y lisait de la peur, une terreur horrifiée et paralysante. Pour les commerçants blancs le long de la frontière, une fille métisse était une squaw, et une squaw était une propriété tout comme un cheval ou un chien.

Pour la première fois, elle parla, et en anglais. Sa voix était claire et non pas dans le guttural des tribus.

"Laissez-moi!" C'était un impératif, une urgence, une menace.

Il la tenait toujours dans l'étau, le visage proche de ses yeux flamboyants. "Espèce de petit diable," répéta-t-il.

"Laissez-moi!" répéta-t-elle sauvagement. "Laisse-moi me lever, je te le dis."

"Je le ferai comme des flammes. Tu as fini de me mordre et de me poignarder pour une nuit." Il n'avait pas goûté d'alcool de la journée, mais il y avait une note d'ivresse dans sa voix.

La terreur en elle grandit. "Si tu ne me laisses pas monter—"

"Tu feras quoi ?" se moqua-t-il.

Son furieux bouleversement le prit par surprise. Elle l'avait renversé et se relevait avant qu'il ne la prenne par les épaules.

La jeune fille baissa la tête pour tenter de se libérer. Elle aurait pu aussi bien échapper aux menottes en acier qu'à l'emprise de ses doigts bruns.

"Tu ferais mieux de me laisser partir !" elle a pleuré. "Tu ne sais pas qui je suis."

"Je m'en fiche", répondit-il. "Tu es un idiot et tu as brisé nos fûts. Cela me suffit."

"Je ne suis pas une idiote [ 1]", a-t-elle nié avec indignation.

[Note 1 : Dans la langue vernaculaire des Indiens du Nord-Ouest, on disait « nitchies ». (WMR)]

L'instinct de conservation était en mouvement en elle. Elle avait fait le jeu de cet homme et de ses compagnons. Les commerçants élaboraient leurs propres lois et fixaient leurs propres normes. La valeur d'une squaw des Pieds-Noirs n'était pas plus grande que celle de l'alcool qu'elle avait détruit. Ce serait dans leur caractère de la garder comme un bien capturé à la guerre.

"La fille d'un homme-squaw donc", dit-il, et il y avait dans sa voix le mépris de l'homme blanc pour le métis.

"Je m'appelle Jessie McRae", dit-elle fièrement.

Chez les Indiens, elle portait son nom tribal de Sleeping Dawn, mais toujours avec les Blancs, elle utilisait celui que son père adoptif lui avait donné. Cela a accru leur respect pour elle. En ce moment même, elle avait désespérément besoin de chaque once qui pèserait sur la balance.

"Fille d'Angus McRae ?" » demanda-t-il, étonné.

"Oui."

"Sa femme est une Cri ?"

"Sa femme l'est", corrigea la jeune fille.

"Qu'est-ce que tu fais ici ?"

"Le camp de mon père est proche. Il chasse les peaux."

« Vous a-t-il envoyé briser nos fûts de whisky ?

"Angus McRae ne se cache jamais derrière une femme", a-t-elle déclaré, la tête haute.

C'était vrai. Morse le savait, même s'il n'avait jamais rencontré McRae. Sa réputation de combattant intrépide, aussi honnête que le jour et sévère comme le Jour du Jugement, s'était répandue dans tout le Northland. Si cette fille était la fille du vieil Écossais, même un marchand de whisky ne pourrait pas mettre la main sur elle en toute sécurité. Car derrière Angus se trouvait un groupe de chasseurs de bisons qui lui étaient liés par le sang et sur lesquels il excrçait une influence semi-patriarcale.

"Pourquoi as-tu fait ça?" » demanda Morse.

La question lui fit éveiller une étincelle d'esprit. "Parce que vous ruinez mon peuple, en le détruisant avec votre eau de feu."

Il a été complètement surpris. "Voulez-vous dire que vous avez détruit notre propriété pour cette raison ?"

Elle hocha la tête, d'un air maussade.

"Mais nous ne faisons pas de commerce avec les Cris ", a-t-il insisté.

Elle était sur le point de lui dire qu'elle était de la tribu des Pieds-Noirs et non des Cris , mais encore une fois, pour des raisons politiques, elle n'était pas franche. Jusqu'à ce qu'elle soit sortie du bois, il valait mieux que cet homme ne sache pas qu'elle n'était qu'une fille adoptive d'Angus McRae. Elle donna une autre raison, et avec un élan de passion qu'il devait apprendre comme une caractéristique d'elle.

"Vous causez des ennuis à mon frère Fergus. Il a tiré une balle dans la jambe d'Akokotos (Beaucoup de chevaux) lorsque l'eau de feu l'a brûlé. Il a été poignardé par un brave Piegan qui ne savait pas ce qu'il faisait. Fergus est bon. Il s'en soucie ses propres affaires. Mais vous lui volez la cervelle. Puis il se déchaîne. C'est *vous* , pas Fergus, qui avez tiré sur Akokotos . Le Grand Esprit sait que vous, les commerçants de whisky, et non mes pauvres gens qui se détruisent les uns les autres, êtes les vrais meurtriers. ".

Sa logique était féminine et personnelle, de son point de vue totalement injuste.
De plus, l'une de ses accusations n'était pas littéralement vraie.

"Nous n'avons jamais vendu de whisky à votre frère, pas à notre entreprise. C'était peut-être celui de Jackson. De toute façon, personne ne l'a obligé à l'acheter. Il était libre de le prendre ou de le laisser."

"Un loup n'est pas obligé de manger la viande empoisonnée dans un piège, mais il mange et meurt", rétorqua-t-elle avec rapidité et amertume.

Adroitement, elle l'avait mis sur la défensive. Ses paroles avaient la piqûre de fléchettes barbelées.

"Nous ne parlons pas de loups."

"Non, mais des Pieds-Noirs, des Sangs et des Sarcis ", éclata-t-elle, encore une fois avec cet éclat de férocité féminine si hors du caractère d'une femme indienne ou d'une fille d'un autre. " Pensez -vous que je ne sais pas comment vous parlez, les Américains ? Un bon Indien est un Indien mort. Pas étonnant que nous vous détestions tous. Pas étonnant que les tribus vous combattent jusqu'à la mort. "

Il n'avait aucune réponse à cela. C'était vrai. Il avait été élevé dans un pays de guerres indiennes et il avait accepté sans conteste l'opinion commune selon laquelle les Sioux, les Crows et les Cheyennes , avec tous leurs frères de sang, constituaient des menaces pour la civilisation. Le cas des indigènes qu'il n'avait jamais étudié. Il ne savait pas dans quelle mesure les promesses non tenues et l'injustice cruelle avaient contribué à pousser les tribus sur le chemin de la guerre. Peu de pionniers étaient conscients des torts commis par les hommes rouges.

Les mains du jeune homme tombèrent de ses bras. Les yeux durs et sombres, il la regarda de la tête aux pieds. La jupe courte et la blouse en peau de daim, les mocassins en peau de buffle, tous poussiéreux et tachés de voyage, racontaient la vie dans un pays primitif dans les conditions les plus simples et les plus dures.

Pourtant, la voix était claire et vibrante, les mots bien prononcés. Elle s'épanouissait comme une rose du désert, possédait une certaine qualité de vie vitale qui faisait jaillir une étincelle de son imagination.

Quel genre de fille était-elle ? En aucun cas elle ne correspondrait aux spécifications du cagibi que son esprit avait construit pour les femmes indiennes. Les filles même des boisbrulés avaient beaucoup de la lourdeur et de la lourdeur de leurs mères indigènes. Jessie McRae était gracieuse comme un faon. Chaque tour de tête sombre, chaque lever de main exprimait l'esprit et la verve. Elle devait, pensa-t-il, avoir hérité presque entièrement de son père, même si dans sa jeunesse souple , il ne pouvait trouver que peu de la lourde solidité d'esprit et de corps de McRae.

"Votre frère est métis[ 2]. Ce n'est pas un membre d'une tribu. Et ce n'est pas un enfant. Il peut se débrouiller tout seul", dit enfin Morse.

[Note 2 : Les métis étaient connus sous le nom de « métis ». Le mot signifie, bien sûr, bâtard. (WMR)]

Son choix de mot était malheureux. Cela s'appliquait autant à elle qu'à Fergus. Il était souvent utilisé avec mépris.

"Oui, et les métis n'ont pas d'importance", s'écria-t-elle avec cette note d'amertume qui transparaissait si étrangement dans sa jeunesse au sang chaud et vital. "Vous pouvez le chevaucher comme si vous étiez les seigneurs des terres arides. Vous pouvez le ruiner pour l'argent que vous gagnez, même s'il est un sujet de la Grande Mère et non de votre pays. Il n'est qu'une race, un bâtard. "

C'était un homme d'action. Il a écarté la discussion. "Nous retournerons au camp."

Instantanément, ses yeux trahirent la peur qu'elle ne voulait pas exprimer avec des mots. "Non, non ! Je n'irai pas."

Ses paupières se rétrécirent. L'avancée de sa mâchoire fine ne laissait aucune place à la discussion. "Tu iras où je te dis."

Elle savait que ce serait ainsi s'il la traînait par les cheveux. Parce qu'elle se trouvait dans une situation si grave , elle a apprivoisé sa fierté en une supplication maussade.

"Ne m'emmène pas là-bas ! Laisse-moi aller voir mon père. Il me fouettera. Je lui demanderai de le faire pour toi. N'est-ce pas suffisant ? Cela ne te satisfera-t-il pas ?"

Des taches rouges couvaient comme du feu dans ses yeux marron. S'il la ramenait au camp des commerçants, il devrait combattre Bully West pour elle. C'était certain. Toutes sortes de complications surgiraient. Il y aurait des problèmes avec McRae. Le commerce avec les Indiens de la maison de son oncle, dont il allait bientôt devenir associé, serait ruiné par l'Écossais. Non, il ne pouvait pas la ramener au camp de la coulée . Il y avait trop d'enjeux.

"Ça me convient. Je vais vous en parler. Il doit vous fouetter pour ce tour stupide que vous nous avez joué et pour réparer notre perte. Où est son camp ?"

À distance d'un jet de pierre, une voix lourde et rauque cria : « 'Lo, Morse !'

Le jeune homme se tourna vers la jeune fille, les lèvres serrées en une ligne fine et dure. "Bully West. Le chien est reparti et il l' amène ici, je pense. Vous aimeriez le rencontrer ?"

Elle connaissait la réputation de Bully West, connu comme bagarreur et libertin. Qui dans tout le Nord ne le savait pas ? Son cœur battait un signal de désespoir.

"Je... je peux encore m'enfuir... jusqu'à la vallée", dit-elle dans un murmure, les yeux vifs de peur.

Il sourit sinistrement. "Tu veux dire *que nous* pouvons."

"Oui."

"Prenez la piste."

Elle se retourna et nous ouvrit la voie dans l'obscurité.

# CHAPITRE III

ANGUS McRAE FAIT SON DEVOIR

Le cri dur leur parvint de nouveau, et avec lui une volée de jurons qui polluèrent la nuit.

Sleeping Dawn accéléra le pas. Le personnage de Bully West a été suffisamment mis en avant dans cette seule explosion. Elle l'a conçu ballonné, loup, malin, un homme dont l'esprit voyageait à travers des marécages verts et crasseux, engendrant fièvre et maladie. Aussi dur que soit ce jeune homme, malgré sa haine envers lui, ses doutes quant à ce qui se cachait derrière ses yeux impénétrables brun rougeâtre, elle préférerait cent fois prendre des risques avec lui plutôt qu'avec Bully West. Il était au moins un jeune. Il était toujours possible qu'il n'ait pas encore complètement échappé à la tendresse de l'enfance.

Morse la suivit silencieusement à grands pas infatigables. La jeune fille continuait à l'intriguer. Même sa manière de marcher exprimait sa personnalité. Il n'y avait rien de la démarche indienne au pied plat dans sa démarche. Elle bougeait avec légèreté, avec ressort, comme le fait celui qui y trouve la joie d'invoquer une force abondante.

Elle était à moitié écossaise, bien sûr. Cela a aidé à l'expliquer. Les paroles d'une vieille chanson résonnaient dans son esprit.

" Hier, j'ai rencontré une jeune fille séduisante, une jolie jeune fille,
comme jamais elle n'a grimpé à flanc de montagne ou n'a trébuché sur la route ;
elle ne portait ni or, ni bijoux brillants, ni soie ni satin rares, mais juste le plaid qu'une reine je pourrais bien être fier de le porter."

Jessie McRae ne portait rien d'aussi pittoresque que le tartan. Ses vêtements étaient sales et tachés de poussière. Mais ils ne pouvaient pas éclipser sa jeunesse divine et sombre. Elle était mince, comme une panthère, et ses mouvements suggéraient plus que la même grâce sinueuse.

de l'absurdité de telles pensées . C'était une belle race. Laissons-en là. Dans les livres d'histoires, il y avait des princesses indiennes, mais dans la vraie vie, il n'y avait que des squaws.

Ce n'est que lorsqu'ils furent hors de la zone dangereuse qu'il parla. "Où est le camp de ton père ?"

Elle désigna le nord-ouest. "Tu n'as pas besoin d'avoir peur. Il te paiera pour les dégâts que j'ai causés."

Il la regarda avec la même manière constante et évaluatrice qu'elle devait apprendre comme une de ses particularités.

"Je n'ai pas peur", dit-il d'une voix traînante. "Je recevrai mon salaire et vous recevrez le vôtre."

Les couleurs flamboyèrent sur son visage sombre. Quand elle parlait, il y avait une colère méprisante dans sa voix. "C'est une bonne chose d'être un homme."

« Vous aimeriez manger des écrevisses, n'est-ce pas ? »

Elle se tourna vers lui, les yeux flamboyants. "Non. Je ne demande aucune faveur à un loup-loup."

Elle lui cracha le mot comme s'il s'agissait d'un missile. Le terme était un terme de mépris, utilisé uniquement pour parler des pires commerçants de whisky. Il le prit froidement, ses fortes dents blanches étincelant dans un sourire moqueur.

"Alors ce loup-garou n'en proposera pas, Miss McRae."

Ce fut le dernier mot qu'ils passèrent entre eux jusqu'à ce qu'ils atteignirent le camp des chasseurs de bisons. S'il éprouvait des remords, elle ne lisait rien de tel sur son visage brun et sur la démarche régulière qui la conduisait droit au châtiment. Elle se demandait s'il savait avec quelle cruauté Fergus, vingt ans, avait été battu après sa beuverie parmi les Indiens, avec quelle sévérité Angus rendait la justice au sein du clan sur lequel il régnait. Pensait-il qu'elle était une squaw ordinaire, du genre à être fouettée par son propriétaire par mesure de discipline ?

Ils gravirent une colline et contemplèrent un camp rempli de nombreux feux dans le creux en contrebas.

"C'est toi, ma fille ?" » une voix a appelé.

De l'ombre projetée par les tentes, un grand homme barbu vint à leur rencontre. Il mesurait six pieds dans ses chaussettes de laine. Sa poitrine était profonde et ses épaules extrêmement larges. Peu de gens dans les Terres Solitaires possédaient la force physique d'Angus McRae.

Sa grosse main attrapa la jeune fille par l'épaule avec une poigne qui était à moitié une caresse. Il avait été un peu inquiet à son sujet et cela s'exprimait par un reproche.

"Tu ne devrais pas sortir par ta voie aussi longtemps après la tombée de la nuit, Jess. Tu le sais. "

"Je sais, Père."

Les yeux bleus sous les sourcils grisonnants du chasseur se tournèrent vers Morse. Ils lui ont demandé ce qu'il faisait avec sa fille à ce moment et à cet endroit.

Le commerçant du Montana a répondu à la question tacite, une pointe d'ironie dans la voix. "J'ai trouvé Miss McRae errant , alors je l'ai ramenée à la maison où elle serait en sécurité et bien prise en charge."

Il y avait quelque chose dans tout cela qu'Angus ne comprenait pas. La nuit, dans les Terres Solitaires, parmi mille poches de collines et matchs nuls, ce ne serait qu'une millionième chance qui réunirait un homme et une femme de manière inattendue. Il repoussait les questions, car il n'était pas du genre à renoncer aux responsabilités qui lui incombaient en tant que père de famille.

Une femme indienne grosse et sans taille est apparue dans le rabat de la tente alors que les trois s'approchaient de la lumière. Elle poussa un grognement de surprise et désigna d'abord Morse, puis la jeune fille.

Les mains du commerçant étaient couvertes de sang, la manche de sa chemise en était trempée. Des taches étaient éclaboussées sur les vêtements et le visage de la jeune fille.

L'Écossais les regarda, et sa lèvre supérieure rasée de près se redressa, tout son visage sévère. "Quelle sera la signification de tout ça ?" Il a demandé.

Morse se tourna vers la jeune fille, fixa fermement ses yeux sur elle et attendit.

"Nae lees. Je dirai la vérité," ajouta durement Angus.

"Je l'ai fait... avec mon couteau de chasse", dit la fille en regardant son père.

"Qu'est-ce que c'est ? Tu parles d'avoirs, ma fille ?"

"C'est la vérité, Père."

L'Écossais s'adressa au commerçant avec une question rapide, terminée par une menace. "Pourquoi ferait-elle ça ? Pourquoi ? Si tu disais un mot à ma fille—"

"Non, Père. Vous ne comprenez pas. J'ai trouvé un camp de marchands de whisky, et j'ai volé et brisé quatre ou cinq fûts. J'avais l'intention de m'éclipser, mais cet homme m'a rattrapé. Quand il s'est précipité sur moi , j'étais J'avais peur, alors je l'ai frappé avec mon couteau. Nous nous sommes battus.

"Vous vous êtes battu", répéta son père.

"Il ne savait pas que j'étais une fille, pas au début."

Le chasseur de bisons a dépassé ce stade. "Vous êtes allé au camp de ce commerçant et avez ruiné ses marchandises ?"

"Oui."

"Pourquoi?"

La jeune fille mince faisait face à son juge avec fermeté, les yeux pleins d'appréhension.
"Fergus," dit-elle à voix basse, "et mon peuple."

« Que leur arrive-t- il ?

"Ces commerçants enfreignent la loi. Ils vendent de l'alcool à Fergus et à..."

"Eh bien, c'est vrai, est-ce que c'est ton affaire de foncer et de détruire les biens des autres ? Est-ce que je t'ai élevé dans la crainte du Seigneur pour frapper les hommes avec ton poignard et te battre avec eux comme un bateau sauvage ? J'ai été plus facile avec vous. Eh bien, je ferai mon devoir douloureux ce soir, ma fille . Les yeux de l'Écossais étaient aussi durs et aussi inexorables que ceux d'un juge pendu.

"Oui," répondit la jeune fille d'une petite voix. "C'est pourquoi il m'a ramené à la maison au lieu de m'emmener dans son propre camp. C'est à toi de me fouetter."

Angus McRae n'était pas habitué à ce que la loi et le jugement lui soient retirés. Il fronça les sourcils vers le jeune homme sous de lourds sourcils grisonnants sévèrement rapprochés. "Et qui es-tu pour me dire comment gouverner mon pays hein ?", a-t-il demandé.

"Je m'appelle Morse - Tom Morse, Fort Benton, Montana, quand mon chapeau est accroché . J'ai accepté la proposition de votre fille, selon laquelle si je ne me rendais pas à notre camp, mais que je l'amenais ici, vous deviez la fouetter et payez-moi des dommages et intérêts pour ce qu'elle avait fait. Moi, je ne l'ai pas proposé. Elle l'a fait.

"Tu lui as donné ta parole, Jess ?" » demanda son père.

"Oui." Elle traîna, à contrecœur, au bout d'un moment : « Avec une cravache.

"Alors c'est comme ça que ça se passera. Les McRae ne rechignent pas sur une bonne affaire", a déclaré le vieux chasseur de bisons austère. "Mais d'abord, nous allons regarder le bras de ce jeune homme. Prends de l'eau et des chiffons propres, Jess."

Morse rougit sous le bronzage foncé de ses joues. "Mon bras va bien. Il tiendra jusqu'à mon retour au camp."

"Rien de tel, mon garçon. Nous allons l'attacher ici et maintenant. Si ma fille vous coupe le bras, elle pansera la plaie."

"Elle ne le fera pas. Je dirige ce bras."

McRae abattit un poing lourd dans la paume de sa main. " Je vais te montrer ça , mannie ."

"Bon sang, à quoi ça sert de ' jawin ' ? Je vais attendre , je te le dis."

"Ne maudissez pas dans mon camp, M. Morse, ou quel que soit votre nom." Les
yeux bleus de l'Écossais brillèrent. "C'est une chose que je ne permets pas . Je ne laisse pas non plus les gars imberbes me dire ce qu'ils feront ou ne feront pas ici. Votre blessure sera lavée et pansée si je dois d'abord vous ordonner de vous ligoter. Alors tirez le meilleur parti de cela. ".

Morse le regarda un moment, puis céda avec un rire sardonique. McRae partageait pleinement l'obstination de sa race.

"Très bien. Je dois me faire du bien, que cela me plaise ou non. Allez-y." Le commerçant retira la manche de sa chemise et tendit un bras musclé et taché de sang. Une vilaine blessure chair s'étendait à mi-chemin du coude au poignet.

Jessie a apporté une bassine, de l'eau, une serviette et des chiffons propres. A la lueur d'une lanterne dans les mains de son père, elle lavait et pansait la plaie. Ses lèvres tremblaient. D'étranges petites rivières de feu coulaient dans ses veines lorsque le bout de ses doigts touchait sa chair. Un jour, alors qu'elle levait les yeux, ils rencontrèrent les siens. Il y lisait un concentré de passion de haine.

Même lorsqu'elle eut fait le dernier nœud du bandage, aucun d'eux ne parla. Elle emporta la serviette et le bassin tandis que McRae accrochait la lanterne à un clou du poteau de la tente et rapportait de l'intérieur une cravache montée en argent. C'était celui qu'il avait acheté comme cadeau pour sa fille la dernière fois qu'il était à Fort Benton.

La jeune fille revint et se plaça devant lui. Un pouls battait rapidement dans sa gorge brune. Ses yeux trahissaient l'effroi de son âme, mais ils rencontraient sans broncher ceux du chasseur de bisons.

La femme indienne à l'entrée de la tente ne fit aucun mouvement pour intervenir. Le seigneur de sa vie avait parlé. Il en serait ainsi .

Avec un petit rire tendu, Morse fit un pas en avant. "Je pense que je ne me démarquerai pas pour mon kilo de chair, M. McRae. Réglez les dommages pour l'alcool perdu et j'arrêterai."

La lèvre supérieure de l'Écossais était une ligne droite de résolution. "Je ne bats pas la jeune fille pour vous plaire, mais parce que c'est dans le lien et parce qu'elle l'a mérité. Reculez, monsieur."

Le fouet se balançait de haut en bas. La jeune fille haleta et frissonna. Une flamme de douleur ardente parcourut son corps jusqu'aux orteils. Elle serra les dents pour retenir un cri. Avant que l'agonie ne soit passée, le fouet s'enroulait à nouveau autour de son corps mince comme un serpent chauffé au rouge. Il tombait avec une régularité rythmique implacable.

Sa fierté et son courage se sont effondrés. Elle tomba à genoux dans un éclat sauvage de lamentations et de supplications. Finalement, McRae s'arrêta.

À l'exception des respirations sanglotantes irrégulières de la jeune fille, il y eut un silence. L'Indienne s'accroupit à côté du jeune homme torturé et balança la tête sombre, serrée contre sa poitrine, pendant qu'elle chantonnait une berceuse dans la langue indigène.

McRae, blanc jusqu'aux lèvres, se tourna vers son invité indésirable. "Tu n'es rien d'idiot Je suis fatigué de prendre la route, mec. Amenez votre patron demain matin et je trouverai un règlement.

Morse savait qu'il avait été licencié. Il se retourna et s'avança dans l'obscurité au-delà des feux de camp. Inaperçu, il attendit dans un creux et écouta. Pendant longtemps , le doux bruit des pleurs lui parvint, puis le murmure des voix. Il savait que la grosse et informe squaw déversait l'amour maternel de son propre cœur sur celui ensanglanté de la jeune fille .

D'une manière ou d'une autre, cela lui apportait du réconfort. Il avait l'étrange sentiment d'avoir été complice d'un horrible outrage. Pourtant, tout ce qui s'était passé, c'était le fouet d'une jeune Indienne. Il essaya de chasser par rire la faible sympathie qui régnait dans son cœur.

Mais la vérité était qu'à l'intérieur, il était un fleuve de malheur pour elle.

# CHAPITRE IV

## LES LOUPS

Lorsque Tom Morse arriva au camp , il trouva Bully West trépignant dans une rage grisante. L'homme était un homme géant, presque musclé dans son immense solidité. Ses épaules étaient arrondies par le lourd paquet de tendons noués qu'ils portaient. Ses jambes étaient courbées à force de rouler. Il se vantait de pouvoir plier un dollar en argent en deux dans la paume de sa main. Les hommes l'avaient vu tordre la tige de queue d'un chariot pour en faire un nœud. Sobre, c'était une brute boudeuse et dominatrice avec des instincts de tyran. En alcool, la moindre divergence d'opinion devenait pour lui un sujet de querelle.

La plupart des hommes lui laissaient une grande marge de manœuvre et, au nom de la paix, acceptaient des moqueries et des insultes qui faisaient bouillir le sang.

« Où étais-tu pendant tout ce temps ? grogna-t-il.

" Labourer les plaines."

"Tu ne m'as pas entendu appeler ?"

"Vous appelez ? J'ai été assez loin du camp. Je suis tombé sur l'équipe de chasse au bison d'Angus McRae. Il veut nous voir demain."

"Pourquoi?"

"Quelque chose à propos des affaires de ce soir. On dirait qu'il sait qui l'a fait. Il propose de régler ce que nous avons perdu."

Bully West s'arrêta dans sa foulée, les pieds écartés, la tête avancée. "Qu'est ce que c'est?"

"Comme je l'ai dit. Nous devons lui rendre visite demain pour un règlement, vous et moi."

"Est-ce que McRae a cassé nos barils ?"

"Il en sait quelque chose. Je n'ai pas eu le temps de parler longtemps avec lui. Je me suis précipité pour te le dire."

"Il peut venir ici s'il veut me voir", a annoncé West.

Cela n'appelait aucune réponse et Tom n'en donna aucune. Il se dirigea vers l'endroit où les bœufs étaient piquetés et s'assura que les quilles étaient toujours solides. Bientôt, il enroula sa couverture autour de lui et leva les yeux vers un ciel rempli d'étoiles. Habituellement , il s'endormait dès que sa tête touchait le siège de la selle qui lui servait d'oreiller. Mais cette nuit, il est resté éveillé pendant des heures. Il ne parvenait pas à se débarrasser de la fille qu'il avait rencontrée et punie. Une douzaine de photos d'elle s'affichaient devant lui, toutes étant des instantanés mentaux tirés de son expérience de la nuit. Maintenant, il avait du mal à la retenir, ses genoux serrés contre son torse musclé et se tordant. De nouveau, il la tint par ses bras forts et doux comme du velours tandis que ses yeux brillaient de fureur et de défi. Ou bien ses paroles cinglantes le frappaient alors qu'elle franchissait les pentes de la colline avec une aisance souple. Les plus marquantes étaient celles du camp de son père, surtout celles où elle était sous la torture du fouet.

Pas étonnant qu'elle le détestait pour ce qu'il lui avait fait.

Il se secoua dans une position plus confortable et commença à compter les étoiles…. Quatre-vingt-quinze, quatre-vingt-seize, quatre-vingt-dix-sept…. À quoi bon insister sur cette affaire, d'ailleurs ? Elle n'était qu'une métisse. Dans dix ans, elle serait grosse, informe, sale et repoussante. Sa conversation se réduirait à des grognements. Le regard qu'il avait posé sur sa mère était éclairant.

Où était-il ?… Cent onze, douze, treize…. Les femmes ne s'immisçaient pas beaucoup dans sa vie. Il avait vécu dehors sous le vent et le soleil, la plupart du temps en selle. Il était sans loi, mais il y avait une souche pure dans son sang. Il avait toujours éprouvé un mépris indifférent pour un homme-squaw. Un Américain se déclassait lorsqu'il se livrait à ce genre de choses, même s'il légalisait l'union par une forme de mariage. Malgré son magnifique héritage physique de santé et de vitalité, malgré l'esprit vif et passionné qui l'animait, elle serait le produit de son environnement et de ses ancêtres, tenue toute sa vie proche de la barbarie. L'homme qui s'accouplerait avec elle serait ramené à son niveau.

Deux cent trois, quatre, cinq…. Comme elle avait été joueuse ! Elle s'était comportée comme un pur-sang, allant même jusqu'à dire à son père qu'il devait utiliser le fouet pour la punir. Il n'avait jamais vu auparavant une créature aussi splendide et aussi pleine d'entrain. Squaw ou pas, il lui ôta son chapeau.

Le soleil avait grimpé au sommet de la colline lorsque Morse se réveilla.

"Viens le chercher !" Barney le cuisinier lui criait dessus.

Bully West avait changé d'avis et ne voulait plus se rendre au camp des chasseurs de bisons.

" Toi et Brad resterez ici, Barney, pendant que moi et Tom serons partis, " donna-t-il des ordres. "Et vous surveillerez attentivement les pillards. Si quelqu'un se présente et dont vous doutez, branchez-le et posez des questions ensuite. Vous comprenez ?"

"Je vous entends," répondit Barney, un petit homme aux yeux de coq avec un sourire malveillant. "Et c'est exactement ce que nous ferons, patron."

Bien avant que les commerçants n'y arrivent, le camp des chasseurs de bisons annonçait sa présence par l'odeur puante des matières animales en décomposition. Des centaines de peaux étaient fixées au sol. Hommes et femmes, accroupis sur leurs talons, raclaient des morceaux de graisse sur les peaux qui séchaient. Déjà un train de cinquante charrettes de la rivière Rouge[3] se tenait prêt pour le retour, chargé de robes attachées au moyen de bandes de cuir brut pour résister aux secousses à travers les plaines. Non loin de là, d'autres femmes préparaient du pemmican avec de la viande et de la graisse de buffle frites, pilées ensemble et emballées avec de la graisse chaude dans des sacs en peau. Cette nourriture constituait un régime alimentaire de base en hiver et avait également une valeur marchande pour le commerce avec la Compagnie de la Baie d'Hudson, qui expédiait des milliers de sacs chaque année à ses postes du nord sur les fleuves de la Paix et du Mackenzie.

[Note 3 : La charrette de la rivière Rouge était une charrette primitive à deux roues, entièrement faite de bois, sans clous ni pneus métalliques. Il était généralement tiré par un bœuf. (WMR)]

Les enfants et le bruit de leurs rires donnaient au camp une touche familiale. Certains des jeunes bruns, à moitié nus, la peau luisante sous le chaud soleil, étaient occupés à de petits travaux. D'autres, trop jeunes pour être récupérés et transportés, jouaient avec une portée de chiots ou avec un louveteau capturé et apprivoisé.

Toute cette scène animée était caractéristique de l'époque et du lieu. Une vingtaine de ces troupes, chacune avec ses charrettes de la rivière Rouge et ses bœufs, ses chiens, ses femmes et ses enfants, se rendaient dans les plaines chaque printemps pour chasser le bison. Ils en tuèrent des milliers et des milliers, car il fallait plusieurs animaux pour fabriquer un sac de pemmican pesant cent cinquante livres. Le gaspillage était énorme, puisque seules les meilleures coupes de viande étaient utilisées.

Déjà, le nombre de buffles diminuait. De vastes hordes parcouraient encore les plaines. Ils pourraient être tués par dizaines, voire par centaines. Mais la fin était proche. Cela faisait plusieurs années que le colonel Dodge avait signalé qu'il avait arrêté son groupe de constructeurs de chemins de fer pendant deux jours pour laisser passer un troupeau de plus d'un demi-million de bisons. Un tel spectacle n'était plus possible. La pression des chasseurs avait divisé le gibier entre les troupeaux du nord et ceux du sud. D'ici quatre ou cinq ans, le massacre allait être si grand qu'il ne resterait plus que quelques groupes de buffles.

L'importance de cette extermination résidait en grande partie dans son application aux Indiens. Les tribus des plaines étaient nourries, habillées, armées et logées grâce aux buffles. Même les canots des Indiens du lac étaient fabriqués à partir de peaux de buffles. L'échec de l'approvisionnement a réduit les indigènes du statut de guerriers à celui de mendiants.

McRae s'avança à la rencontre des commerçants, les manches de sa chemise retroussées jusqu'aux coudes de ses bras bruns et musclés. Il caressa une grande barbe rousse et hocha la tête d'un ton bourru. Ce n'était pas dans sa nature austère et honnête de prétendre qu'il était heureux de les voir alors qu'il ne l'était pas.

"Eh bien, je suis là", grogna West, intercalant quelques serments comme corollaire nécessaire de son discours. " De quoi s'agit-il, McRae ? Que sais-tu de la destruction de nos barils ? "

"Je réglerai tout dommage raisonnable", a déclaré le chasseur.

Bully West fronça les sourcils. Il écarta délibérément les jambes, croisa les bras et cracha du jus de tabac sur une peau propre séchant au soleil. "Attendez une minute, autrefois. Les dégâts seront suffisants. Ne vous inquiétez pas pour ça. Mais tout d'abord, mon objectif est de savoir qui a attaqué notre camp. Ensuite, je pense que je vais le frapper jusqu'à ce qu'il soit épuisé. "

Sous ses sourcils épais et grisonnants, McRae le regarda longuement. Tous deux étaient des personnalités exceptionnelles en raison de leur personnalité et de leur physique. L'une était une force constructive, l'autre destructrice. Il y avait une suggestion du gorille dans les longs bras de West emmêlés de poils, dans les muscles du dos et des épaules si noueux et noués qu'ils lui donnaient presque une apparence déformée. Aussi grand et large qu'il fût, l'Écossais était le plus petit. Mais la puissance maîtrisée et contrôlée s'exprimait dans chaque mouvement du corps. De plus, les yeux bleus qui semblaient droits et durs sur le visage vermeil témoignaient de la coordination entre l'esprit et la matière.

Angus McRae était ce produit rare, un homme honnête et franc. Il cherchait à rendre justice à tous ceux avec qui il avait affaire. Une partie de la demande de West était juste, pensa-t-il. Le commerçant avait le droit de connaître tous les faits de l'affaire. Mais le vieux trappeur de la Baie d'Hudson était très réticent à le leur dire. Son instinct de protéger Jessie était fort.

"Je vous ai évité les ennuis, M. West. Le yin coupable était celui de ma propre famille. Votre jeune homme vous dira que j'ai fait le ' cravache ' qui était nécessaire."

Le grand chef du sentier regarda noirement son assistant. Il s'arrangerait avec Morse au moment opportun. Maintenant, il avait d'autres affaires en cours.

"Soyez honnête, McRae. Qui était-ce ? Il n'y aura rien à faire tant que je ne le saurai pas," grogna-t-il.

"Ma fille."

West lui lança un regard noir, pour une fois étonné par grossièreté.

"Quoi?"

"Ma fille Jessie."

" Mon Dieu , tu voulais me dire que c'est une fille qui l'a fait ? " Il rejeta la tête en arrière dans un éclat de rire homérique. " Avez-vous déjà entendu le rythme de ça ? Une foutue petite ' squaw indienne qui joue ses tours à Bully West ! Si elle était à moi , je lui chatouillerais le dos pour ça. "

Les yeux du visage de granit de l'Écossais brillèrent. "Mec, ne peux-tu jamais prononcer deux ou trois mots sans grossièreté ? C'est un camp qui craint Dieu . Il n'y a pas de place ici pour ceux qui prennent son nom en vain."

Je les ai écrasés de ses propres mains, c'est ce que tu veux dire ? Je lui dirai qu'elle est une petite diablesse courageuse , même si elle est une idiote ."

McRae le réprimanda avec dureté. "N'oubliez pas que vous parlez de ma fille, M. West. Je ne permettrai pas qu'un tel langage lui soit adressé . Vous êtes ici pour régler une affaire commerciale. À quoi attribuez-vous les dégâts ?"

Ils se sont mis d'accord sur un prix, à payer en peaux livrées chez Whoop-Up. West se retourna et se dirigea à cheval vers l'endroit où lui et Morse avaient laissé leurs chevaux. En chemin, il se retrouva nez à nez avec une jeune fille, une jeune créature souple et sombre, d'un brun indien, le bronzage de cent soleils et vents d'été peints sur l'ovale de son menton levé. Elle transportait un paquet de sacs jusqu'à l'endroit où l'on fabriquait le pemmican.

Les yeux de West se plissèrent. Ils parcouraient son corps élancé. Ils se réjouissaient d'elle.

Après un regard méprisant qui balaya Morse et l'ignora, la jeune fille regarda avec colère l'homme qui lui barrait le passage. Lentement, le sang lui brûla les joues. Car il y avait dans les yeux brûlants du commerçant quelque chose qui aurait insulté n'importe quelle jeune fille modeste.

« Vous Jessie McRae ? » » demanda-t-il, soudain frappé par une idée.

"Oui."

"Vous avez brisé mes fûts de whisky ?"

"Mon père te l'a dit. S'il le dit, n'est-ce pas suffisant ?"

Il posa une immense main sur sa cuisse, extrêmement détourné. "Espèce de foutue petite pouliche des hautes marches ! Pourquoi ? Qu'est-ce que je t'ai déjà fait ?"

Angus McRae s'avança à grands pas, les yeux flamboyants. Il avait épousé une femme Cri et avait payé pour elle à son père sept poneys, un mètre de tabac et une bouteille de whisky. Ses propres fils aux deux poings étaient métis. L'Indien en eux se montrait plus clairement que le Celte. Leur père accepta ce fait sans ressentiment. Mais il y avait dans son cœur un sentiment étrange à l'égard de la petite fille qu'il avait adoptée. Son pas léger et sautillant, le soulèvement de la gorge et l'intrépidité du regard, l'instinct de propreté de l'esprit et du corps, le ramenaient quarante ans en arrière, au pays des bruyères, au souvenir de la fille du laird qu'il avait eue. adoré avec l'adoration désespérée d'une gillie rousse . Cela avait été la seule romance de sa vie, et d'une manière ou d'une autre, elle s'était réincarnée dans son amour pour la métisse. Il lui semblait contraire à la nature que Jessie soit apparentée aux squaws aux pieds plats, esclaves de leurs seigneurs. Il ne pouvait pas accepter dans son cœur qu'elle était de sang mêlé. Elle était trop belle, trop délicate, d'un esprit trop libre et trop impérieux.

"Vos chevaux sont en haut de la colline, M. West", dit-il avec insistance.

Il est douteux que le commerçant ait entendu. Il ne pouvait pas détourner ses yeux désireux de la jeune fille.

« Est-elle une demi-sang ou un quart-sang ? » il a demandé à McRae.

"Ce seront ses affaires et les miennes, monsieur. Voulez-vous s'il vous plaît prendre la route ?" Le chasseur parla doucement, se retenant d'une explosion. Mais sa voix avait un côté tranchant.

"Par Dieu, c'est une sorte de clipper", dit West à voix haute, comme si la jeune fille n'avait pas été présente.

"Veux-tu laisser ma fille en dehors de ton discours, mec ?" prévint l'Écossais.

"Qu'est-ce qui t'arrive ?" Les yeux boudeurs et insolents de West se tournèrent vers le chasseur de bisons. "Un nitchie est un nitchie . Moi, je parle franchement. Mais je veux aussi être raisonnable. Je n'aime pas moins une femme parce qu'elle a le diable en elle. Bully West sait comment les apprivoiser pour qu'elles mangent à l'extérieur . sa main. J'ai eu envie d'une fille autrefois. C'est vrai, McRae.

"Tu peux aller à la tente, Jessie", lui dit le père de la jeune fille. Il tenait difficilement son sang-froid.

"Attends un moment." Le gros commerçant tendit le bras pour barrer le passage. "Ne pousse pas sur les rênes d'antan , McRae. Je te fais une proposition. Moi, je cherche une femme, et ta fille de race ici me convient. Donne-la-moi et moi." Je vais dire que tout cela est carré. Je ne pourrais pas dire plus juste que ça, n'est-ce pas ?

Le chasseur robuste regarda le grand voyou malformé avec répulsion. "Mec, tu me donnes un scunner ", dit-il. "J'en ai fini avec cette bêtise et je m'en va. Cette jeune fille n'est pas pour toi ou quoi que ce soit comme toi."

"Les charnières de l'enfer, tu ne l'es pas je suis là tu me dis qu'une race crie est trop belle pour Bully West, n'est-ce pas ? » rugit le grand coureur de whisky.

"Cent fois trop bien pour toi. Je préfère voir la jeune fille morte dans son cercueil plutôt que de voir sa vie gâchée par toi," répondit McRae avec le plus grand sérieux.

"Tu ne me comprends pas, Mac", répondit le contrebandier en ravalant sa rage. "Je connais d'anciennes notions religieuses. Nous nous lèverons devant un pilote aérien et ferons en sorte que cela soit bien fait. Mon objectif est de traiter cette fille avec beauté."

Jessie s'était détournée sur ordre de son père. Elle se tourna alors rapidement vers le commerçant, les yeux brillants. "Je préférerais que Père m'enfonce un couteau dans le cœur plutôt que de me laisser épouser un loup-loup !" elle a pleuré passionnément.

Ses yeux, libres de toute décence, se plissèrent pour se régaler de la beauté brune et immature de sa jeunesse.

" Et alors ? " se moqua-t-il. "Eh bien, le moment arrive où tu te mettras à genoux autrefois et me supplieras de ne pas te quitter. Ce sera moi et toi un de ces jours. Décidez-en autrefois. "

"Jamais ! Jamais ! Je mourrais en premier !" elle a explosé.

Bully West montra ses dents cassées et tachées de tabac dans un sourire sans joie. "Nous verrons cela, chérie."

"March, ma fille. Ta mère aura besoin de toi," dit brusquement McRae.

La jeune fille regarda West, puis Morse. D'après ce regard méprisant , elle aurait pu être une reine et eux la racaille du pays. Elle se dirigea vers la tente. Pas une seule fois elle ne se retourna.

"Vous avez eu votre réponse d'elle et de moi. Que ce soit la fin", a déclaré McRae avec détermination.

La colère du commerçant se transforma en un crépitement de jurons obscènes. Ils garnissaient les questions qu'il grondait. "Qu'est-ce que j'ai ? Pourquoi ne suis- je pas assez bien pour les anciennes portées métisses ?"

C'était une étincelle de poudre à canon. Les serments, les insultes, tout cet épisode dégradant se sont combinés pour pousser McRae à sortir de la retenue qu'il s'était imposée. Il fit un pas en avant. D'un large coup de poing fermé , il frappa le passeur à l'oreille. Pris par surprise, West partit en tête-à-queue contre la roue d'un chariot.

La tête de l'homme s'enfonça entre ses épaules et s'avança. Un son qui aurait pu provenir d'un grizzly furieux résonna de la gorge velue. Sa main tendit la main vers un revolver.

Morse bondit comme un chat accroupi. Les deux mains attrapèrent le bras de West. Le vieux chasseur était à peine un instant derrière lui. Ses doigts se refermèrent sur le poignet juste au-dessus de l'arme.

"Ne touchez pas", ordonna-t-il à Morse. "Ce n'est pas votre querelle."

Les yeux du jeune rencontrèrent ceux d'un bleu flamboyant de l' Ecossais. Ses doigts relâchèrent leur emprise. Il recula.

Les deux grands hommes se tendirent. L'un d'eux luttait avec toute sa puissance pour lui tordre le bras jusqu'à ce que les cordes et les tendons se tendent ; l'autre pour éviter cela et libérer le poignet. C'était une véritable épreuve de force.

Chacun travaillait, respirant profondément, toute son énergie centrée sur l'effort coordonné de chaque muscle. Ils luttèrent en silence, à l'exception des grognements hargneux du coureur de whisky.

Lentement, presque imperceptiblement au début, le poignet commença à se détourner de McRae. Des gouttes de sueur se sont accumulées sur le visage de West. Il s'est battu avec acharnement pour tenir le coup. Mais le bras se tourna inexorablement.

Le commerçant gémit. Alors que les cordes se resserraient et que des poussées de douleur torturante parcouraient le bras, l'énorme corps de l'homme se tordait. Le revolver tomba de ses doigts paralysés. Ses genoux vacillants se sont affaissés et se sont effondrés.

Les doigts de McRae se desserrèrent alors que l'homme glissait et attrapait la gorge en forme de taureau. Sa poigne se resserra. West s'est battu sauvagement pour le briser. Il aurait tout aussi bien pu se libérer de l'étau.

L'Écossais le secoua jusqu'à ce qu'il devienne noir, puis le jeta en chancelant.

« Dégage , loup jaune ! » rugit-il. "Ou des fegs ! Je vais briser tous les os de ton corps imposant . Oot 'mon camp, vous deux !"

West, étranglé, haletait, tout comme un poisson-chat sur la berge. Il s'appuya sur la roue du chariot jusqu'à ce qu'il puisse se tenir debout. Il repoussa l'aide de Morse avec un serment bredouillant. Ses yeux ne quittèrent jamais l'homme qui l'avait battu. Il grogna contre un loup fouetté. La métaphore du chasseur était pertinente. L'horrible désir de tuer était imprimé sur son visage déformé et souriant, mais pour le moment, la volonté seule ne suffisait pas.

Le pied de McRae était sur le revolver. Son fils Fergus, un jeune homme basané et beau, était arrivé et se tenait tranquillement derrière son père. D'autres chasseurs convergeaient vers leur chef.

Le commerçant indien jura un furieux serment de vengeance. Morse a essayé de l'emmener.

" Un jour, j'aurai raison , McRae, et alors que Dieu l'aide", a-t-il menacé.

L'intimidateur s'éloigna à cheval.

Morse, un sourire sardonique sur son visage maigre, le suivit à travers la colline.

# CHAPITRE V

## MORSE SAUT DANS LES PROBLÈMES

"Tu m'as jeté à terre, n'est-ce pas ?" grogna West du coin de la bouche. "Je savais tout le temps qu'elle le faisait et ne me l'a jamais laissé entendre. Une sacrée façon de traiter un ami."

Tom Morse n'a rien dit. Il faisait des réserves mentales sur le mot ami, mais ne se souciait pas de les exprimer. Ses yeux sombres regardaient le grand homme secouer cruellement le mors et faire rouler le bronco quand il s'envolait dans les airs. C'était un plaisir pour West de torturer un animal quand aucun humain n'était à portée de main, même s'il préférait les femmes et même les hommes comme victimes.

" Que voulait -il dire quand il a dit que tu pouvais me dire comment il s'était installé avec elle ? " grogna-t-il.

"Il l'a fouettée hier soir quand je l'ai ramenée au camp."

" Vous l'avez ramenée au camp, n'est-ce pas ? Pourquoi ne me l'avez-vous pas amenée ? De toute façon, qui est responsable de cette tenue, mon jeune homme, mon garçon ? "

"McRae est un homme trop imposant pour que nous puissions le combattre. Trop influent auprès des métis. J'ai pensé qu'il était plus sûr de la ramener chez lui." La voix du jeune homme était douce et conciliante.

« *Vous* l'avez compris ! » Les grossièretés de West polluaient l'air clair et vif du matin. "Je dois bientôt avoir une altercation avec toi. Je peux le voir. Pense que parce que tu es le neveu de CN Morse, tu peux me faire passer d'anciennes affaires amusantes. Je vais te montrer."

La lumière rougeâtre brillait un instant dans les yeux de Morse, mais il ne disait rien. Aussi jeune qu'il soit, il avait une capacité de silence. West n'était pas sensible aux ambiances, mais il sentait la force de ce jeune homme. Il n'avait pas vraiment l'intention de se quereller avec lui. D'une part, il deviendrait bientôt associé de la société CN Morse & Company, de Fort Benton, l'une des plus grandes sociétés commerciales du pays. L'Occident ne pouvait pas se permettre de rompre avec les intérêts morses.

Leur cargaison diminuée, les commerçants poussèrent vers le nord. Leur destination était Whoop-Up, à la jonction des rivières Belly et St. Mary's. Ce fort était devenu un rendez-vous pour tous les commerçants à des centaines de kilomètres, un point de ravitaillement pour de nombreux petits postes disséminés le long des rivières du Nord.

Douze bœufs étaient attelés à chaque chargement de trois wagons. Quatre équipes avaient quitté Fort Benton ensemble, mais deux d'entre elles s'étaient tournées vers l'est, en direction de Wood Mountain, avant que le groupe ne quitte le pays assiniboine. L'Ouest avait traversé Lonesome Prairie jusqu'aux Sweet Grass Hills et de là, traversé la ligne jusqu'au Canada.

Dans les meilleures conditions, West n'était pas un compagnon de voyage agréable. Maintenant, il était dans un état de mauvaise humeur continuelle. Pour la première fois de sa vie, il avait été publiquement battu. Il avait pratiquement été expulsé du camp de bisons, tout comme s'il était un métis ivre et non un homme dont les bagarres dans les bars étaient des sagas de la frontière.

Sa vanité était notoire et elle avait été scandalisée de manière flagrante. Il ne serait jamais satisfait tant qu'il n'aurait pas trouvé le moyen de se venger. Plus d'une fois, sa colère latente éclata contre le jeune homme qui avait été témoin de sa défaite. Pour l'essentiel, il gardait sa rage maussadement réprimée. Si Tom Morse voulait parler de sa liaison avec McRae, il pourrait diminuer le prestige du grand homme. L'Ouest ne voulait pas de cela.

L'équipe traversa la rivière Milk, longea le lac Pakoghkee et pivota vers l'ouest en direction des collines Porcupine. Barney avait été trappeur dans le pays et savait où se trouvait la meilleure herbe. Dans de nombreux endroits, la nourriture était rare. Il avait été cultivé à proximité des grands troupeaux de buffles qui parcouraient les plaines. La plupart des lacs étaient pollués par les bisons, de sorte que chaque fois que cela était possible, leur guide trouvait les camps au bord de l'eau courante. Les équipes se sont déplacées le long de la rivière Belly à travers les dunes.

Tom Morse était un tireur d'élite et a fait la chasse pour le groupe. La veille au soir, avant que le train n'atteigne Whoop-Up, il est sorti du camp pour essayer une antilope, car ils manquaient de viande fraîche. Il gravit une petite butte surplombant le ruisseau. Ses yeux perçants balayèrent le panorama et se posèrent sur un spectacle qu'il n'avait jamais vu auparavant et qu'il n'oublierait jamais.

Un grand troupeau de buffles était descendu jusqu'au passage de la rivière. Ils nageaient dans le ruisseau à contre-courant d'un fort courant, leurs corps enfoncés dans l'eau et si serrés qu'il aurait presque pu passer d'une tête hirsute à l'autre. À moins de cinquante mètres de lui, ils débarquèrent en toute hâte et s'avancèrent péniblement dans le crépuscule brumeux. Quelque chose les avait effrayés et ils étaient en pleine débandade. Même la rivière n'avait pas arrêté leur fuite. La terre trembla sous leurs pas alors qu'ils trouvaient leur pas.

Cette fuite sauvage dans les ténèbres grandissantes était symbolique, pensait Morse. Les vastes troupeaux disparaissaient pour ne jamais revenir. Galopaient-ils vers le terrain de chasse heureux pour lequel les Indiens priaient ? Que se passerait-il de leur fuite ? Quand les plaines ne les connaîtraient plus, comment vivraient les Sioux, les Pieds-Noirs et les Piegans ? Les Terres Solitaires deviendraient-elles encore plus désolées qu'elles ne l'étaient aujourd'hui ?

"Je me le demande," murmura-t-il à voix haute.

Il est certain qu'il ne pouvait avoir aucune vision de l'empire qui serait bientôt construit hors du désert par lui-même et des hommes de sa trempe. Il n'aurait pas pu concevoir, même vaguement, une image des champs de blé sans fin qui s'étendraient à travers les plaines, des agriculteurs qui afflueraient dans le Nord par centaines de milliers, des villes qui s'élèveraient dans les dunes comme un monument à l'effort incessant de progrès de l'homme et son espoir indomptable. Aucune imagination d'homme vivant n'avait encore imaginé la transformation de cette *terra incognita* en l'un des plus grands greniers du monde.

La fumée du feu de camp des commerçants s'enroulait et s'éloignait en de minces voiles de pellicule avant que le soleil ne se lève sur les collines de l'horizon. Les attelages de taureaux avaient repris leur poussée constante tandis que les cailles volaient encore vers et depuis leurs points d'eau du matin.

"Whoop-Up à midi", prédit Barney.

"Oui, à midi", acquiesça Tom Morse. "A temps pour un vrai dîner avec des pommes de terre, des haricots et des trucs verts."

"Vous pariez qu'il y avait autrefois des bottes, et une sauce honnête à Dieu", a ajouté Brad Stearns, un petit homme mince et ridé dont le visage coriace et les yeux brillants ont défié l'empiètement du temps. Il était chauve, à l'exception d'une frange de cheveux grisâtres au-dessus des tempes et de quelques longues mèches soigneusement disposées sur sa couronne brillante. Mais personne n'aurait pu le regarder et le traiter de vieux.

Ils allaient être déçus.

Les équipes empruntèrent la route poussiéreuse qui aboutissait au fort et la parcouraient péniblement au son crépitant des longs fouets.

"Bientôt maintenant", a crié Morse à Stearns.

Le petit homme hocha la tête. " Peut-être qu'ils auront du maïs vert en épi. Je parie le prix du dîner qu'ils feront."

"Tu as fait un pari, papa."

Stearns a arrêté les dirigeants. "Qu'est-ce que c'est ? Écoute."

Le bruit des coups de feu leur parvint, ponctué de cris faibles et lointains. Les coups de feu ne sont pas venus en fusillade. Ils étaient intermittents, s'éteignaient, réapparaissaient, cédaient à des cris lointains crescendo.

"Indiens", a déclaré Stearns. "Sur le bec, on dirait. Des Cris et des Pieds-Noirs, peut-être, mais on ne peut jamais le dire. Mieux vaut quitter le sentier et creuser."

West était monté. Il acquiesca. "Jusqu'à ce que nous sachions où nous en sommes. Soyez occupés, les garçons."

Ils rangeèrent les chariots en demi-cercle, bout à bout, les bœufs regroupés à l'intérieur, partiellement protégés par un petit bosquet de peupliers à l'arrière.

Cela fait, West donna de nouveaux ordres. "Nous devons découvrir ce qui se passe . Il y a de fortes chances que ce ne soit rien d'autre qu'une poignée de braves avec une cargaison d'yeux rouges à bord, Tom, vous et Brad faites une reconnaissance et jetez un œil. Ne soyez pas trop aventureux. Bientôt, vous découvrirez ce qu'est ce brouhaha, revenez-y et faites votre rapport, vous comprenez. Le grand loup-loup donna sèchement des instructions. Il n'y avait pas de chef de wagon plus compétent que lui dans la région frontalière.

Stearns et Morse se dirigèrent vers le fort. Ils s'écartèrent de la route et suivirent la berge de la rivière pour profiter des arbustes qui y poussaient. Ils se déplaçaient lentement et prudemment, car dans le pays indien, on ne prenait aucun risque inutile. Du haut d'une petite colline, protégée par un bosquet de saules, tous deux contemplaient un champ de bataille déjà décidé. Les balles et les flèches volaient toujours, mais les cris de guerre triomphants et provocateurs d'une bande de guerriers peints se dirigeant lentement vers eux montraient que la journée était gagnée et perdue. Un petit groupe d'Indiens se retirait vers le marais sur le côté gauche de la route. Deux ou trois braves morts gisaient dans la rigole herbeuse entre les ennemis.

"Je l'ai deviné, première fissure", a déclaré Brad. " Cris et Pieds-Noirs. Ils mélangent bien sûr chaque fois qu'ils se réunissent. Les Cris Je suis sûr qu'ils ont eu le dessus cette fois- ci ."

C'était une vieille histoire. Des bois du nord, les Cris étaient venus faire du commerce au fort. Ils avaient rencontré une bande de Pieds-Noirs venus des plaines dans le même but. Remplis de mauvaise liqueur, les ennemis héréditaires s'étaient, comme d'habitude, retirés sur le terrain à l'extérieur pour s'installer tandis que les commerçants du fort avaient verrouillé les portes et observé la bataille depuis les meurtrières de la palissade.

"Je pense que nous ferions mieux de retourner au camp", suggéra le vieil homme                          des                          plaines.

"M. Cree ressent peut-être beaucoup son tas d'avoine. L'homme blanc lui ressemble à tous les mêmes pieds-noirs."

"Regarder." Morse désigna un creux dans la rigole.

Un Indien boitait à travers les broussailles, profitant des abris qu'il pouvait trouver. Il a été blessé. Sa jambe traînait et il bougeait avec difficulté.

"Il sera bientôt un bon et puissant Indien", a déclaré Stearns, frottant sa tête chauve alors qu'elle brillait au soleil. "Pas une chance au monde pour lui. Ils l'arrêteront dès qu'ils arriveront à la coulée . Vous voyez. Ils s'arrêtent pour récupérer le scalp de cet autre type."

D'un coup d'œil, Morse avait vu la situation. Ce n'était pas son affaire. Il était tacitement entendu que les commerçants ne devaient pas s'immiscer dans les querelles intertribales des indigènes. Mais les mots du vieux Brad, « bon Indien », l'avaient ramené à l'image d'une jeune fille brune et mince, exprimant son indignation parce que les Américains traitaient sa race comme si seuls les Indiens morts étaient bons. Il ne put jamais dire par la suite quel était le ressort rationnel de son impulsion.

Au contact de la rêne posée à plat contre son cou, le poney-vache qu'il montait déposa ses oreilles, se tourna comme un trait de lumière et sauta au galop. Il dévalait la pente et le long du tracé, prenant de la vitesse à chaque saut.

Le cavalier poussa un « Salut- yi - yi » pour attirer l'attention des courageux blessés. Simultanément, le fugitif boitant et les Cris aperçurent le cavalier volant qui s'était introduit dans la zone de feu.

Une flèche siffla devant Morse. Il vit une balle projeter un jet de terre sous le ventre de son cheval. Les Cris étaient proches de leur carrière. Ils se sont rapprochés en courant. Tom savait que ce serait une chose proche. Il ralentit légèrement la vitesse et dégagea un pied de l'étrier, le raidissant pour supporter le poids.

L'Indien blessé s'accroupit, se mit à courir parallèlement au cheval et sauta exactement au bon moment. Sa main attrapa la manche de son sauveur en même temps que le plat de son pied tombait sur la botte de l'homme blanc. Un instant, sa jambe avait basculé sur la croupe du poney et il s'était installé sur le dos de l'animal.

Il était si proche qu'un Cri courant a saisi la queue du bronco et a été arraché de ses pieds avant qu'il ne puisse lâcher prise.

Alors que le poney-vache plongeait sur la pente, Morse a vu Brad Stearns se profiler sur la ligne d'horizon au sommet. Son chapeau avait disparu et son crâne chauve brillait au soleil. Il tirait des balles de son fusil sur les Cris qui montaient la colline à la poursuite de son compagnon.

Stearns a balancé son cheval et l'a fait sauter au galop. Aux côtés de Morse, il passa sur le front dans une pluie de flèches et de balles.

"Putain de maquereau, mon garçon ! Qu'est-ce qui te mange ?" il cria. " N'as-tu aucun bon sens ? Ne sais-tu pas qu'il vaut mieux éviter les ennuis comme ça ? "

"Tout va bien maintenant", a déclaré le jeune homme. "Ils ne peuvent pas nous attraper."

Les Cris étaient à pied et seraient hors de portée lorsqu'ils atteindraient le sommet de la colline.

" Hmp ! Ils viendront dans notre camp et élèveront Caïn. Pourquoi pas ? Qu'est-ce qu'on a fait avec leurs sociables scalpeurs ? Ce n'est pas du bon voisinage. "

"L'Occident n'aimera pas ça", a admis Morse.

"Il va faire une crise de chat. Que comptez-vous faire avec votre ancien ami Puissant-Nigh-Lose-His-Scalp? Si je connais Bully, et vous pouvez parier qu'une fourrure de renard argenté contre un mètre de tabac c'est ce que je fais – il ne lui donnera aucune main joyeuse. Pas aucune.

Morse ne savait pas ce qu'il comptait faire de lui. Il s'était laissé emporter par une impulsion vers une action chimérique. Il en était déjà à moitié désolé, mais il était assez obstiné pour aller jusqu'au bout maintenant qu'il avait commencé.

Lorsqu'il s'est rendu compte de la situation, Bully West a explosé dans un langage sulfureux . Il annonce sa détermination à remettre le blessé aux Cris dès leur arrivée.

"Non," dit doucement Morse.

"Non quoi?"

"Je ne tolérerai pas ça. Ils l'assassineraient."

« Cela ne me regarde pas – ou les vôtres ? »

"Je le fais mien."

Les yeux des deux hommes se croisèrent, comme le font les rapières, sentant leur force. L'Indien blessé, grand et svelte, se tenait droit comme une flèche, les yeux tantôt tournés vers l'un, tantôt vers l'autre. Son visage était immobile et sans expression. Cela ne trahissait aucun signe des émotions intérieures.

"Montrez les cartes d'antan , Morse", a déclaré West. "Qu'est-ce qu'on jouait autrefois ? Je vais dire aux Cris de le prendre s'ils le veulent. Vous ferez cavalier seul si vous allez au brouillard avec un six-shooter."

Le jeune homme se tourna vers l'Indien qu'il avait secouru. Il désigna de la main le cheval dont ils venaient de descendre. "En haut!" il a commandé.

La jeunesse indienne a immédiatement compris. Sans utiliser les étriers , il sauta en selle, léger comme un lion de montagne. Ses talons nus s'enfonçaient dans les flancs de l'animal, qui était arraché comme s'il avait été tiré par un pistolet.

Le cheval et le cavalier contournèrent les peupliers et disparurent dans une dépression au-delà.

# CHAPITRE VI

## " QUELQUE CHOSE À PROPOS DE CES GARS "

West lança un regard noir à Morse, son menton lourd relevé, ses jambes arquées largement écartées. "Vous avez assez longtemps couru sur la corde avec moi, jeune homme. C'est ici que vous risquez une grosse chute."

Le plus jeune ne dit rien. Il observait, avec méfiance. Était-ce une fusillade ? Ou est-ce que le gros tyran avait l'intention de le malmener ? Probablement ce dernier. West était fier de sa réputation de combattant à deux poings.

"Je vais te tabasser, puis te livrer aux Cris ", a annoncé l'homme furieux.

"Vous ne pouvez pas faire ça, West. C'est un homme blanc comme vous", a protesté
Stearns.

"C'était autrefois, Brad?" West, fou de rage, se jeta sur le petit homme et s'avança d'un pas ou deux d'un air menaçant.

"Vous l'avez dit," répondit l'ancien en reculant. "Et ne viens pas plus près . Je risque d'avoir peur, et tu ne devrais pas oublier que je suis aussi grand que toi derrière un six-shooter."

"Les voilà, comme un essaim d' abeilles !" » a crié Barney.

Les commerçants oublièrent pour l'instant leur querelle sur la nécessité d'une action commune. West a saisi un fusil et a laissé tomber une balle devant l'Indien le plus proche. Cet avertissement a mis les Cris de court. Ils ont tenu une longue consultation et l'un d'eux s'est avancé en faisant le signe de la paix.

Dans un anglais colombophile, il a exprimé leurs revendications.

"Il est parti - tout de suite - a volé un de nos chevaux. Vous pouvez fouiller le camp si vous en avez envie", a répondu West.

L'envoyé a rapporté. Il y eut un autre long pow-wow.

Brad, mâchant du tabac avec complaisance derrière la roue d'un chariot, commenta à voix haute. "Ils n'arrivent pas à décider s'ils doivent venir nous massacrer ou non. Ils ont une bonne et saine peur de nos armes. Ne les blâmez pas du tout."

Certains Cris étaient armés d'arcs et de flèches, d'autres de fusils. Mais les armes de commerce vendues aux Indiens des tribus du Nord étaient de la plus mauvaise qualité.[4]

[Note 4 : Ces mousquets à silex étaient inexacts. Ils ne porteraient pas loin. Leurs propriétaires risquaient constamment de se faire arracher les doigts ou la main lors d'explosions. Le prix payé pour ces armes à feu bon marché était basé sur leur longueur. La crosse a été posée au sol et l'arme a été maintenue à la verticale. Les peaux posées à plat étaient empilées à côté jusqu'à atteindre le museau. Le commerçant a échangé le fusil contre les fourrures. (WMR)]

Les Blancs, au contraire, étaient armés des dernières Winchesters à répétition. Dans un combat contre eux, les indigènes étaient terriblement désavantagés.

Les Cris s'en sont rendu compte. Une délégation de deux personnes s'est avancée pour fouiller le camp. West montra les traces du cheval sur lequel leur ennemi tribal s'était enfui.

Ils ont grogné : « Pouah ! Pouah ! Pouah !

Aussi autoritaire qu'il soit, West était un diplomate embryonnaire. Il remplit un seau d'eau de whisky et le tendit, avec une tasse en fer blanc, au vieux brave ridé le plus proche de lui.

«Pour nos amis les Cris », a-t-il déclaré. "Dites à votre chef que mon jeune homme n'a pas compris. Il pensait qu'il sauvait un Cri des Pieds-Noirs."

« Pouah ! Pouah ! Les Indiens repartirent avec leur butin.

On parla encore, mais les protestations gutturales s'éteignirent devant la tentation de l'alcool. Les braves burent, jetèrent avec bravade quelques coups de feu vers les chariots et s'enfuirent aussitôt.

Les commerçants ne renouvellent pas leur querelle. Les raisons avancées par West pour ne pas contrarier la famille Morse étaient toujours aussi puissantes. Il réprima son envie de punir le jeune homme et donna d'un air maussade l'ordre de regrouper les attelages.

C'était le milieu de l'après-midi lorsque les bœufs se précipitèrent vers Whoop-Up. Le poste était un fort à palissade, construit sur un carré d'environ deux cents mètres de long, fait de rondins de peuplier assemblés en queue d'aronde. Les bâtiments de chaque côté de la place faisaient face à l'intérieur. Des meurtrières avaient été creusées dans les bastions pour se protéger des Indiens.

Dans les grands magasins se trouvaient une grande quantité de couvertures, de perles, de provisions, de fusils et de vêtements. Les pièces adjacentes étaient désormais à moitié vides, mais au printemps , elles seraient remplies jusqu'aux avant-toits de milliers de robes et de fourrures de buffle ramenées des colonies éloignées par les chasseurs. Plus tard, ceux-ci seraient transportés à Fort Benton et de là, acheminés sur le Missouri jusqu'à Saint-Louis et d'autres points.

Morse, regardant autour de lui, manqua un élément familier.

"Où est l'alcool ?" Il a demandé.

« S- chut ! » prévint le commis avec qui il discutait. "Vous n'êtes pas au courant ? Un groupe de policiers est arrivé dans le pays en provenance de Winnipeg. Le couvercle est bien fermé." Son œil lointain se posa sur la joue en un clin d'œil sage. "Si vous avez apporté du whisky, vous feriez mieux de le sortir du fort et de l'enterrer."

"Cela dépend de West. Je ne conseillerais à aucun policier de se moquer de sa cargaison."

"Tu ne dis pas." La voix de l'employé était lourde de sarcasme. "Eh bien, je vais juste faire un petit pari avec vous. Si les Montés du Nord-Ouest commencent à arrêter Bully West ou à vider ses fûts d'alcool, ils iront jusqu'au bout du travail. Ils partiront." -des getters, ces manteaux rouges le sont."

"Des manteaux rouges ? Pas des soldats, n'est-ce pas ?"

"Eh bien, ils le sont et ils ne le sont pas . Ils sont entraînés et en compagnie. Mais ils peuvent arrêter tous ceux qu'ils veulent, et leurs officiers peuvent essayer de condamner les gens. Ils ne jouent pas non plus de favoris. Dès qu'ils entendront parler de cette confusion entre les Cris et les Pieds-Noirs, ils se demanderont pourquoi , et s'ils découvrent qui leur a donné de l'alcool, quelqu'un aura des ennuis jusqu'au cou et hurlera pour aide."

West avait parlé à voix basse avec Reddy Madden, le propriétaire des lieux. Il se dirigea vers la porte.

"Ne raccroche pas , Brad. Nous voyageons encore un peu d'abord", a-t-il appelé
Stearns.

Les bœufs sortirent péniblement de la palissade et virèrent vers la gauche. Un guide chevauchait à côté de West et Morse. Il s'agissait d'Harvey Gosse, un marchand de whisky qu'ils connaissaient tous deux. L'homme était un long gaillard aux membres lâches, doté d'un œil perspicace et d'une lèvre inférieure pleine et tombante d'irrésolution. Cela faisait un an qu'aucun des hommes de Fort Benton n'était venu dans le pays. Gosse leur fit part du changement qui s'y produisait.

"Les affaires ne sont plus ce qu'elles étaient, et ce n'est que la moitié", se plaignit avec regret le cavalier maigre. "Ça n'arrivera plus jamais . Ces manteaux rouges sont en train de ruiner le commerce. Louchez vers un mâle qui louche, murmurez-lui du rhum, et l'un de ces gars saute à cheval sur le cou d' autrefois . tout de suite."

« Combien d'entre eux… comment les appelez-vous , Gendarmerie ? – eh bien, combien y en a- t- il dans le pays ? » a demandé West.

"Pas tellement. J'en compte une centaine, d'après ce que j'ai entendu dire."

West renifla avec mépris. "Et vous laissez cette poignée de buffles aux pieds tendres vous faire peur ! Les charnières de l'enfer ! Aucun de vous n'a de cran ?"

Gosse passa lentement une main brune sur un menton mal rasé. "Je pense que tu ne les traiterais pas de pieds tendres si tu les rencontrais , Bully. Il y a quelque chose chez ces gars-là - je ne sais pas ce que c'est exactement - mais il y a certainement quelque chose qui dit à un gars de ne pas trop les pousser. "

"Vite sur le tournage ?" » voulait savoir le grand commerçant.

"Non, ce n'est pas ça. Ils ne dégainent presque jamais une arme à feu. Ils entrent en plaisantant, un peu tranquillement et tranquillement, et vous disent que ce sera tout de suite. Et c'est comme ça à chaque fois qu'on sort de la boîte. ".

« Hmp ! » West dégageait une incrédulité vantarde. "Je pense qu'ils n'ont encore rencontré personne de taille humaine."

Le long coureur de whisky guida le train, en trains sinueux, dans les collines à l'arrière du poste. Au-dessus d'un petit ravin, au fond de celui-ci, les attelages étaient arrêtés et débarqués. Les barils étaient roulés dans les sous-bois où ils étaient cachés à l'abri des regards. De là, ils seraient distribués selon les besoins.

"Vous les garçons, vous surveillerez à tour de rôle jusqu'à ce que j'aie vendu la cargaison", annonça West. "Arrangez-vous entre vous . Tom, je vous laisse décider comment vous vous épellerez. Le seul problème, c'est que l'un de vous doit être là tout le temps, vous comprenez."

Morse prit le premier quart et fut suivi par Stearns, qui à son tour céda la place à Barney. Les jours sont passés à une semaine. Parfois, West apparaissait avec un acheteur dans une charrette ou à la tête d'un cheval de bât. Ensuite, l'eau de feu en cache serait diminuée d'un fût ou deux.

C'était une vie paresseuse et endormie. Il n'y avait pas besoin d'une garde rapprochée. Personne ne savait où se trouvait le whisky, à part eux-mêmes et quelques commerçants à la bouche serrée. Morse a découvert en lui une capacité démesurée de dormir. Il se jetait sur l'herbe chaude et séchée au soleil et s'endormait presque instantanément. Lorsque les rayons du soleil devenaient trop chauds, il était facile de se rouler à l'ombre du tirage. Il pouvait rester allongé sur le dos pendant des heures après son réveil et regarder les écheveaux de nuages s'allonger et flotter au loin, sans penser à rien ou laisser ses pensées se produire dans un pur contenu oisif.

Il n'avait jamais eu de fille, pour reprendre le mot courant chez ses congénères. Son plan de vie inclurait, supposait-il, les femmes de temps en temps, mais jusqu'à présent, il avait vécu dans un monde d'hommes, dans un univers d'espace, de soleil et de vent, dans des conditions primitives qui lui donnaient des muscles durs et un esprit propre, entraîné à faire face aux urgences frontalières. Mais maintenant, à son grand dégoût, il trouvait se glisser dans ses rêveries les images d'une jeune fille mince et brune, droite comme une flèche, avec des yeux qui n'avaient pour lui que mépris et haine. Ce qui était étrange, c'était que lorsque son cerveau était occupé avec elle, une étrange excitation exultante lui parcourait les veines.

Un jour, une chose étrange s'est produite. Il n'avait jamais entendu parler de phénomènes psychiques ou de télépathie, mais il ouvrit les yeux après avoir rêvé d'elle pour voir Jessie McRae le regarder.

Elle était sur un cayuse indien, ventrue et rude. Elle était assise très droite, et sur son visage se trouvait l'expression exacte de la haine méprisante qu'il avait vue dans sa vision d'elle.

Il se leva d'un bond. "Vous ici!"

Une couleur chaude inondait son visage de colère jusqu'à la racine des cheveux. Sans un mot, sans un autre regard vers lui, elle passa la bride au cou du poney et s'éloigna.

Sans protester , il la laissa partir. La situation lui avait sauté dessus de manière trop inattendue pour qu'il sache comment y faire face. Il resta immobile, la lumière rouge dans ses yeux brûlant comme des feux de camp lointains dans la nuit. Pour la première fois de sa vie , une femme lui avait donné la coupe.

Pourtant, ce n'était pas une femme après tout. C'était une servante, avec ce sens passionné du tragique qui n'appartient qu'aux très jeunes.

Il avait en tête de mettre une selle sur son bronco et de la poursuivre. Mais pourquoi? Pourrait-il, par simple domination de sa volonté, changer son opinion à son sujet ? Elle l'avait fondé sur des raisons bonnes et suffisantes. Il était associé dans son esprit à la plus grande humiliation de sa vie, au fouet cuisant qui avait entaillé sa jeune fierté et à son courage enjoué aussi cruellement qu'il l'avait fait à sa chair lisse et satinée. Était-il probable qu'elle écouterait des regrets, des explications ? Sa haine à son égard n'était pas un sujet de discussion. Cela était brûlé dans son âme comme avec un tison chauffé au rouge. Il ne pouvait pas nier ce qu'il avait fait ou ce qu'il était.

Elle l'avait croisé par hasard alors qu'il dormait. Il devina que le groupe d'Angus McRae avait atteint Whoop-Up et s'était arrêté pour acheter des fournitures et peut-être pour vendre des peaux et du pemmican. La jeune fille était probablement sortie de la palissade pour se rendre dans la prairie parce qu'elle adorait monter à cheval. Le reste ne nécessitait aucune conjecture. Dans ce pays solitaire aux vastes espaces, les voyageurs échangeaient toujours des salutations. Elle l'avait découvert allongé dans l'herbe. Il pourrait être malade, blessé ou mort. La coutume du pays l'amenait directement à travers les rigoles vers lui pour savoir s'il avait besoin d'aide.

Puis elle avait vu qui il était et était partie.

Un sourire sardonique d'autodérision marqua un instant sur son visage brun de garçon la lassitude des années.

# CHAPITRE VII

## L'HOMME À LA VESTE ÉCARLATE

Morse sortit d'un pas tranquille pour prendre la garde à son tour. Il suivait le principe selon lequel le chemin le plus long est le chemin le plus court pour atteindre un endroit donné. L'objectif était d'écarter tout soupçon qui aurait pu naître si les observateurs étaient toujours allés et repartis par le même chemin. Ils partirent donc vers n'importe quel point de la boussole, firent un large détour et, au fil du temps, arrivèrent à la cache.

De toute façon, rien n'était pressé. Chaque jour durait vingt-quatre heures, et un individu vivait aussi longtemps s'il ne se cassait pas le cou en galopant la queue dressée comme un bouvillon dans une bousculade.

Aujourd'hui, Morse est arrivé vers la cache depuis l'ouest. Ses yeux étaient ouverts, même si la chaleur du soleil de midi le rendait somnolent. Quelque chose qu'il a vu l'a fait glisser de la selle, a conduit son cheval en traction et a avancé très prudemment à travers l'herbe touffue.

Ce qu'il avait vu, c'était un homme accroupi derrière des broussailles, regardant vers la petite gorge où se trouvait la cache de whisky – un homme portant des bottes de cuir, une culotte d'équitation serrée, une veste écarlate et une casquette fourragère désinvolte. Il n'était pas nécessaire de jeter un deuxième coup d'œil pour dire à Tom Morse que la police avait dévalé l'endroit où ils avaient caché leur cargaison.

Du petit canon, un homme apparut. Il portait un fût de whisky. L'homme était Barney. West lui avait sans doute fait savoir qu'il amènerait bientôt un acheteur avec lui au rendez-vous.

L'homme à la veste écarlate se leva et sortit à découvert. Il était à quelques mètres de Barney. Dans sa ceinture il y avait un revolver, mais il ne l'a pas dégainé.

Barney s'arrêta et le regarda, la bouche ouverte, les yeux exorbités. "D'où venez-vous à Helgoland?" Il a demandé.

"De Sarnia, en Ontario", répondit le manteau rouge. "Ravi de te rencontrer, mon ami. Je te cherche depuis plusieurs jours."

"Pour moi!" dit Barney d'un ton neutre.

"Pour vous… et pour le fût de quarante cannes que vous portez. Non, ne le laissez pas tomber. Nous pourrons parler plus confortablement pendant que vos deux mains sont occupées." Le gendarme s'est avancé et a ramassé un fusil au sol. "Je suis resté allongé dans les broussailles pendant deux heures à attendre que tu sois séparé de ça. Je ne voulais pas que tu fasses des erreurs dans ton excitation."

« Des erreurs ! répéta Barney.

"Oui. Vous êtes en état d'arrestation, vous savez, pour contrebande de whisky."

"Vous faites partie de la police des frontières ici." Barney a utilisé l'inflexion ascendante pour faire sa déclaration.

"Le gendarme Winthrop Beresford, North-West Mounted, à votre service", répondit l'officier avec désinvolture. C'était un jeune homme soigné, bien bâti, au pas rapide et au discours vif.

"Qu'est-ce que tu vas faire de moi?"

"Emmenez-vous à Fort Macleod."

C'était peut-être parce que ses yeux n'étaient pas tout à fait au bon angle et parce qu'ils étaient si petits et si loups que Barney suscitait généralement la méfiance. Il suggéra maintenant, avec un gémissement complaisant dans la voix, qu'il aimerait d'abord voir un homme à Whoop-Up.

"C'est une petite question d'affaires", a-t-il ajouté en guise d'explication.

Le connétable devina ses affaires. L'homme voulait informer son patron de ce qui s'était passé et lui donner une chance de le sauver s'il le voulait. Le devoir de Beresford était de découvrir qui était derrière cette boisson alcoolisée. Il vaudrait la peine de savoir à quel homme Barney voulait parler. Il pouvait se permettre de tenter sa chance en participant au sauvetage.

"Bien sûr," acquiesça-t-il. "Vous pouvez poser ce baril maintenant."

Barney l'a posé et finit. D'un coup sec de crosse de fusil, l'officier a brisé le haut du fût et a renversé le canon avec son pied.

C'est le moment que Morse choisit pour faire son apparition.

"Bonjour ! Qu'est-ce que tu fais ?" » demanda-t-il avec désinvolture.

Beresford, calme et calme, le regardait droit dans les yeux. "Je vais te demander *ça* ."

"C'est un peu cher d'irriguer la prairie de cette façon, n'est- ce pas ?"

"Ça ne me coûte rien. Et toi ?"

Morse rit à la question qui lui fut renvoyée si promptement. Ce jeune homme était très occupé. "Pas un haricot", dit le Montanan.

"Bien. Alors tu apprécieras le petit spectacle que je monte : cinq mille dollars d'alcool renversés d'un seul coup."

"Saint Moïse ! Où est ce tigre aveugle que tu pilles ?"

"En bas dans le ravin. Heureusement que vous êtes arrivé par hasard. Vous pourrez annoncer la bonne nouvelle à Whoop-Up et aux points adjacents."

"Tu n'as pas vraiment l'intention de renverser tout ce whisky."

"C'est mon intention. Des objections ?" L'officier en habit écarlate parlait doucement, sans aucune nuance dans sa voix. Mais Tom commençait à comprendre pourquoi le commis du poste de traite avait appelé les fonceurs de la Police Montée. Ce garçon au visage rasé, aux manières si faciles et si insouciantes, avait dans les yeux une lueur qui était sérieuse. Sa douceur même était inquiétante.

Tom Morse réfléchit rapidement. L'entreprise de son oncle avait risqué cette finale en envoyant un convoi d'alcool en territoire interdit. Mieux vaut perdre le stock que de se voir interdire par le gouvernement canadien de faire du commerce avec les Indiens. Cet officier n'était pas du genre à être soudoyé ou intimidé. Il irait jusqu'au bout de ce qu'il avait commencé.

"Pourquoi, non ! Comment pourrais-je avoir des objections ?" » dit Morse.

Il lança un regard rapide et oblique à Barney, un regard qui disait à l'Irlandais de ne rien dire et de ne rien savoir, et qu'il serait protégé contre la loi.

"Je suis heureux que vous ne l'ayez pas fait", répondit joyeusement l'agent Beresford - si joyeusement en fait que Morse soupçonnait qu'il n'aurait pas été très intimidé si des objections avaient été soulevées. "Peut-être que tu m'aideras avec mon petit travail, alors."

Le commerçant sourit. Autant aller jusqu'au bout avec le bluff qu'il jouait. " Bien sûr. Je vais vous aider à faire un 4 juillet avec les fûts. Conduisez-moi à eux . "

"Tu ne sais pas où ils sont, bien sûr ?"

"Dans le ravin, tu as dit", répondit innocemment Morse.

" C'est ce que j'ai fait. C'est vrai. Allez-y, alors. " Le gendarme se tourna vers Barney.
"A toi le prochain, mon ami."

Un sentier bien défini descendait le côté escarpé du ravin. Cela se terminait par une épaisse végétation de jeunes arbres de saule. Sous le toit de ces feuillages se trouvaient plus d'une vingtaine de fûts de whisky.

Après dix minutes avec la crosse du fusil, il n'y avait plus rien à montrer pour la cache, à part des barils cassés et un bac de sable humide où la liqueur avait coulé dans le lit du ravin asséché.

Il était temps, pensa Morse, de jouer son petit rôle dans le divertissement.

"Après vous, messieurs", dit Beresford en s'écartant pour les laisser emprunter le sentier.

Morse recula également pour laisser passer Barney. Les regards des deux hommes se croisèrent pendant une fraction de seconde. Les lèvres de Tom encadrèrent silencieusement un mot. A cette époque, un message était donné et reçu.

Le jeune homme suivit Barney, le constable à ses trousses. Morse trébucha, se mit à quatre pattes et recula. Il étendit les bras pour se stabiliser et s'appuya contre le gendarme. Ses mains volantes s'accrochèrent au manteau écarlate. Sa tête et ses épaules courbées poussèrent Beresford en arrière et en bas.

Barney commença à courir.

L'officier a eu du mal à tenir tête à l'incube maladroit, à repousser l'homme afin qu'il puisse poursuivre Barney. Ses efforts furent vains. Morse, essayant visiblement de retrouver son équilibre, se précipita sauvagement sur lui et l'envoya labourer les saules. Le Montanan atterrit lourdement dessus, le cloua au sol et l'étouffa.

Le manteau écarlate était un centre de cerceaux de tonneau, de buissons, de bâtons et de bras et de jambes sauvagement saccadés.

Morse a fait des efforts héroïques pour se sortir du désordre. Une ou deux fois , il s'extirpa presque, pour ensuite perdre l'équilibre sur les buissons glissants et retomber sur l'officier au moment où il essayait de se relever.

C'était une scène pour une comédie cinématographique, si l'écran avait été une caractéristique de cette journée.

Quand enfin les deux hommes sortirent du ravin, Barney n'était plus visible. Avec lui avait disparu le mont de Beresford.

Le policier rit nonchalamment. Il venait de perdre un prisonnier, ce qui était contraire à la loi non écrite de la Force, mais il en avait gagné un autre à sa place. Il ne faudrait pas longtemps avant qu'il ait Barney aussi.

"Joli travail", dit-il avec appréciation. "Tu n'aurais pas pu faire mieux si tu l'avais fait exprès, n'est-ce pas ?"

"Fait quoi?" » demanda Morse avec une naïveté fade.

"J'ai fait un oreiller et un lit, j'ai patiné sur moi, j'ai été renversé comme une quilles."

"J'étais certainement maladroit. Je n'arrivais pas du tout à mettre pied à terre , semble-t-il. Pourquoi, où est Barney ?" Apparemment, le commerçant venait de faire une découverte.

"Demandez aux vents : 'Oh, où ?'" Beresford épousseta son manteau, son pantalon et sa casquette. Après avoir enlevé les traces de la bataille du ravin, il plaça sa casquette à l'angle approprié et leva un œil interrogateur sur l'autre. "Je suppose que vous savez que vous êtes en état d'arrestation."

"Pourquoi, non ! Le suis-je ? Pourquoi ? Lesquelles des statues, lois et ordonnances de la reine Vic ai-je brisé sans les connaître ? "

"Pour avoir aidé et encouragé l'évasion d'un prisonnier."

"Est-ce que j'ai fait tout ça ? Et quand est-ce que je l'ai fait ?"

"Pendant que tu faisais cette danse de guerre sur ce qui restait de ma géographie malmenée."

"Pouvez-vous arrêter un gars pour avoir glissé ?"

« Cela dépend de la gravité de sa glissade. De toute façon, je vais tenter ma chance en vous arrêtant.

« Tu vas m'enlever mon six-shooter et me menotter ?

"Je prendrai ton revolver. S'il le faut, je mettrai les menottes."

Morse le regarda, non sans admiration. L'homme à la veste écarlate n'a rien gaspillé. Il n'y avait chez lui aucune superfluité de constitution, de geste, de voix. Sous l'uniforme ajusté, les muscles ondulaient et jouaient lorsqu'il bougeait. Ses épaules et ses bras étaient ceux d'un rameur d'université. Aux flancs maigres et aux membres nets, il était à l'âge d'or d'une jeunesse splendide. Cela se voyait dans les yeux fixes et écarquillés du visage bronzé, dans le port de la tête coupée rase et bouclée, dans le ressort du pas. Le Montanan reconnaissait en lui une parenté de force dynamique.

"Qu'est-ce que je ferais au juste ?" » demanda le vendeur de whisky en souriant.

Beresford rencontra son sourire. "J'imagine que je le découvrirai très bientôt. Votre revolver, s'il vous plaît." Il tendit la main, paume vers le haut.

" Soyons clairs. Nous sommes d'homme à homme. Que ferez-vous si je découvre                                        que
je n'ai pas le temps d'aller à Fort Macleod avec vous ? "

"Je t'emmène avec moi."

"Mort ou vif?"

"Non, vivant."

"Et si je n'y vais pas ?" » demanda Morse.

"Oh, tu vas y aller." L'attitude de l'officier dégageait une confiance tranquille et imperturbable. Sa main était toujours tendue, " *S'il* vous plaît. "

"Ne vous pressez pas. Savez-vous à quoi vous êtes confronté ? Quand je dégaine ce pistolet , je peux vous tirer une balle dans la tête et m'en aller ?"

"Oui."

"À moins, bien sûr, que tu me branches d'abord."

"Je ne peux pas faire ça. C'est contraire aux règlements."

"Je suis très reconnaissant pour cette information. Vous n'avez alors qu'une chance d'homme mort - si je me montre combattu."

"Mieux vaut ne pas le faire. Le jeu n'en vaut pas la chandelle. Mes copains vous renverseraient", conseilla froidement l'agent.

"Vous avez toujours l'intention de m'arrêter ?"

"Oh oui."

Alors que Morse le regardait, patient comme un animal de proie, stable, intrépide, un Anglo-Saxon peu dramatique qui entendait aller jusqu'au bout de sa journée de travail, il commença à comprendre le pouvoir qui allait faire de la Police à cheval du Nord-Ouest un tel force dans le pays. La seule façon d'empêcher cet homme de l'arrêter était de tuer le connétable ; et s'il le tuait, d'autres jeunes en habit rouge viendraient le tuer ou se faire tuer. Il se rendit compte qu'il était confronté à un nouvel ordre qui éliminerait Bully West et ses semblables du pays.

Il remit son revolver à Beresford. "Je monterai avec toi."

"Bien. Je dois emprunter ton cheval jusqu'à ce que nous atteignions Whoop-Up. Cela ne te dérangera pas de marcher ?"

"Pas du tout. Certaines personnes pensent que les jambes sont faites pour ça", répondit Morse en souriant.

Alors qu'il traversait la prairie à côté du cheval, Morse était toujours perplexe quant à la situation. Il comprit que la force de la position de l'officier était entièrement d'ordre moral. Un contrevenant a été confronté à une alternative laide. La seule façon d'échapper à l'arrestation était de commettre un meurtre. La plupart des hommes n'iraient pas aussi loin, et parmi ceux qui le feraient, la grande majorité serait dissuadée parce qu'en fin de compte, la punition était certaine. La moindre hésitation, le moindre doute apparent, une lueur de peur sur le visage de l'officier, serait fatal au succès. Il a gagné parce qu'il s'attendait sereinement à gagner, et parce qu'il était derrière lui une force silencieuse et impalpable, aussi irrésistible que le mouvement d'un glacier.

Beresford devait savoir que les hommes qui vivaient à Whoop-Up n'étaient pas amicaux envers les Montés du Nord-Ouest. Certains d'entre eux avaient été mis en faillite. Leurs biens avaient été détruits et confisqués. Des amendes leur avaient été infligées. Le murmure actuel était que les contrebandiers de whisky riposteraient en personne contre les agents de police chaque fois qu'ils auraient l'occasion de le faire en toute impunité. Un jour, un débonnaire porteur du manteau écarlate sortirait gaiement d'un des forts et un cheval sans cavalier reviendrait au crépuscule. Il y avait des hors-la-loi qui ne demandaient rien de mieux que d'avoir l'occasion de ravir à sec un de ces cavaliers curieux des plaines.

Mais Beresford entra dans la palissade et sauta de selle avec une confiance souriante. Il hocha la tête ici et là avec désinvolture en direction d'hommes sombres et maussades qui observaient ses mouvements avec des yeux implacablement hostiles.

Ses paroles étaient adressées à Reddy Madden. "Pouvez-vous me laisser un cheval pendant quelques jours et le confier à la Force ? J'ai perdu le mien."

Quelqu'un ricana de manière offensante. Barney avait manifestement atteint Whoop-Up et se cachait.

"Votre cheval est arrivé il y a quelque temps, agent de police", dit civilement Madden.
"C'est dans l'enclos au fond du magasin."

"Est-ce qu'il est arrivé sans cavalier ?" » demanda Beresford.

La question était inutile. Le cheval serait allé à Fort Macleod et ne serait pas venu à Whoop-Up à moins qu'un cavalier ne l'ait guidé ici. Mais parfois, si l'on posait des questions, on découvrait des choses grâce à des témoins involontaires .

"Je n'ai pas remarqué. J'étais moi-même dans le magasin."

" Je pensais que vous ne l'aviez peut-être pas remarqué", a déclaré l'officier. "Aucun de vous autres messieurs ne l'a remarqué non plus, n'est-ce pas ?"

Les « autres messieurs » gardèrent un silence obstiné et boudeur. Une jeune fille franchit au petit galop la porte de la palissade et se dirigea vers le magasin. À la vue de Morse, ses yeux se tournèrent rapidement vers Beresford. Il répondit en souriant à ce qu'elle lui avait demandé. Tout s'est terminé en un éclair, mais cela a révélé à l'homme du Montana qui était l'informateur qui avait trahi à la police l'endroit où se trouvait la cache de whisky.

Au mieux de ses chances limitées, Jessie McRae payait un acompte sur la dette qu'elle devait à Bully West et Tom Morse.

# CHAPITRE VIII

## AU RUISSEAU D'EAU DOUCE

Devant un feu de chips de bison, le gendarme Beresford et son prisonnier ont fumé la pipe de la paix. Morse était assis sur ses talons, les jambes croisées, à la manière du campeur. L'officier était allongé de tout son long, un coude enfoncé dans le sable pour soutenir sa tête. Le Montanan était en liberté conditionnelle, de sorte que, pour le moment du moins, leurs relations étaient oubliées.

« Après le buffle… quoi ? » demanda l'Américain. « La fin des Indiens, c'est ça ? Et la désolation dans les plaines. Il ne reste plus que les trappeurs de la Compagnie de la Baie d'Hudson, tu crois ?

Le Canadien répondit en un mot. "Bétail."

"Certains, peut-être", acquiesça Morse. "Mais, saint Moïse, pense aux millions qu'il faudrait pour approvisionner ce pays."

"Je parie que le pays sera approvisionné dans les cinq ans suivant l'élimination des buffles. Regardez ce que font les grandes campagnes de chasse du Texas dans le Colorado, le Wyoming et le Montana. Oubliez l'idée que cette terre ici est un désert. C'est un Idée idiote dont nos géographies scolaires sont responsables. Grand désert américain ? Grands violons américains ! C'est un pays d'hommes, si vous voulez ; mais je n'en ai pas encore vu le rythme.

Morse avait cessé d'y prêter attention. Sa tête était penchée et il écoutait.

"Quelqu'un roule par ici", dit-il à l'instant. "Entendez les sabots claquer sur le schiste. Qui est-ce ? Je me demande. Et que veulent-ils ? Quand les intentions des gens n'ont pas été déclarées, c'est une bonne idée de tenir la main sur laquelle on peut lever."

Sans hâte et sans délai, Beresford se leva. "Nous retournerons dans l'ombre", annonça-t-il.

"Cela me semble raisonnable", a reconnu le passeur.

Ils attendirent dans la pénombre, derrière le feu de camp.

Quelqu'un a crié. "Bonjour le camp !" Au son de cette voix claire et semblable à une cloche, Morse leva la tête pour mieux écouter.

Le gendarme a répondu à l'appel.

Deux cavaliers sont apparus. L'une était une fille, l'autre un jeune Indien mince et droit, vêtu d'une chemise et d'un pantalon en peau de cerf. La jeune fille sauta de sa selle et s'avança vers le feu de camp. Le compagnon de route la suivait.

Beresford et son prisonnier sortirent de l'obscurité.

"Bully West est après vous. Il a juré de vous tuer", a appelé la jeune fille au policier.

"Comment savez-vous?"

" Onistah l'a entendu." Elle désigna d'un geste de la main le jeune homme aux membres souples à côté d'elle. « Onistah passait devant l'écurie – derrière elle, au fond du corral. Ce West rassemblait une foule pour vous suivre – il a dit qu'il allait vous pendre pour avoir détruit son whisky.

"Il l'est, hein ?" Ensemble de mâchoires saillantes de Beresford. Ses yeux bleu clair brillaient dur et froid. Il s'en occuperait.

"Ils seront bientôt là. Cet Ouest était sûr que vous camperiez ici à Sweet Water Creek, près du gué." Une note d'excitation palpitait dans la voix de la jeune fille. "Nous les avons entendus une fois derrière nous sur la route. Vous feriez mieux de vous dépêcher."

Le gendarme se tourna vers le Montanan. Ses yeux s'enfoncèrent dans ceux du prisonnier. Cet homme conserverait-il sa liberté conditionnelle ou non ? Il le découvrirait très bientôt.

"En selle, Morse. Je vais préparer mon kit. Nous partirons sur la piste."

"Écouter." Jessie resta debout un moment, la tête levée. "Qu'est ce que c'est?"

Onistah fit un pas en avant, de sorte que pendant un instant la lumière du feu vacilla sur le visage cuivré. Tom Morse a fait une découverte. Cet homme était le Pied-Noir qu'il avait sauvé des Cris .

"Des chevaux", dit l'Indien en levant les doigts de ses deux mains pour indiquer les chiffres. "J'arrive près du ruisseau. Ici bientôt."

"Nous retournerons aux gros rochers et je resterai là", a déclaré l'officier au coureur de whisky. "Enfilez les selles sans serrer. Nous n'avons pas de temps à perdre." Sa voix perdit sa dureté lorsqu'il se tourna vers la jeune fille. "Miss McRae, je n'oublierai pas cela. Très probablement, vous m'avez sauvé la vie. Maintenant, vous et Onistah feriez mieux de vous enfuir tranquillement. Vous ne devez pas être vu ici."

"Pourquoi je ne le devrais pas ?" » demanda-t-elle rapidement. "Je me fiche de savoir qui me voit."

Elle regardait Morse tout en parlant, la tête haute, avec ce petit soupçon de défi méprisant dans les narines frémissantes qui semblait exprimer un esprit libre et sans peur. Le sentiment de supériorité n'est généralement pas une belle manifestation chez un être humain, mais il y a des moments où il révèle quelque chose de beau, un dédain pour les actions basses et mesquines.

Morse s'éloigna à grands pas vers l'endroit où les chevaux étaient piquetés. Il pouvait entendre des voix plus loin dans le ruisseau, captant une fois un bribe de mots.

"... ça doit être quelque part à proximité, je te le dis."

Sans bruit, il enfila les selles, tira sur les piquets et se dirigea vers les gros rochers.

L'endroit était un point de repère. L'érosion des âges avait joué d'étranges tours au grès. Les rochers s'élevaient comme d'énormes champignons rouges ou comme des animaux préhistoriques de grande taille. L'un d'eux était connu sous le nom de Trois Ours, un autre sous le nom d'Éléphant.

Parmi ces rochers, Morse trouva le groupe qu'il venait de quitter. L'agent tentait toujours de persuader Jessie McRae de tenter de s'enfuir. Elle a refusé, obstinément.

"Nous sommes trois ici. Onistah est un bon tireur. Moi aussi. D'ailleurs, si quelqu'un doit s'échapper, il vaudrait mieux que ce soit vous", a-t-elle déclaré.

"Trop tard maintenant", a déclaré Morse. "Tu vois, ils ont trouvé le feu de camp."

Neuf ou dix cavaliers étaient sortis de l'obscurité et s'approchaient du camping. L'Ouest était en tête. Morse reconnut Barney et Brad Stearns. Deux des autres étaient des métis, l'un étant un Indien de la tribu Piegan.

"Il a dû nous entendre arriver et s'est retiré", a déclaré Barney.

"Alors il est de retour dans les roches rouges", grogna West triomphalement.

"Bientôt, je le saurai." Brad Stearns a tourné la tête de son cheval vers les rochers et a crié. "Bonjour Tom ! Tu es là ?"

Aucune réponse ne vint des rochers.

"Ne prouvez rien", s'écria West avec impatience. "Ce type a fait buffler Tom. Ne lui a-t-il pas obligé de briser les canons ? Ne lui a-t-il pas enlevé son six-gun et ne l'a-t-il pas emmené comme s'il n'avait pas d'esprit propre ? Tom est jaune. Vous avez une séquence un pied de large."

" Rien de tel", a nié Stearns, l'indignation dans la voix. "J'ai élevé ce garçon à la main. Je lui ai appris tout ce qu'il sait sur l'équitation et le cordage . Il fera l'affaire pour l'emmener."

" Hmp ! Il t'a toujours trompé, Brad. C'est différent ici. Mon objectif est de lui donner le coup de fouet de sa vie quand je le rencontrerai. Et ce sera bientôt, s'il est là-haut dans les rochers. Je Je vais tirer . " Bully West a sorti son revolver et s'est avancé.

Le connétable avait disposé ses forces de telle sorte que, derrière le couvert des rochers de grès, ils commandaient l'approche. Il avait essayé de persuader Jessie que ce n'était pas son combat, mais une question de sa part l'avait fait taire.

"Si ce Bully West me trouve ici, après qu'il t'ait tué, penses-tu que je peux le convaincre de me laisser partir parce que ce n'était pas mon combat ?"

Elle l'avait posé avec des yeux brillants, dans lesquels il avait vu un instant surgir la sauvagerie de la peur. Beresford était troublé. La fille avait raison. Si West allait jusqu'au meurtre, il serait un hors-la-loi. Sleeping Dawn ne serait pas en sécurité avec lui après qu'elle soit partie avertir son ennemi de son arrivée. Ce type était une brute primitive. Sa réputation s'était répandue dans tout le pays frontalier de la Terre de Rupert.

Maintenant, il faisait appel à Morse. "S'ils m'attrapent, essaierez-vous de sauver                                                                    Miss McRae ? Ce camarade de l'Ouest est un diable, à ce que j'entends."

L'officier aperçut une lueur d'yeux rouges brûlants. "Je vais m'en occuper. Nous allons d'abord mélanger, lui et moi. La question maintenant est : est-ce que je prends une arme ?"

"Pourquoi?"

"Tu ne l'as pas entendu se vanter de ce qu'il allait me faire ? S'il y a une fusillade , j'y participe, n'est- ce pas ?"

"Non. Vous êtes prisonnier. Je ne peux pas vous armer à moins que votre vie ne soit en danger."

West arrêta son cheval à environ soixante mètres des rochers. Il a crié un ordre profane. L'idée était que Beresford ferait mieux de sortir les mains en l'air s'il ne voulait pas être traîné dehors par une corde autour du cou. Le discours de l'homme était crépitant de jurons et d'obscénités.

Le gendarme s'avança à quelques mètres de là. "Que veux-tu?" Il a demandé.

"Toi." Le vendeur de whisky l'a crié dans un soudain élan de passion. "Tu penses que tu peux ridiculiser Bully West ? Tu penses que tu peux détruire notre cargaison et t'en sortir sans problème ? Je vais te montrer où tu vas."

"Ne vous trompez pas, West", conseilla l'officier d'une voix froide comme une éclaboussure d'eau glacée. "Nous sommes trois ici, tous armés de fusils, tous abattus. Si vous nous attaquez, certains d'entre vous vont être tués."

" C'est un mensonge. Tu es seul, sauf Tom Morse, et il n'est pas assez idiot pour se battre pour aller en prison. Je t'ai là où je te veux. " West se leva de la selle et s'avança à cheval. Dans cette lumière incertaine, il ressemblait plus à un ogre mal engendré qu'à un être humain.

"C'est assez loin", prévint Beresford, sans la moindre trace d'enthousiasme dans ses manières ou ses propos. Ses mains pendaient à ses côtés. Il ne donnait aucun signe de savoir qu'il avait un revolver attaché à sa hanche, prêt à l'action.

Le contrebandier d'alcool s'est arrêté pour déverser des injures. Il s'excitait à une passion qui justifierait le meurtre. L'arme dans sa main balançait sauvagement d'avant en arrière. Bientôt, il se concentrerait jusqu'à atteindre une concentration mortelle dans laquelle tout mouvement cesserait.

Le torrent de diffamation mourut sur les lèvres de l'homme. Il regarda le policier avec des yeux exorbités. Des rochers, trois personnages étaient sortis. Deux d'entre eux portaient des fusils. Il les reconnut tous les trois. Son étonnement paralysa la langue injurieuse. Que faisait la fille de McRae au camp de l'officier ?

C'était caractéristique de lui de soupçonner le pire d'elle. Soit Tom Morse, soit ce manteau rouge l'avaient battu jusqu'à devenir sa proie. La jalousie et la vanité outragée s'enflamment en lui, si bien que la discrétion disparaît.

Le canon de son revolver descendit et commença à cracher des flammes.

Beresford donna des ordres. "Retour aux rochers." Il recula en arrière, tirant à mesure qu'il bougeait.

Les compagnons de West avancèrent. Des coups de feu, des cris, le flou changeant des personnages en mouvement remplissaient la nuit. A la faveur de l'obscurité, les défenseurs atteignirent de nouveau les gros rochers.

Le constable comptait les nez. "Tout le monde va bien ?" Il a demandé. Puis, brusquement, il a lancé : « Qui était responsable de cette folle affaire de votre sortie au grand jour ?

"Moi", dit la jeune fille. "Je voulais que West sache que tu n'étais pas seul."

"Tu ne savais pas qu'il valait mieux ne pas la laisser faire ?" » a demandé l'officier à Morse.

"Il n'a pas pu s'en empêcher. Il a essayé de me retenir. De quel droit a-t-il interféré avec moi ?" » voulait-elle savoir en se raidissant.

"Vous ferez ce que je dis maintenant," dit sèchement le gendarme. "Reculez de ce rocher, Miss McRae, et restez-y. Ne quittez pas votre abri à moins que je vous le demande."

Ses yeux sombres et orageux défiaient les siens, mais elle bougea d'un air maussade pour obéir. Aussi rebelle qu'elle fût, le code de la frontière réclamait et faisait respecter son respect. Elle avait appris de la vie qu'il y avait des moments où sa volonté devait être subordonnée au bien général.

# CHAPITRE IX

## TOM FAIT UNE COLLECTION

Les assaillants se sont retirés et se sont rassemblés pour se consulter. La colère de West avait attisé leur propre ressentiment latent envers la police, les avait dominés et les avait amenés dans un voyage de vengeance. Mais ils n'avaient pas l'intention de prendre d'assaut une forteresse défendue. L'enthousiasme de la petite foule a reflué.

"Je pense que nous en avons fait plus et que nous pouvons mâcher", murmura Harvey Gosse en se frottant le menton hérissé. "Je ne suis pas ce qu'on pourrait appeler maintenant impatient que ces gars me déversent dessus."

"Nous sommes dix ici. Un homme, un Indien et une fille de race là-bas. Tu cherches de meilleures chances, Harv ?" » s'est moqué le chef du parti.

"Je n'ai jamais entendu dire qu'un homme était moins mort parce qu'un Indien ou une fille lui avait tiré dessus", rétorqua le contrebandier maigre.

"Soyez raisonnable, Bully," exhorta Barney avec son gémissement invitant. "Nous sommes sortis pour réparer le manteau rouge. Nous avons pensé qu'il était seul à l'exception de Tom, et bien sûr, Tom est avec nous. Mais ici, c'est une proposition différente. Trop de témoins contre nous . Je pense que vous l'êtes. t nous disant qu'il est sécuritaire de tirer sur la fille d'Angus McRae, même si elle est métisse.

"Oublie-la", grogna le grand coureur de whisky. "Elle ne sera pas un témoin contre nous."

"Pourquoi ne le fera-t-elle pas ?"

"Les charnières de l'enfer ! Dois-je vous raconter tous mes projets ? Je dis qu'elle ne le fera pas. Cela va." Il lança un geste de rage à peine contenu. Il n'était pas du genre à pouvoir écarter l'opposition avec patience. C'était son tempérament de l'emporter.

Brad Stearns s'est frotté la tête chauve. Il le faisait toujours lorsqu'il résolvait un problème mental. La déclaration de West ne pourrait signifier qu'une des deux choses suivantes. Soit la jeune fille ne serait pas en vie pour témoigner, soit elle se tait parce qu'elle s'est alliée au grand commerçant.

L'ancien connaissait la vanité de West et son faible pour les femmes. Par Tom Morse, il avait entendu parler de son offre à McRae pour la jeune fille. Il n'avait désormais aucun doute sur les intentions de cet homme.

Mais qu'en est-il d'elle ? Qu'en était-il de la jeune fille qu'il avait vue au camp de son père, le désir du cœur du vieil Écossais robuste ? Dans la légèreté de sa démarche, dans le relèvement de la tête, dans la parole, dans les gestes et dans l'expression du visage, elle était de race blanche, héritière de sa civilisation et de ses traditions. Seules sa couleur sombre et une certaine timidité sauvage semblaient nées du sang indigène en elle. Elle était fière, passionnée et pleine d'entrain. Accepterait-elle docilement Bully West pour son maître et irait-elle dans sa tente en tant que squaw ? Brad n'y croyait pas. Elle se battrait – se battrait désespérément, avec une sauvagerie barbare.

Son combat ne lui servirait à rien. S'il y était poussé, West l'emmènerait avec lui dans les profondeurs des Terres Solitaires. Elles disparaîtraient de la vue des hommes pendant des mois. Il voyagerait rapidement avec elle jusqu'au grand fleuve. Chaque coup de pagaie de canoë les entraînerait plus profondément dans ce Nord vierge où ils pourraient vivre de ce que son fusil et sa canne gagnaient pour le pot. Un peu de sel, de pemmican et de farine seraient tout ce dont il aurait besoin pour emporter avec eux.

Brad n'avait pas l'intention d'être une patte de chat pour lui. L'homme plus âgé était venu pour sauver Tom Morse de la prison et pour aucune autre raison. Il n'avait pas l'intention de se laisser entraîner dans un crime aveugle.

"Ne viens pas avec moi, Bully", a déclaré Stearns. "Comptez-moi. C'est ici que je me dirige vers Whoop-Up."

Il tourna la tête de son cheval et s'avança dans l'obscurité.

West s'occupa de lui en jurant. "Nous sommes mieux sans le coyote au foie blanc", dit-il enfin.

"Brad n'est pas si furieux que ça. J'aimerais bien me blâmer pour être en train de                  m'en                  prendre                  à Whoop-Up moi-même", a déclaré Gosse, mal à l'aise.

"Tu vas rester ici et terminer ce travail, Harv," lui dit catégoriquement West. "C'est exactement ce que vous ferez, les garçons . Si l'un d'entre vous a une idée différente, nous réglerons cela ici et maintenant. Et si ?" Il se tenait à cheval devant ses hommes, les menaçant de ses poings noués et de ses yeux boudeurs.

Personne ne voulait discuter de cette question avec lui. Il montra ses dents cassées dans un sourire aigre.

— Alors, c'est réglé, poursuivit-il. "C'est mon choix. Mes ordres sont exécutés, s'il n'y a pas d'objections."

Sa tête avancée, posée bas sur les épaules voûtées, se déplaçait de droite à gauche d'un air menaçant tandis que ses regards passaient de l'un à l'autre. S'il y avait des objections, elles n'étaient pas mentionnées à voix haute.

"Maintenant, nous savons où nous en sommes", a-t-il poursuivi. "Ce sera par ici. La plupart d'entre nous lanceront un feu sur les rochers depuis l'avant; les autres se faufileront et surgiront par derrière - entreront directement dans les rochers avant que ce type de tyran ne s'en rende compte. " Si vous en avez l'occasion, branchez-le dans le dos, mais ne blessez pas la fille indienne. Vous comprenez ? Je la veux vivante et non blessée. Si elle se fait tirer dessus, quelqu'un risque de se faire arracher la tête. ".

Mais après tout, les choses ne se sont pas déroulées exactement comme West l'avait prévu. Il a laissé de côté un facteur : un homme parmi les rochers à qui on avait refusé le droit d'avoir une arme et toute participation aux combats.

La feinte du front était assez animée. Les assaillants se sont dispersés et, derrière des touffes d'herbes et de buissons, un feu a éclaté qui a occupé les défenseurs. Barney, avec les métis et l'Indien aux talons, fit un large cercle et se glissa jusqu'aux affleurements de grès rouge. Il n'appréciait pas plus ce travail que ceux qui étaient derrière lui, mais il était une créature de l'Ouest et il faisait généralement ce qu'on lui disait après quelques grognements. Il n'était pas prudent pour lui de refuser.

Pour Tom Morse, habitué à Bully West et à ses habitudes, l'attaque frontale ne semblait pas tout à fait authentique. C'était décousu et inefficace. Pourquoi? Quel tour Bully avait-il dans son sac ? Tom s'est mis à sa place pour voir ce qu'il ferait.

Et instantanément, il comprit. La véritable attaque viendrait de l'arrière. Dès le premier tir là-bas, Bully West chargerait. Prise des deux côtés, la garnison deviendrait des victimes faciles.

Le gendarme et Onistah étaient occupés à répondre aux tirs des contrebandiers. Sleeping Dawn était accroupie derrière deux rochers, le canon de son fusil brillant à travers une fente entre eux. Elle faisait un compromis entre les ordres qui lui étaient donnés et l'anxiété qu'elle avait à l'idée de combattre Bully West. Autant qu'elle le pouvait, elle restait à l'abri, tout en tirant dans l'obscurité chaque fois qu'elle croyait apercevoir un mouvement.

Morse a reculé lors d'une tournée d'enquête. Ici, le sol s'est effondré assez brusquement, de sorte que celui qui venait par derrière devait escalader un champ de rochers s'élevant jusqu'aux gros rochers. Il n'a fallu qu'un simple examen à Tom pour comprendre qu'une surprise devrait être lancée par le biais d'une sorte d'escalier naturel rudimentaire.

Un épaulement plat en grès dominait l'escalier d'en haut. Sur ce, Morse s'accroupit, tous ses sens en alerte pour détecter la présence de quiconque volait le passage. Il attendit, impatient et pourtant patient. Ce qu'il allait tenter comportait des risques, mais le danger faisait monter le sang dans ses veines jusqu'à une excitation calme.

Parfois, par intervalles, les fusils craquaient. A part ça, aucun autre son ne lui parvenait. Il ne pouvait pas compter le temps. Il lui semblait que les heures s'écoulaient. En réalité, cela aurait pu durer seulement quelques minutes.

En bas, au pied de l'escalier en colimaçon, il y eut un bruit semblable à celui d'un grincement de gravats sous la semelle d'une botte. Bientôt, l'homme sur le rebord l'entendit de nouveau, cette fois plus distinctement. Quelqu'un rampait sur les rochers.

Tom scruta attentivement l'obscurité. Il ne voyait rien d'autre que les rochers plats qui disparaissaient vaguement dans l'obscurité. Il n'entendait plus non plus le craquement d'un pas sur le grès désintégré. Ses nerfs se tendirent. Aurait-il pu faire une erreur ? Y avait-il une autre voie pour monter par derrière ?

Puis, au détour de l'escalier, quelques mètres en dessous de lui, une silhouette se dressa. Il apparut avec une extraordinaire prudence, d'abord une tête, puis le canon d'un fusil, enfin un corps accroupi suivi de jambes arquées. À quatre pattes, il s'avança en rampant, attelant l'arme à côté de lui. Exactement en face de Morse, à l'ombre même du rebord en pente sur lequel il gisait, la silhouette se levait et se redressait.

L'homme resta là pendant une seconde, décidé à passer à autre chose. Il faisait partie des métis que West avait amenés avec lui. Un murmure sévère parvint presque à son oreille.

"Levez la main ! Je m'occupe de vous. Ne bougez pas. Ne dites pas un mot."

Deux bras se levèrent vers le ciel. Dans les doigts d'une main, un fusil était serré.

Morse se pencha en avant et l'attrapa. "Je vais prendre ça", dit-il. Les doigts bruns se détendirent. " Contournez le bord du rocher là. Allongez-vous face contre terre dans ce creux. Vous avez un six coups. "

Il avait. Morse le lui a pris.

"Si vous bougez ou prononcez un mot, je vous injecterai du plomb", prévint le Montanan.

Le métis regarda ses yeux froids et décida de ne prendre aucun risque. Il s'allongea sur le visage, les mains tendues exactement comme ordonné.

Son ravisseur est retourné à l'épaulement rocheux au-dessus du sentier. Bientôt, une autre tête surgit de l'obscurité. Un homme s'est approché et, comme le premier, s'est arrêté pour observer ce qui l'entourait.

Contre sa nuque, quelque chose de froid se pressait.

"Levez les mains, Barney," ordonna une voix.

Le petit homme poussa un cri. "Mère Moïse, ne tire pas."

"Combien d'entre vous ?" » demanda sèchement Morse.

"Un de plus."

L'homme derrière le fusil récupéra ses armes et plaça Barney aux côtés de son compagnon. En cinq minutes, il avait ajouté un troisième homme à la collection.

Avec un sourire sardonique, il les conduisit devant lui à Beresford.

"Je suis prisonnier et je ne participe pas à cette exposition, vous avez pris soin de me l'expliquer, M. Constable, mais j'ai enfreint les règles et les règlements pour collecter moi-même quelques spécimens", a-t-il dit d'une voix traînante en guise d'explication.

Les yeux de Beresford brillèrent. L'impudence débonnaire de la procédure lui plaisait énormément. Il ne savait pas comment ce jeune homme avait fait cela, mais il devait avoir agi avec un sang-froid et une audace superbe.

"Où étaient-ils ? Et comment les avez-vous eu sans un six-shooter ?"

"Ils étaient je dérive vers le col pour dire "Comment vas-tu ?" depuis l'escalier arrière. J'ai emprunté une arme à l'un d'eux. Je leur ai demandé de venir avec moi et ils ont pensé qu'ils le feraient."

Le bruit d'un fusil résonnait dans les rochers à gauche. Jessie McRae en sortit en volant, avec quelque chose qui s'apparentait à de la terreur sur son visage.

"J'ai tiré sur West. Il a essayé de me foncer dessus et... et... je lui ai tiré dessus." Sa voix se transforma en un sanglot hystérique.

"Je pensais vous avoir dit de ne pas vous mêler de ça", a déclaré le gendarme. "Il semble que je bénéficie d'une aide bénévole précieuse. Entre vous et votre ami Morse ici…" Il s'interrompit, touché par sa détresse. "Peu importe, Miss McRae. Il l'avait prévu. Je vais aller évaluer les dégâts qui lui ont été causés, si ses amis en ont assez - et il y a de fortes chances qu'ils l'aient fait."

Ils avaient. Gosse s'avança en agitant un bandana rouge en guise de drapeau de trêve.

"Nous en avons beaucoup", dit-il franchement. "West est en panne, et un autre des garçons a pris des ailes. Inutile de continuer avec cette foutue bêtise. Nous sommes prêts à l'annuler si vous libérez Morse."

Beresford était parti à sa rencontre. Il répondit sèchement. "Non."

Le long et maigre coureur de whisky se frotta maladroitement les poils du menton. "Nous avons peut-être baissé—"

"Je garde mes prisonniers, Morse et Barney."

« Barney ! » répéta Gosse surpris.

"Oui, nous l'avons, lui et deux autres. Je n'en veux pas. Je vous les remets. Mais pas Morse et Barney. Ils vont au poste avec moi pour faire du whisky."

Gosse retourna au feu de camp, où les hommes des Whoop-Up avaient transporté leur chef blessé. Sauf West, ils étaient tous heureux d'abandonner la bataille. Le gros contrebandier, allongé à terre avec une balle dans la cuisse, les a maudits pour un groupe de lâcheurs au cœur de poule. Sa colère ne pouvait pas ébranler leur décision. Ils savaient quand ils en avaient assez.

L'armistice conclu, Beresford et Morse se dirigèrent vers le feu de camp pour découvrir à quel point West avait été blessé.

"Désolé d'avoir dû te frapper, mais tu l'aurais, tu sais," lui dit sombrement le gendarme.

L'homme lui claqua des dents comme un loup pris au piège. "Tu ne m'as pas frappé, espèce de menteur. C'était ce petit chat de l'enfer de McRae. Dis-lui pour moi que je vais la soigner, bien sûr, puisque je m'appelle Bully West."

Il y avait quelque chose d'horriblement menaçant dans sa rage. Dans la lumière sautillante des flammes, le visage était celui d'un démon, un visage tordu et torturé par le désir impuissant de détruire.

Morse parla, le regardant fixement, avec son calme. "Je te fais remarquer, West, que tu dois laisser cette fille tranquille."

Il y eut dans la gorge du gros coureur de whisky un bruit semblable à celui d'un animal sauvage enragé. Il jeta un regard noir à Morse, un torrent d'injures luttant pour s'exprimer. Tout ce qu'il pouvait dire, c'était : « Espèce de foutu traître. »

Les yeux du jeune homme ne vacillèrent pas. "Ça va. Je veillerai à ce que tu te fasses tirer dessus comme un loup si tu lui fais du mal."

La fureur du contrebandier blessé dépassa la prudence. Dans un élan de folie momentanée , il vit rouge. Le canon de son revolver se souleva rapidement.

Une balle chanta à l'oreille de Morse. Avant de pouvoir tirer à nouveau, Harvey Gosse s'était jeté sur l'homme et lui avait arraché l'arme des mains.

Les yeux durs et immobiles, Morse baissa les yeux sur le fou sans dire un mot. C'est Beresford qui a dit ironiquement : « Je parle de ceux qui gardent la foi. »

"Tu n'aurais pas dû "C'est fait, Bully", a postulé Gosse. "Nous avions déjà convenu que cette querelle était terminée pour ce soir."

"Sortez vos chevaux et sortez d'ici", ordonna le constable. "Si cet homme est capable de se battre, il est capable de voyager. Vous pouvez établir votre campement plus loin dans le ruisseau."

Quelques minutes plus tard, le bruit des sabots des chevaux s'éteignit. Beresford était seul avec ses prisonniers et ses invités.

Ceux qui étaient encore parmi les gros rochers s'avancèrent vers le feu de camp. Jessie est arrivée avant les autres. Elle s'était glissée jusqu'au camp sur les traces de Beresford et de Morse, poussée par sa grande anxiété de découvrir à quel point West était blessé.

Depuis l'ombre d'un refuge de bisons, elle avait vu et entendu ce qui s'était passé.

Elle lança un regard de curiosité troublée à Morse. Quel genre d'homme était cet Américain calme au visage brun qui faisait entrer clandestinement du whisky pour ruiner les tribus, qui pouvait impitoyablement contraindre une jeune fille à un marché qui incluait le fouet pour elle, qui, pour une raison qui lui était propre, se battait aux côtés de l'homme qui l'emmenait à l'emprisonnement, et qui avait jeté un défi au terrible Bully West en son nom ? Elle le détestait. Elle le ferait toujours. Mais à son aversion pour lui s'ajoutait désormais un autre sentiment, né de la connaissance de nouveaux angles en lui.

Il était dur comme un clou, mais il ferait l'affaire pour chevaucher la rivière.

# CHAPITRE X

## UN CONTE SUR UN FEU DE CAMP

Une autre surprise attendait Jessie. Dès qu'Onistah entra dans le cercle de lumière, il se dirigea droit vers le contrebandier de whisky.

"Vous m'avez sauvé la vie des Cris . Merci", a-t-il dit en anglais.

Onistah lui tendit la main.

L'homme blanc l'a pris. Il était gêné. "Oh, eh bien, j'ai en quelque sorte pris la main."

L'Indien n'avait pas fini. " Onistah n'oublie jamais. Il paiera un jour."

Tom écarta cela d'un signe de la main. "Comment va ta jambe ? Ça semble aller bien maintenant."

Rapidement, Jessie se tourna vers l'Indien et lui posa une question dans la langue locale. Il a répondu. Ils échangèrent encore une ou deux phrases.

La jeune fille a parlé à Morse. " Onistah est mon frère. Moi aussi, merci, " dit-elle avec raideur.

"Votre frère ! Ce n'est pas le fils d'Angus McRae, n'est-ce pas ?"

"Non. Et je ne suis pas sa fille, vraiment. Je vais vous en parler", dit-elle avec une touche de défi défensif qui lui venait toujours lorsque le sujet de sa naissance était évoqué.

Elle l'a fait plus tard, autour du feu de camp.

Il est heureux que le désir et l'opportunité ne marchent pas toujours ensemble. Le gendarme et Morse étaient tous deux des hommes morts si Bully West avait pu tuer par un simple souhait. Sleeping Dawn aurait été sur le chemin d'une existence pire que la mort. Au lieu de cela, ils se sont assis devant les charbons de chips de buffle pendant que le grand contrebandier et ses compagnons s'éloignaient d'un champ de bataille ignominieux.

Lorsque le connétable et son prisonnier étaient arrivés au camp, ils étaient deux. Il y en avait désormais six. Car outre Jessie McRae, les Pieds-Noirs et Barney, un autre était sorti de la nuit et les avait salués d'un « Bonjour, le camp ! Ce dernier invité auto-invité était Brad Stearns, qui n'était pas allé à Whoop-Up comme il l'avait annoncé, mais avait observé les événements à distance dans l'espoir d'aider Tom Morse.

Jessie était d'accord avec Beresford sur le fait qu'elle devait rester au camp jusqu'au matin. Elle n'avait rien d'autre à faire. Elle ne pouvait pas très bien passer la nuit avec Onistah sur le chemin du retour au fort. Mais elle est restée avec beaucoup de réticence.

Sa modestie était dans les armes. Jamais auparavant elle, une jeune fille seule, n'avait été obligée de camper avec cinq hommes comme compagnons, tous sauf un pour elle presque étrangers. L'expérience a choqué son sens de la forme physique.

Elle était troublée et affligée, et elle le montrait. Son impulsivité l'avait entraînée dans une aventure qui aurait pu être tragique, mais qui recelait encore des potentiels de désastre. Car elle ne pouvait pas oublier l'expression du visage de West lorsqu'il avait juré de se venger d'elle. Cet homme était un terrible ennemi, à cause de son audace, de son mauvais esprit et de son manque de conscience.

Pourtant, même maintenant, elle ne pouvait pas se blâmer pour ce qu'elle avait fait. La vie du policier était en jeu. Il a fallu agir rapidement et de manière décisive.

Assise devant le feu, Sleeping Dawn commença à raconter son histoire. Elle l'a raconté à Beresford pour s'excuser d'avoir parcouru quarante milles avec Onistah pour lui sauver la vie. C'était, s'il choisissait de l'accepter, une explication de la façon dont elle en était venue à faire une chose aussi peu féminine.

« La mère d'Onistah est ma mère », dit-elle. "Quand j'étais bébé , ma propre mère est morte. Stokimatis est sa sœur. Je ne sais pas qui était mon père, mais j'ai entendu dire qu'il était américain. Stokimatis m'a emmené dans son tipi et j'y ai vécu avec elle et Onistah jusqu'à ce que je " J'avais cinq ou six ans. Puis Angus McRae m'a vu un jour. Il m'aimait bien, alors il m'a acheté pour trois mètres de tabac, un miroir et cinq peaux de loup. "

C'est peut-être par hasard que les yeux de la jeune fille rencontrèrent ceux de Morse. Le sang brûlait sous le bronzage de ses joues sombres, mais ses yeux fiers ne bronchèrent pas lorsqu'elle raconta les faits accablants sur sa filiation et sa vie. Elle était d'origine métisse, fille d'un père inconnu. À sa connaissance, sa mère n'avait jamais été mariée. Elle avait été achetée et vendue comme une esclave nègre dans le Sud. Que celui qui voudrait la mépriser profite de tout cela.

En ce qui concerne l'expression, Tom Morse avait l'air dur comme de la fonte. Il ne voulait pas commettre une erreur, alors il n'a rien dit. Mais la jeune fille aurait été étonnée si elle avait pu lire dans ses pensées. Elle lui semblait une fleur rare qui a fleuri dans un marécage immonde.

"Si Angus McRae t'a pris pour sa fille, c'est parce qu'il t'aimait", dit doucement Beresford.

"Oui." Le visage mobile fut soudain tendre d'émotion. " Que peut faire un père de plus qu'il n'a fait pour moi ? J'ai appris à lire et à écrire sur ses genoux. Il m'a appris les vieilles chansons d'Écosse qu'il aime tant. Il a essayé de me rendre bon et vrai. Ensuite, il m'a envoyé moi à Winnipeg pour étudier pendant deux ans.

"Bien pour Angus McRae", dit le jeune soldat.

Elle sourit, un peu mélancolique. "Il veut que je sois écossais, mais bien sûr, je ne peux pas l'être même si je lui chante 'Should auld acquaintance'. Je suis ce que je suis."

Depuis qu'elle avait appris à penser par elle-même, elle luttait contre le sentiment d'infériorité raciale. Même dans les Terres Solitaires, des hommes instruits avaient croisé son chemin. Il y avait le père Giguère , grand et austère et rempli de la sagesse des années, un érudit qui avait quitté sa chère France pour servir aux avant-postes de la civilisation. Et il y avait l'ami dévoué du vieux prêtre, Philip Muir, dont on disait qu'il était l'héritier d'un vaste domaine au-delà des mers. D'autres, elle en avait vu à Winnipeg. Et maintenant ce soldat Beresford en habit écarlate.

Instinctivement, elle reconnut la différence entre eux et les trappeurs et commerçants qui fréquentaient les bois du Nord. La nuit , dans son lit, elle avait pleuré plus d'une fois pour s'endormir parce que la vie avait construit une barrière infranchissable entre ce qu'elle était et ce qu'elle voulait être.

"Pour les Écossais, personne n'est vraiment comme les Écossais", a admis Beresford avec un sourire. "Quand il veut vous en faire un, M. McRae vous fait un grand compliment"

La jeune fille lui lança un regard de gratitude et continua son histoire. "Chaque fois que nous sommes près de Stokimatis , je vais la voir. Elle m'a toujours beaucoup aimé. Ce n'est pas vraiment pour de l'argent qu'elle m'a vendu, mais parce qu'elle savait qu'Angus McRae pouvait m'élever mieux qu'elle. J'étais avec elle aujourd'hui quand Onistah est arrivé et nous a dit ce que cet Occident allait faire. Je n'avais pas le temps de joindre Père. Je ne pouvais faire confiance à personne à Whoop-Up, et j'avais peur si Onistah venait seul , vous ne le croiriez pas. Vous savez comment sont les gens... les Indiens. Alors j'ai sellé un cheval et je suis monté avec lui.

"C'était bien de votre part. Je ne l'oublierai jamais, Miss McRae," dit doucement le jeune soldat, ses yeux un instant rivés sur les siens. "Je ne pense pas avoir jamais rencontré une autre fille qui aurait eu le bon sens et le courage de le faire."

Ses yeux tombèrent des siens. Elle sentit un étrange frisson délicieux parcourir son sang. Il la respectait toujours, et lui était même reconnaissant pour ce qu'elle avait fait. Aucune expérience des mœurs des hommes et des servantes ne l'avertit qu'il y avait une autre cause à l'accélération du pouls. La jeunesse avait regardé la jeunesse dans les yeux et lancé l'appel éternel du sexe au sexe.

Dans une petite poche ouverte par le tiroir, Morse disposa des couvertures pour le lit de la jeune fille. Il quitta Beresford pour lui expliquer qu'elle pouvait y dormir seule sans crainte, puisqu'un garde veillerait contre toute éventuelle attaque surprise.

Lorsque le soldat lui a dit cela, Jessie lui a rendu son sourire pour la rassurer. "Je n'ai pas peur, pas du tout ", dit-elle avec entrain. "Je vais dormir tout de suite."

Mais elle ne l'a pas fait. Jessie était éveillée jusqu'au bout des doigts, ses veines palpitaient au rythme des rivières tumultueuses de la vie. Ses pensées chaotiques étaient centrées sur deux hommes. On avait suivi des sentiers tortueux pour son propre profit. Il y avait en lui quelque chose de dur et d'inflexible comme du silex. Il irait jusqu'au but qu'il aurait choisi, quel qu'il soit, en surmontant tous les obstacles qui pourraient surgir. Mais ce soir-là, en son nom, il avait lancé le défi à Bully West, le desperado le plus redouté de la frontière. Pourquoi l'avait-il fait ? Était-il désolé d'avoir forcé son père à la cravacher ? Ou bien son avertissement n'était-il qu'un grognement d'un loup contre un autre ?

L'autre homme était d'une autre trempe. Il avait apporté du monde d'où il venait une gentillesse débonnaire, une aisance de manières, un sourire très enfantin et charmant. Avec sa casquette fourragère décontractée et sa veste écarlate , il était du genre à attirer et à retenir l'attention en raison de sa personnalité attachante. Lui aussi avait mené son combat. Elle l'avait entendu, avec sa manière nonchalante et insouciante, essayer de prendre la responsabilité d'avoir blessé West. Ses pensées heureuses allaient vers lui avec gratitude.

La moindre raison de sa gratitude résidait dans le fait qu'il n'y avait pas eu la moindre allusion dans ses manières qu'il y avait une quelconque différence entre elle et n'importe quelle fille blanche qu'il pourrait rencontrer.

# CHAPITRE XI

## CN MORSE TOURNE UNE FEUILLE

La Police à cheval du Nord-Ouest avait le pouvoir non seulement d'arrêter, mais aussi de juger et de condamner les prisonniers. L'inspecteur militaire qui jugea Morse à Fort Macleod entendit les témoignages et caressa pensivement sa moustache gris fer. D'après ce qu'il comprenait, son affaire était d'arrêter la circulation du whisky plutôt que d'envoyer les hommes en prison. Le rapport de Beresford sur ce jeune homme était en sa faveur. L'inspecteur s'est aventuré dans la psychologie.

« Avez-vous étudié les Indiens… les effets de l'alcool sur eux ? il a demandé à Morse.

"Certains", répondit le prisonnier.

"Tu ne penses pas que c'est mauvais pour eux ?"

"Oui Monsieur."

"Peut-être êtes-vous ici depuis plus longtemps que moi. Cette contrebande de whisky n'est-elle pas une mauvaise affaire à tous les niveaux ?"

"Pas pour le contrebandier. En tant qu'étranger , je pense qu'il le fait parce qu'il gagne de l'argent", a répondu Morse de manière impersonnelle.

"Pour le pays, je veux dire. Pour le trappeur, pour les races, pour les Indiens."

"Aucun doute à ce sujet."

"Vous êtes le neveu de CN Morse, n'est-ce pas ?"

"Oui Monsieur."

« J'aimerais que vous lui transmettiez un message de ma part. Dites-lui que ce n'est pas une bonne affaire pour une grande société commerciale comme la sienne de faire de la contrebande de whisky. Le policier a levé la main pour arrêter la protestation du jeune homme. "Oui, je sais que tu vas me dire que nous n'avons pas prouvé qu'il faisait de la contrebande. Nous allons dépasser ce point. Portez-lui mon message. Dites simplement que c'est une mauvaise affaire. Vous pouvez lui dire si vous le souhaitez que nous " Nous sommes là pour y mettre un terme et nous allons le faire. Mais insistez sur le fait que ce n'est pas une bonne affaire. Vous comprenez ? "

"Oui."

"Très bien, monsieur." Une lueur de sourire apparut dans les yeux de l'inspecteur. "Je vais vous rendre un verdict écossais, jeune homme. Non coupable, mais ne recommencez pas. Vous êtes libéré."

« Barney aussi ?

" Hmp ! C'est un cheval d'une autre couleur. Je pense qu'on va l'envoyer dans les plaines. "

"Pourquoi manger deux bouchées de cerise, monsieur ? Il ne peut pas être coupable si je ne le suis pas", a déclaré le prisonnier libéré.

"Est-ce que j'ai dit que tu ne l'étais pas ?" L'inspecteur MacLean a répliqué.

"Il ne vaut pas la poudre, n'est-ce pas, monsieur ?" Insinua Tom nonchalamment.
" Barney est plutôt un imbécile. S'il est coupable, ce n'est pas en tant que directeur. Vous feriez bien mieux de m'envoyer là-bas. "

L'officier rit derrière la main qui caressait la moustache. « Veux-tu être juge et partie ainsi que prisonnier, mon garçon ?

« Je pensais que peut-être mon oncle comprendrait mieux l'esprit de votre message si Barney m'accompagnait, inspecteur. Les yeux bruns étaient ouverts et naïfs.

MacLean étudia délibérément le Montanan. Il commença à reconnaître des qualités inhabituelles chez ce jeune.

"Je ne peux pas dire que je tiens à ton ami Barney. C'est un mauvais œuf, ou je me trompe."

« Moi-même, je n'aime pas beaucoup lui. Je pensais que si je l'amenais à voyager vers le sud avec moi, cela pourrait vous éviter des ennuis.

"C'est possible", acquiesça l'inspecteur. "Pour autant que je sache, c'est sa première infraction." Sous des sourcils hérissés , il jeta un regard rapide à ce jeune sûr de lui. Il avait remarqué que les hommes mûrissaient très tôt à la frontière. L'école d'urgence les a développés rapidement. Mais Morse lui paraissait encore plus compétent que les autres jeunes hommes des plaines qu'il avait rencontrés. « Serez-vous responsable de lui ?

Le Montanan est venu gratter à contrecœur. Il n'avait aucune envie d'être le chef des ours pour un spécimen aussi douteux que Barney.

"Oui," dit-il après une pause.

« Gardez-le aux États-Unis, voulez-vous ?

"Oui."

"Emmenez-le, alors. Je vous souhaite bonne chance."

Dès qu'il atteignit Fort Benton, Tom fit son rapport à son oncle. Il a raconté l'histoire de la cargaison de whisky et son sort, ainsi que ses propres aventures ultérieures.

Le chef de la société commerciale était un Yankee long et lâche qui avait dérivé vers l'Ouest dans sa jeunesse. Depuis lors, il avait des cheveux gris et des intérêts dans de grandes entreprises. Au message de l'inspecteur MacLean, il sourit.

« Il pense que c'est une mauvaise affaire, n'est-ce pas ?

"Je m'étais dit de te le dire," répondit Tom.

"Je n'ai pas dit pourquoi, je suppose."

"Non."

Le vieil habitant de la Nouvelle-Angleterre sortit d'une poche de hanche un morceau de tabac, coupa une généreuse quantité de tabac à mâcher et le rangea dans sa joue. Puis, se prélassant sur la chaise, il jeta un œil perspicace à son neveu.

"Je me demande ce qu'il voulait dire."

Tom n'a donné aucune opinion. Il reconnut l'habitude astucieuse de son oncle de pêcher dans l'esprit des autres pour obtenir la confirmation de ce qu'il y avait dans le sien.

"Vous avez une idée de ce vers quoi il conduisait ? " continua le vieux pionnier.

"En quelque sorte."

CN Morse rit. "J'ai moi-même une idée. Écoutons la vôtre."

"Le commerce avec les North-West Mounted va être important pendant un certain                                                                      temps.
La Force a besoin de toutes sortes de fournitures. Elle devra passer par une entreprise de Benton comme centre de compensation . Il fait remarquer qu'à moins                                                                      que
CN Morse & L'entreprise s'améliore, elle ne peut plus faire affaire avec le N.WMP"

"C'est tout ?" » a demandé le chef de l'entreprise.

"Cela ne représente que la moitié du problème. L'autre moitié est qu'aucune entreprise de commerce de whisky ne sera autorisée à faire du commerce de l'autre côté de la frontière."

CN poussa un autre petit cri de gaieté. « Gardez votre cerveau en alerte, n'est-ce pas ? Un conseil que vous aimeriez donner ?

Tom ne devait pas être dessiné. "Aucun, monsieur."

"Pas de commentaires, fils ? Je le transmets à oncle Newt, hein ?"

"Vous êtes à la tête de l'entreprise. Je suis engagé pour faire ce qu'on me dit."

"Tu penses obéir aux ordres et laisser tomber ça ?"

"Pas assez." Le menton carré du jeune homme ressortait. "Par exemple, je ne vais plus faire passer d'alcool en contrebande. J'avais les yeux ouverts pendant ce voyage. Vous n'avez pas été au sol comme moi. Si vous voulez un mot clair pour cela, oncle Newt—"

"Parle franchement lors de la réunion , Tom. Je ne devrais pas me demander si je peux le supporter." Le Yankee transplanté adressa à son neveu un sourire interrogateur. "J'entends un langage plus ou moins simple depuis un moment, mon fils. "

Tom le lui donna directement par l'épaule, doucement mais sans excuses. "Vendre du whisky aux tribus aboutit à des meurtres en masse, monsieur."

"Parler fort, mon garçon," dit son oncle d'une voix traînante.

"Pas trop fort. Tu sais que je ne veux rien dire de personnel, oncle Newt. Pour comprendre cette chose, tu dois aller là-haut et la voir. Les tribus des plaines là-haut deviennent folles d'eau de feu et commencent à tuer . " Les uns les autres. C'est un crime de les laisser l'avoir. "

Le jeune Morse commença à raconter des histoires de cas qu'il avait lui-même observés, d'autres qu'il avait entendus de sources fiables. Bientôt, il se retrouva embarqué dans le récit de ses aventures avec Sleeping Dawn.

Le marchand de fourrures l'écouta patiemment. Les bottes poussiéreuses et froissées du marchand reposaient sur le bureau. Sa chaise était inclinée vers l'arrière de telle manière que le poids de son corps était réparti entre la nuque, l'extrémité inférieure de la colonne vertébrale et ses talons. Il avait l'air d'une aisance somnolente et indolente, mais Tom savait qu'il ne manquait pas le moindre détail.

Une ombre obscurcit la porte du bureau. Derrière lui se tenait une silhouette énorme et disgracieuse.

"'Lo, West ! Comment se passent les tricks ?" » demanda CN Morse à sa manière paresseuse. Il ne se leva pas de sa chaise et ne proposa pas de serrer la main, mais c'était peut-être parce qu'il n'avait pas l'habitude de se dépenser.

West s'arrêta dans sa foulée, suffoquant de colère. Il avait aperçu Tom et le regardait fixement. "Tu es là, hein ? Tu es rentré chez toi en douce pour essayer de te confronter au vieil homme, n'est- ce pas ?" Le contremaître se tourna vers l'oncle. "Je veux te dire qu'il t'a trahi pour de bon, CN. Il a le culot de revenir ici après avoir joué avec la police comme il l'a fait là-haut."

"J'ai entendu dire quelque chose à ce sujet", a admis prudemment le marchand de fourrures. "Tu me l'as dit Tom et tu n'as pas vraiment compris."

"Il ne conduira plus jamais une autre équipe de taureaux pour moi." West a ajouté à sa déclaration un serment à couper le souffle.

« Nous dirons que c'est réglé, alors. Vous en avez fini avec les conneries , Tom. » Il y eut un petit tic de gaieté fantaisiste aux coins de la bouche du vieil homme.

"Maintenant, vous criez , CN m'a renversé du début à la fin, c'est lui. Tout d'abord, quand la fille de race a cassé les fûts, il l'a ramenée chez lui au lieu de me l'amener . Puis au camp du vieux McRae quand je "Je me défendais , il m'a sauté dessus aussi. D'après la façon dont il s'est comporté, je pense qu'il a laissé tomber le manteau rouge où se trouvait la cache. Finalement , quand je suis sorti pour le sauver, il s'est rangé du côté de l'autre gars. Sans lui, je n'aurais jamais eu cette balle dans la jambe." Le grand contrebandier s'exprimait avec une véhémence extraordinaire, pimentant généreusement son discours d'un langage sulfureux .

Le Yankee grisonnant accepta l'attitude du contremaître d'un geste de la main qui écarta tout contre-argument. Mais il y avait une lueur ironique dans ses yeux.

"' Nough a dit, West. Si vous êtes si enthousiaste, le garçon quitte immédiatement la liste des salaires de l'entreprise en tant qu'employé. Je ne le laisserai pas vous ennuyer encore une heure. Il devient membre de l'entreprise pour -jour."

La mâchoire du gros tyran s'affaissa. Il regardait son employeur maigre comme si une petite bombe avait explosé à ses pieds et lui avait engourdi le cerveau. Mais il n'était pas plus surpris que Tom, dont le visage de bois était inexpressif.

" Dieu tout-puissant ! Est - ce que je ne viens pas de vous dire comment il a détruit tout le spectacle – comment il s'est vendu à cette bande d'espions que le gouvernement canadien a envoyé là-bas ? " a explosé vers l'Ouest.

"Oh, je ne pense pas qu'il ait fait ça," dit légèrement Morse, senior. "Nous devons nous rappeler que les temps changent , West. La loi arrive dans le pays et nous, les anciens, devrions l'affronter à mi-chemin avec la main joyeuse. Vous ne pouvez pas plus affronter l'Union Jack que l'oncle Sam. Je pense que j'ai envoyé ma dernière cargaison d'alcool de l'autre côté de la ligne. »

"Tu as peur, n'est-ce pas ?" ricana le chef du sentier.

"Peut-être que oui. Je pense que je suis trop vieux pour jouer le jeu du contrebandier. Et j'ai un désir de respectabilité - je veux que l'entreprise se comporte bien avec les nouveaux colons. Des affaires légitimes à partir de maintenant. C'est notre devise, les garçons. ".

"Dans quelle église tu étais , CN ?"

"Eh bien, peut-être que nous en arriverons là aussi. Vous pensez que je ferais un bon diacre ?" » demanda aimablement le marchand en dénouant ses jambes et en se levant pour s'étirer.

West frappa d'un gros poing sur la table, faisant sauter l'encrier et les stylos. "Tout ce que j'ai à dire, c'est que cette nouvelle organisation d'école du dimanche que vous comptez diriger n'aura aucune utilité pour un homme. Je vous quitte tout de suite."

Le contremaître a proféré cette menace pour bluffer. Il fut l'homme le plus surpris du Montana lorsque son employeur l'appela doucement, parlant toujours de la voix lente et nasillarde d'une parfaite bonhomie.

"Peut-être que tu as raison, West. C'est à toi de le dire, bien sûr. C'est toi qui connais le mieux ton propre business. Calcule ton temps et je demanderai à Benson de te faire un chèque. J'espère que tu trouveras un bon travail."

Le sentiment de colère déconcertée s'est répandu en Occident. Sa tête s'abaissa et s'avança d'un air menaçant.

"C'est vrai, hein ? Laisse-moi te dire ceci, CN, je ne demande aucune chance à toi ou à un autre gars. Oui, parce que tu es à la tête d'un grand groupe, tu ne peux pas me courir après. Je ne le ferai pas. attendez une minute. »

"Bien sûr que non. Je ferais mieux d'essayer ça avec toi. Pas de rancune même si tu nous quittes." C'était une caractéristique des habitants de la Nouvelle-Angleterre que, même s'il était une figure puissante dans le pays de cet homme, il se disputait rarement avec qui que ce soit .

"C'est vrai ? Eh bien, écoutez ici. J'ai licencié votre nouveau partenaire parce qu'il est autrefois un parent. Plus maintenant. C'est différent maintenant. Il est susceptible de passer un moment fou et ne l'oubliez pas une minute. "

Le marchand de fourrures ruminait imperturbablement. Quand il parlait , c'était toujours sans aucune trace d'acrimonie.

"Je suppose que tu y réfléchiras peut-être mieux, West. Je suppose que tu as un peu chaud sous le col, n'est-ce pas ? Tu ne paies pas à peine pour garder rancune, n'est-ce pas ? Il y avait Rhinegoldt maintenant. Il allaitait son des torts et 'a finalement atterri dans la plume. Mauvais médicament, me semble-t-il.

West n'était pas un imbécile. Il comprit la menace qui se cachait sous les paroles suaves du commerçant. Rhinegoldt était allé au pénitencier parce que CN Morse l'avait voulu. La conclusion était qu'un autre contrevenant pourrait s'en aller pour la même raison. Le chef du sentier savait que ce n'était pas une menace vaine. Morse pouvait le mettre derrière les barreaux à tout moment. Les preuves étaient entre ses mains.

L'intimidateur lui lança un regard noir. "Essayez ça, CN Jus, essayez-le une fois.
Il y aura une mort subite dans la famille Morse si vous le faites. Mebbe deux. Moi, je vous tuerais tous les deux pour un centime de cuivre. Ne vous trompez pas une minute ".

"C'est un discours un peu stupide, West. Ne t'achète rien. Je suppose que tu ferais mieux de rentrer chez toi et de te calmer, n'est-ce pas ? Je vais te rattraper aujourd'hui, à moins que tu veuilles ton chèque tout de suite."

Les dents cassées du desperado claquèrent tandis que sa mâchoire se serrait. Son regard allait du commerçant souriant aux yeux fixes au jeune au visage brun qui observait la scène avec une attention si froide et alerte. Il s'est battu avec une impulsion sauvage et furieuse en lui-même pour mettre sa menace à exécution, nettoyer et se diriger vers la nature. Mais une certaine prudence salvatrice lui tenait la main. CN Morse était un trop gros gibier pour lui.

"Au diable le chèque," grogna-t-il, et en se balançant sur ses talons, il sortit du bureau.

Le neveu parla le premier. "Tu t'es débarrassé de lui exprès."

« Ça vous ressemblait, n'est-ce pas ? » » demanda l'oncle de sa manière indirecte habituelle.

"Pourquoi?"

"Je suppose que vous diriez que c'est parce qu'il ne s'intègre pas dans la nouvelle politique de l'entreprise. Je suppose que vous diriez qu'il nous causera toujours des ennuis avec ses manières autoritaires et malhonnêtes."

"C'est vrai. Il le ferait."

"Peut-être que ce serait une bonne idée de le surveiller de très près. On dit que c'est un mauvais homme. Cela pourrait porter malheur à celui sur qui il a été attaqué."

Tom savait qu'il était prévenu. "Je veillerai sur lui", a-t-il promis.

Le vieil homme changea de sujet en souriant. "C'est ici que CN Morse & Company tourne une feuille, mon fils. Plus de paris commerciaux. Commerce légitime uniquement. C'est l'idée que tu comptes me faire être à la hauteur ?"

"Ça me convient si c'est votre cas," répondit joyeusement Tom, "Mais où puis-
je intervenir ? Quel est mon travail dans l'entreprise ? Vous remarquerez que je n'ai pas encore dit 'Merci'."

"Toi?" CN lui fit un sourire narquois et sec. "Oh, tout ce que vous avez à faire, c'est de gérer nos affaires au nord de la frontière : acheter, vendre, faire du commerce, établir des relations amicales avec les Indiens et les trappeurs, rester amical avec la police et quelques petites choses de ce genre."

Tom sourit.

"Je n'aurai rien à faire, n'est-ce pas ?"

# CHAPITRE XII

## TOM CANARDS PROBLEME

À Tom Morse, assis dans l'espace grillagé qui servait de bureau dans le magasin de l'entreprise à Faraway, vint un jeune homme au pas léger, vêtu de bottes à finitions, d'une veste écarlate et d'une casquette fourragère placée à un angle décontracté.

"'Lo, Oncle Sam," dit-il en saluant gaiement.

"'Lo, Johnnie Canuck. Où étais-tu depuis un an et Dieu sait combien de mois ?"

"En amont de Peace River, en l'honneur de Pierre Poulette, l'homme qui a tué                                                                                   Buckskin Jerry."

Tom remarqua le corps mince de Beresford, la maigreur du visage d'un enfant, les creux sous les yeux qui n'étaient pas là lors de leur première rencontre. Des rumeurs lui étaient parvenues concernant le long voyage dans les Terres Solitaires gelées effectué par l'officier et son guide indien. Il devinait l'hiver sombre et lugubre passé par tous deux seuls, sans livres, sans le confort de la vie, loin de tout autre être humain. Cela a dû être une expérience pour tester l'âme. Mais cela n'avait pas ébranlé la joyeuse joie de vivre du Canadien.

"Attrape le?" » demanda le Montanan.

La réponse, il pouvait la deviner. Les Montés du Nord-Ouest ramenaient toujours ceux qu'ils étaient appelés. La Force construisait déjà la tradition qui en faisait les dirigeants d'une génération sur la moitié d'un continent.

"Je l'ai." Ainsi, brièvement, l'habit rouge écarta une expérience qui avait eu des conséquences néfastes sur sa vitalité pendant plus de cinq années d'existence civilisée. "Je suis de retour depuis une semaine. L'inspecteur Croupton m'a envoyé ici pour voir."

"À quoi ? Il n'est pas soupçonnant quiconque à Faraway d' étirer , de plier ou d'enfreindre les lois.

Tom jeta un regard joyeux à son visiteur. La rumeur disait que Faraway était un cloaque d'iniquité. C'était loin de la frontière. Lorsque les shérifs du Montana devenaient trop actifs, il y avait généralement un afflux de population au poste, d'hommes rudes et aux yeux durs qui franchissaient la ligne et poussaient vers le nord pour se mettre en sécurité.

cherchez pas les ennuis , par hasard ?"

" Je l' esquive , " répondit promptement Tom.

L'officier sourit cordialement. "On frappe à votre porte." Ses jointures frappèrent le bureau.

"Si jamais je tombais sur un Père Noël joyeux—"

"Oh merci!" Murmura Beresford.

n'es certainement pas lui. Charge ton chagrin."

"Le thème de mon discours est les aborigènes, leurs dispositions, leurs animadversions et leurs propensions", a expliqué le connétable. "Selon les dernières hypothèses scientifiques, la métempsycose—"

Tom leva les mains. "Au secours ! Au secours ! Je n'ai jamais étudié la géologie. Je ne connais pas plus cette hypoténuse dont tu parles, pas plus que mes outils de peinture . Revenez en une syllabe ."

« Avez-vous remarqué des troubles parmi les Cris dernièrement, c'est-à-dire plus que d'habitude ?

Le partenaire junior du CN Morse & Company considéré. "Eh bien, oui, il me semble que je l'ai fait... beaucoup de fanfaronnade et de bruit, beaucoup de chiffons à mâcher et de tomahawk qui se balancent ."

"Pourquoi?"

"Du whisky, probablement."

"Où le trouvent-ils ?"

Tom regarda le soldat d'un air interrogateur. "Votre supposition est aussi bonne que la mienne," dit-il d'une voix traînante.

"Je suppose que West et Whaley."

Morse n'a fait aucun commentaire. Bully West avait investi sa fortune auprès de Dug Whaley, un joueur qui avait dérivé d'un camp minier à l'autre et qui avait été emporté par la marée des circonstances vers le Nord-Ouest. Apparemment, ils fournissaient des couvertures, des fusils, de la nourriture et d'autres produits de première nécessité aux tribus, mais il y avait de fortes soupçons qu'ils tiraient leur profit du whisky introduit en contrebande à travers les plaines.

"Mais le deviner et le prouver sont des propositions différentes. Comment vais-je leur accrocher le nez ? Je ne peux pas me ridiculiser en fouillant dans leurs balles et leurs cartons. Si je ne trouvais rien... et ce serait une longue chance contre moi - West et sa bande se mettraient la langue dans les joues et les stocks de la Police à cheval du Nord-Ouest s'effondreraient. Non, je dois m'en assurer, sautez- les et attachez- les en trouvant les marchandises sur les wagons.

"C'est une grosse chance", spécula Tom.

"C'est là que tu entres."

"Oh, j'entre là-dedans, n'est-ce pas ? Je commence à entendre Old Man Trouble frapper à ma porte comme tu l'as promis. C'est assez facile. Dois-je monter et demander à Bully West où il cache son eau de feu ? ? Ou quoi?"

"Oui. Seulement, ne lui mentionnez pas ce que vous demandez. Votre entreprise et ses échanges commerciaux, n'est-ce pas ?"

"En avant, mais pas en arrière. Quand ils ont besoin de marchandises - que ce soit pour le cou ou rien avec eux - ils achètent chez nous. Nous n'achetons pas chez eux. Vous ne pouvez pas vraiment nous appeler des voisins."

Beresford a expliqué. " West vient d'embarquer une cargaison de marchandises. Je peux vous garantir que s'il a apporté de l'alcool avec lui — et j'ai de bonnes raisons de penser qu'il l'a fait — il n'a pas encore été déchargé. Demain, les wagons se disperseront. Je Je ne peux pas tous les suivre . Si j'attache M. West, ce sera ce soir.

"Je vois. Vous voulez que je vous donne ma bénédiction . Je vais m'en sortir avec une belle et grande. Allez-y, agent. Hogtie West avec des preuves. Trempez-le bien. Envoyez-le pendant dix ans . Vous J'ai reçu ma sympathie et mon approbation, l'une pour le chagrin que vous risquez de rencontrer, l'autre pour vos bonnes intentions.

Le sourire de l'officier avait une touche de malice du proverbial chat du Cheshire. "Je suis content que tu approuves. Mais tu gardes cette sympathie pour toi. Je te demande de retirer la châtaigne du feu pour moi. Tu ferais mieux de faire attention sinon tu vas te brûler la patte."

"N'oubliez pas que je ne le suis pas je promets quelque chose. Je suis maintenant un homme d'affaires respectable et, comme je l'ai dit, j'évite les ennuis. »

"Découvrez-moi dans quel wagon se trouve l'alcool. C'est tout ce que je demande."

"Comment puis-je le savoir ? Je ne sais pas lire dans les pensées."

"Dérivez avec désinvolture et proposez d'acheter des marchandises. Fouinez un peu. Gardez les valises dessus . Remarquez les wagons dont ils vous éloignent."

Tom réfléchit et secoua la tête. "Non, je ne pense pas que je le ferai."

"N'importe quelle raison?"

"Ne me semble pas vraiment aimer jouer à ce jeu. Je suis Ferninst West à chaque détour de la route. Il est tordu comme la queue d'un chien . Mais ce ne serait pas juste pour moi de l'espionner. Différent avec " Vous. C'est pour cela que vous êtes payé. Vous voulez le renverser par tous les moyens possibles. Il le sait. C'est un jeu de cache-cache entre vous et lui. Le meilleur homme gagne. "

L'habit rouge acquiesça immédiatement. "Tu as raison, je vais en chercher quelqu'un d'autre." Il se leva pour partir. "A plus tard peut etre."

Tom hocha la tête. "Désolé, je ne peux pas vous obliger, mais vous voyez comment c'est."

" Tout à fait . Je n'aurais pas dû te le demander. "

Beresford sortit vivement du magasin.

Par la fenêtre, Morse l'a vu un instant plus tard en conversation chuchotée avec Onistah . Ils se tenaient à l'arrière d'un hangar éloigné, dans une position telle qu'ils ne pouvaient pas être vus de la route.

# CHAPITRE XIII

## LE CONSTABLE PERCE DES DIFFICULTÉS

Le crépuscule nordique tombait lorsque Beresford revint dans le magasin. À l'exception de deux métis et du commis qui baratinait à l'extrémité du bâtiment, plus d'une demi-douzaine de fourrures de renard argenté, Morse avait l'endroit pour lui tout seul.

Le policier a pourtant pris la précaution de baisser le ton. "Je veux une tarière et un bouchon en bois de la même taille. Apportez- les- moi sans que personne ne le sache."

Le gérant des magasins du Nord de la CN Morse & Company lui tendit alors un sac de jute rempli d'avoine. « Vous voulez qu'il soit chargé dans la Force, je pense ? »

"Oui."

"Dites, agent de police, je veux regarder ces mocassins que je commande pour l'inspecteur. Est-ce ce qu'il veut ? Ou n'est-ce pas ?"

Tom ouvrit la voie à son bureau. Il tendit la chaussure à Beresford. "Qu'est-ce que tu fais ?" » demanda-t-il rapidement, entre deux phrases.

Le soldat a inspecté les chaussures. "À peu près, je dirais. Je pensais que vous trouveriez ce que vous cherchiez. C'est généralement le cas d'un type lorsqu'il s'y met vraiment sérieusement."

Les yeux du visage brun pétillaient joyeusement.

" Trouver les marchandises est une chose. Les obtenir en est une autre", suggéra Tom.

La voix d'un des trappeurs s'éleva en signe de protestation. "Par gar, c'est ce que tu appelles très bon marché. Je te fais un cadeau. V'la !"

"Il a fallu surmonter les difficultés", a déclaré Beresford. "Alors vous risquez d'être déçu. Mais vous ne pourrez jamais le savoir avant d'avoir essayé."

Son ami commença à comprendre le but de l'officier. Il cherchait une cargaison d'alcool *et il avait acheté une tarière pour surmonter les difficultés* .

Les yeux de Tom brillèrent. "Viens au cellier et jette un œil à mon stock. Je veux que tu voies que je vais faire fabriquer ces mocassins à partir de bons matériaux."

Ils traversaient sans cesse le corral, fils de la frontière gais et légers, tous deux durs comme des clous, les muscles serrés ondulant comme ceux des panthères des forêts. Leurs années ajoutées ne totaliseraient pas plus de deux-vingt-cinq ans, mais la vie les avait saisis jeunes et les avait entraînés à ses fins, les avait dotés de hardiesse et d'endurance et de la froide prévision qui prévient le désastre.

"Je suis dans le coup", a déclaré le Montanan.

"Signification?"

"Que j'achète des jetons, prends la main, m'assois, distribue des cartes."

Le regard égal du policier l'étudiait d'un air spéculatif. "Maintenant, pourquoi ce changement d'avis ?"

" Vous vous méprenez. Je suis avec vous jusqu'au bout pour mettre West et Whaley en faillite. C'est un groupe qui fait monter l'enfer, et ce pays sera bien débarrassé d' eux . La seule chose est que Je veux jouer mes cartes au-dessus de la table. Je ne pouvais pas espionner ces hommes. En tout cas, ça ne me paraissait pas tout à fait carré. Mais c'est un bronc d'une autre couleur. Conduis-moi à ce problème que tu étais promis il y a quelque temps.

Beresford l'y conduisit, par le biais d'un ravin lavé par la pluie, le long duquel ils suivirent lentement et sans bruit leur chemin détourné. Depuis le ravin, ils serpentèrent à travers l'herbe sèche jusqu'à un petit fossé qui avait été construit pour drainer le terrain de camping lors des crues printanières. Cette blessure s'est produite au milieu du campement du train de wagons.

Les hommes des plaines rampaient le long du fossé sec avec une précaution laborieuse. Ils n'avançaient pas d'un pouce sans avoir pris soin d'écarter au préalable toute brindille dont le claquement pourrait les trahir.

Du début de l'aventure jusqu'à son point culminant, aucun mot n'a été prononcé. Beresford menait, le commerçant le suivait.

Des voix d'hommes leur parvenaient depuis un feu de camp, à l'abri des chariots. Il y en avait, devina Tom, environ quatre. Leurs paroles transparaissaient clairement dans la nuit de velours. Ils parlèrent de sujets élémentaires communs à leur espèce.

Il y avait un espace ouvert éclairé par la lune à traverser. Le connétable le prit rapidement à grands pas, atteignit un chariot et esquiva dessous. Son compagnon se tenait au couvert du fossé. Il n'était pas nécessaire de se rapprocher.

L'officier s'est allongé sur le dos, a fixé la pointe de la tarière sur les boiseries du lit et a commencé à se retourner. Des cercles et demi-cercles de copeaux s'écaillaient et tombaient sur lui. Il a travaillé régulièrement. Bientôt la résistance du bois cessa. Le morceau avait rongé son chemin.

Beresford retira l'outil et réessaya, cette fois à quelques centimètres du trou qu'il avait fait. La pression diminua comme auparavant, mais en une seconde ou deux l'acier reprit une nouvelle prise. La poignée bougeait lentement et régulièrement.

Quelques gouttes d'humidité coulaient, puis un petit ruisseau. Le constable a tenu sa main en dessous et a goûté le flux. C'était du rhum.

Rapidement, il retira le foret, inséra le bouchon dans le trou et le repoussa jusqu'au fond.

Il rampa hors du chariot, contourna le côté le plus éloigné, courut vers le prochain véhicule à toit blanc et se jeta sur les campeurs avec un mot d'ordre court et aigu.

"Lève les mains ! Vite !"

Pendant un instant, le quatuor surpris fut trop étonné pour obéir.

« Et à Halifax… ?

« Poussez- les ! » » vint l'ordre clair et péremptoire.

Huit mains s'agitèrent vers le ciel.

"C'est un hold-up ou quoi ?" » voulait savoir d'un air boudeur l'un des coéquipiers.

"Appelle ça comme tu veux. Toi, avec la casquette de fourrure, attache les mules au deuxième chariot. Ne te trompe pas et tente de t'enfuir. Tu seras un contrebandier mort."

L'homme hésita. Ce manteau rouge était-il seul ?

Tom sortit du fossé, un fusil à canon tronqué sous le bras. "Je pense que vos difficultés vous ennuient, agent de police", dit-il gaiement.

"À travers le lit du chariot et l'extrémité d'un fût de rhum. Remuez vos moignons, messieurs de la brigade du whisky. Nous sommes en route vers Fort Edmonton si cela vous convient."

Si cela ne leur convenait pas, ils n'émettaient aucune protestation audible de leur désaccord. Des grognements furent leur seul commentaire lorsque, sous la direction de Beresford, le Montanan les dépouilla de leurs armes et monta la garde sur l'homme à calotte de fourrure - son nom semblait être Lemoine - tandis que ce dernier conduisait les mules au chariot indiqué par l'officier. .

"Accroche- les ", ordonna sèchement Morse.

Le trappeur franco-indien attela l'attelage au chariot. Bientôt, il dépassa le cercle de lumière du feu et pénétra dans l'obscurité. Morse était assis à côté du conducteur, l'arme à canon court sur les genoux. Trois hommes marchaient derrière le chariot. Un quatrième, en uniforme de la North-West Mounted, fermait la marche à cheval.

# CHAPITRE XIV

## LES MANTEAUX ÉCARLATE EN ACTION

Lorsque Bully West découvrit qu'une partie de la cargaison de marchandises humides qui se trouvait dans le wagon numéro deux avait disparu et avec elle les quatre écorcheurs de mulets, son esprit sauta à une conclusion immédiate. Que ce soit le mauvais était tout à fait naturel pour son esprit maussade et méfiant.

« Mon Dieu , ils nous ont trahi », jura-t-il à son partenaire, accompagné d'une explosion de grossièretés. " Pensez à nettoyer les marchandises et à les réduire aux États-Unis. C'est ce qu'ils visent à faire. Avant que je puisse les éliminer . Moi, je vais leur montrer qu'ils ne peuvent pas jouer des tours de singe à Bully. " Ouest."

Cette explication ne satisfit pas Whaley. La ligne noire et droite des sourcils au-dessus des yeux froids se rencontrait dans une pensée renfrognée.

"J'ai l'impression que vous aboyez dans le mauvais arbre", zézagua-t-il en haussant les épaules.

La voix et le geste surprenaient dans la mesure où ils étaient des expressions de cette personnalité totalement inattendues. Tous deux étaient presque féminins dans leur délicatesse. Ils suggéraient le ronronnement et le doux rembourrage d'un chat, une étrange contradiction avec le visage blanc et exsangue aux sourcils d'encre. Les yeux de « Poker » Whaley pourraient semer la peur chez le taureau le plus téméraire de la frontière. Ils recelaient des possibilités fascinantes et sinistres de mal.

"Bientôt, nous verrons. Nous prendrons la piste immédiatement après eux", répondit Bully.

La fine lèvre de Whaley se retroussa. Il regarda West comme s'il lisait jusqu'au fond de cet esprit superficiel et qu'il avait l'intention de tirer le meilleur parti de ses connaissances.

"Oui," murmura-t-il, comme pour lui-même. " Quelqu'un devrait rester avec le reste de l'équipe, mais je pense que je ferais mieux de les accompagner. Vous ne pourriez probablement pas les gérer tous s'ils se battaient."

La réponse de West fut un rugissement de vanité indignée. "Moi ! Je ne rassemblerai pas ces moutons apprivoisés. Je les reconduirai avec la langue pendante . Compris ?"

Au point du jour , il était en selle. Remorqueur expérimenté, West n'a eu aucune difficulté à suivre les traces des wagons. Aucune tentative n'a été faite pour couvrir le vol. Le coureur de whisky pouvait tracer d'un pas rapide les traces étroites le long de la route sinueuse.

Le pays qu'il traversait était la frontière entre les plaines et les grandes forêts qui s'étendaient sans interruption vers le Nord gelé. Parfois, il chevauchait sur une prairie vallonnée. Il se déplaçait encore à travers des étendues boisées ou longeait de beaux lacs aux bords de roseaux desquels s'élevaient des canards ou des oies en vrombissant à son approche. Deux coyotes le regardèrent longuement et se faufilèrent dans un ravin. Un jour, un grand élan sortit d'un bosquet de saules et galopa au-dessus d'une colline.

West n'a pas tenu compte de tout cela. Aucune joie ne l'atteignait alors qu'il franchissait les sommets et regardait de larges étendues de forêt et d'eau ondulante. Les traces des jantes occupaient entièrement son regard boudeur et baissé. Si le visage brutal reflétait ses pensées, elles devaient être loin d'être agréables.

Le soleil inondait le paysage, grimpait sur la voûte du ciel, glissait vers l'horizon. Le crépuscule le trouva au bord d'un lac boisé.

Il regarda autour de lui et poussa un cri de triomphe discret. Du bois de la rive opposée sortait un écheveau de fumée ténu. Un homme est venu à l'eau avec un seau, l'a rempli et a disparu dans les bois. Bully West savait qu'il avait rattrapé ceux qu'il traquait.

Le contrebandier a fait le tour de l'extrémité inférieure du lac et a traversé les bois en direction de la fumée. A une distance sûre, il descendit de cheval, attacha le cheval à un jeune pin et examina soigneusement son fusil. Très prudemment, il parcourut le camp, s'y dirigeant avec l'habileté et la furtivité d'un éclaireur Sarcee.

Le camp avait été installé dans un petit espace ouvert entouré de buissons. A travers le bosquet, du côté sud, il se fraya un chemin, repoussant sans bruit chaque arbre et chaque mauvaise herbe pour laisser la place au passage de son énorme corps. Pour une telle silhouette, il bougeait avec légèreté. À deux reprises, il s'arrêta à cause du crépitement d'une brindille qui claquait, mais aucun signe d'alarme ne venait de sa proie.

Ils étaient assis tous les quatre, courbés, devant un feu de bois allumé, accroupis sur leurs talons, à la manière confortable des hommes de plein air du monde entier. Leur discours était fragmentaire. Aucun n'a montré le moindre signe de vigilance face à un éventuel danger imminent.

Ne se méfiant plus, West a percé les derniers buissons et s'est mis à cheval à découvert.

"Eh bien, les garçons, j'espère qu'il vous reste de la nourriture pour votre ancien patron", se moqua-t-il, triomphant dans sa voix et ses manières.

Il attendit la consternation à laquelle il s'attendait. Aucun n'est venu. Le drame du moment n'a pas répondu à ses attentes. Les camionneurs le regardaient d'un air maussade, sans crainte ni étonnement visibles. Aucun d'eux ne s'est levé ni n'a parlé.

Une colère sensuelle commença à brûler dans les yeux de West. "Je pensais que tu en glisserais une sur le vieil homme, hein ? Je pensais que tu pourrais faire un vol brut et t'en sortir. Eh bien, laisse-moi te dire où tu descends. Je vais baleiner jusqu'au dernier de " Tu es à bout. Avec un gros club. Et je vais te reconduire à Faraway comme une bande de chiens fouettés. Compris ? "

Pourtant, ils n'ont rien dit. Le crâne épais du commerçant commença à comprendre qu'il y avait quelque chose d'anormal dans leur silence accroupi. Pourquoi n'ont-ils pas essayé de s'expliquer ? Ou faire une pause pour une escapade ?

Il ne trouva rien de mieux à dire, après une volée de jurons, que de répéter sa menace. "Un bon coup de tonnerre , tout d'abord. Ensuite, nous avons pris la piste ensemble, vous tous et moi."

Des buissons derrière lui, une voix vint. "Cette dernière est une bonne prophétie, M. West. Ce sera exactement comme vous le dites."

Le grand gaillard fit volte-face, le fusil lui sautant à l'épaule. Il comprit instantanément qu'il avait été trompé, entraîné dans un piège. Ils ont dû l'entendre arriver, quels qu'ils soient, et ont laissé ses propres hommes comme appât.

De l'autre côté, deux traînées écarlates se jetèrent sur lui. West se tourna vers eux. Un troisième éclair rouge tomba sur ses genoux. Il tomba comme frappé par un bélier.

Mais pas pour rester à terre. L'énorme silhouette en forme de gorille se releva péniblement, luttant désespérément pour se débarrasser des trois blouses rouges assez longtemps pour sortir un revolver. Il était comme un ours entouré de chiens bondissants. A peine en avait-il repoussé un que les autres l'entraînaient vers le bas. Malgré tous ses efforts, il ne parvenait pas à se préparer. Les assaillants le faisaient toujours chanceler avant qu'il puisse se libérer pour agir. Ils se sont précipités autour de lui, se sont battus de près pour éviter ses attaques rapides, l'ont mis à genoux sous le simple poids de la meute.

Lemoine jeta un rapide coup d'œil autour de lui et constata que ses ravisseurs étaient très occupés. C'était le moment de prendre part à la mêlée. Rapidement, il se leva. Il prononça un mot précipité en français.

"Un instant, s'il vous s'il vous plaît . » Des buissons, un autre homme était sorti, sans uniforme. Lemoine l'avait oublié. « Ce n'est pas votre combat.

Mieux vaut rester à l'écart", conseilla-t-il, et il pointa la suggestion avec un fusil de chasse à canon court.

Le trappeur le regarda. "Est-ce que c'est ton combat, Mistair Morse ?" il a ordonné.

"Très bien. Moi aussi, je resterai à l'écart."

Les soldats avaient désormais West à terre. Ils s'efforçaient de le menotter. Il se battait avec acharnement, ses grands bras et ses grandes jambes se débattant comme des fléaux. Ce n'est que lorsqu'il fut épuisé qu'ils purent le soutenir.

Beresford se leva enfin, le travail accompli. Son manteau était déchiré presque sur une épaule. "Ma parole, c'est un animal comme une baleine", haletait-il. "Si je n'avais pas eu la chance de vous rencontrer, les garçons , il m'aurait mangé vivant."

Le gros contrebandier avait du mal à reprendre son souffle. Quand enfin il trouva les mots, ce fut pour des malédictions furieuses et horribles.

Ce n'est que quelques heures plus tard qu'il parvint à poser une question simple. "Qu'est-ce que cela signifie ? Où m'emmenez-vous, maudits espions ?" » rugit-il.

Beresford lui donna poliment des informations. "Au pénitencier, j'espère, M. West, pour avoir enfreint les lois fiscales de Sa Majesté."

# CHAPITRE XV

## JOUR DU BAISER

Toute la semaine, Jessie et sa mère adoptive Matapi -Koma avaient été occupées à cuisiner et à cuisiner pour la grande occasion. Fergus avait apporté un sac rempli de lapins et de deux mouffettes. Son père y avait ajouté l'arrière-train fumé d'un jeune buffle, un demi-tonneau de poisson séché et cinquante livres de pemmican. Car Angus aimait dispenser l'hospitalité à la manière féodale.

Depuis que Jessie avait ouvert les yeux au son du "Koos koos " de Matapi -Koma kwa " (Réveillez-vous !), dans l'obscurité d'avant l'aube du matin hivernal du Nord, elle avait entendu le craquement de la neige sous les toiles des fantassins et des patins des traîneaux. Pour les Cris de sang pur et les métis. affluaient à Faraway pour participer aux festivités d'Ooche-me- gou - kesigow (Jour du baiser).

Les commerçants du poste et leurs familles se joignaient aux festivités. À l'exception de Morse, ils avaient tous pris des épouses indiennes, dans le cadre du mariage lâche du pays, et, pour des raisons à la fois professionnelles et familiales, ils entretenaient des relations étroites avec les indigènes. La plupart de leurs enfants utilisaient leur langue maternelle, même s'ils pouvaient s'exprimer en anglais. À cet égard comme à d'autres, les jeunes McRaes étaient supérieurs. Ils parlaient bien anglais. Ils savaient lire et écrire. Leur père leur avait inculqué le respect des Écritures et une certaine connaissance de l'Ancien et du Nouveau Testament. C'était son habitude de faire des prières en famille tous les soirs. Habituellement, une demi-douzaine d'invités étaient présents à ces services en plus de sa maison immédiate.

Avec les Indiens venaient leurs chiens, des créatures loups, aux oreilles dressées, au museau pointu, au poil droit et hérissé. Il faisait vingt en dessous de zéro, mais les animaux décharnés ne cherchaient ni n'obtenaient d'abri. Ils se promenaient devant la palissade du fort, se mordant les uns les autres ou partant au galop pour chasser le lapin à travers les bois.

La coutume était que ce jour-là, les braves de la tribu embrassaient toutes les femmes qu'ils rencontraient en signe d'amitié et de bonne volonté. Ne pas saluer quelqu'un, jeune ou vieux, était une violation des bonnes manières. Depuis l'aube, ils se dirigeaient vers la maison d'Angus McRae et embrassaient gravement sa femme et sa fille.

Jessie n'aimait pas ça. C'était une jeune personne exigeante. Mais elle ne pouvait s'échapper sans offenser mortellement les guerriers aux yeux solennels qui offraient cette preuve de leur estime. Dans la mesure du possible, elle s'efforçait d'être occupée à l'étage, mais au moins une douzaine de fois, elle se retrouva assez coincée et en tira le meilleur parti.

Au dîner, elle et les autres femmes du fort servaient leurs invités et regardaient des quantités prodigieuses de nourriture disparaître rapidement. Le repas terminé, la danse commença. Les Cris se déplaçaient en cercle, sautillant d'un pied sur l'autre au rythme du battement d'un tambour en peau. Les Métis et les Blancs dansaient les gigues et les reels que les premiers avaient apportés du pays de la Rivière-Rouge. Ils ont pris la parole par couples. Les hommes remuèrent deux fois et coupèrent les ailes des pigeons, se déplaçant de plus en plus vite à mesure que le violoniste accélérait la mélodie jusqu'à ce qu'ils abandonnent enfin, épuisés. Leurs partenaires se comportaient avec la même vigueur, les pieds mocassins scintillant si vite que les perles brillaient.

Comme il s'agissait du plus grand bâtiment de l'endroit, le bal a eu lieu dans le magasin CN Morse & Company. De derrière le comptoir, Jessie a applaudi les artistes. Elle n'avait pas envie d'y participer elle-même. Les années qu'elle avait passées à l'école lui avaient conféré une certaine dignité.

Un éclair écarlate attira son regard. Deux policiers à cheval étaient entrés dans la pièce et l'un d'eux était en train d'enlever son pardessus de fourrure. Elle reconnut immédiatement la silhouette élancée, aux flancs maigres et la tête courte et bouclée, avec un pouls accéléré. Lorsque Winthrop Beresford arrivait dans son quartier, la joue de Jessie McRae arborait toujours un drapeau de salutation.

Une squaw s'approcha du jeune soldat et lui offrit innocemment son visage pour un baiser.

Beresford connaissait la coutume tribale. C'était son rôle d'aider à établir des relations amicales entre les montés et les indigènes. Il embrassa galamment la joue ridée. Une deuxième dame sombre s'avança d'un pas traînant, et après elle une troisième. Le constable a fait son devoir.

Son regard errant croisa celui de Jessie et trouva un diablotin espiègle qui dansait là. Elle appréciait la situation difficile dans laquelle il se trouvait. De la queue de ce même œil, il découvrit que deux autres squaws aux pieds plats se dirigeaient dans sa direction.

Il traversa rapidement le sol jusqu'au comptoir, le sauta et se tint à côté de Jessie. Elle se moquait toujours de lui.

"Tu as peur", défia-t-elle. "Tu t'es enfui."

Un petit diable de gaieté aventureuse s'enflamma en lui. "J'ai vu une autre dame, seule et sans baiser . La Force répond à chaque appel de détresse."

Son menton s'inclina très légèrement alors qu'elle répondait rapidement.

"Celui qui ne veut pas quand il le peut,
quand il le veut, il aura non."

Avant qu'elle n'ait eu le temps de deviner s'il oserait vraiment, l'officier se pencha en avant et embrassa la joue sombre de la jeune fille.

La couleur y brillait. Jessie lui jeta un rapide regard surpris.

"Kissing Day, Sleeping Dawn", dit-il en souriant.

Immédiatement, elle suivit son exemple. "Sleeping Dawn espère que le Grand Esprit donnera au soldat de la Grande Mère d'outre-mer de nombreux jours de baisers heureux dans sa vie."

"Et à toi. Veux-tu danser avec moi ?"

"Pas aujourd'hui, merci. Je ne fais pas de gigue en public."

"Je parlais à Miss McRae et non à Sleeping Dawn, et je lui demandais de valser avec moi."

Elle l'a accepté comme partenaire et ils ont pris la parole. Les autres danseurs, d'un commun accord, reculèrent pour assister à ce nouveau pas, si rythmé, si léger et si gracieux. Cela choquait un peu leur sens de la forme physique que le bras de l'homme entourât la jeune fille, mais ils étaient pleins d'une vive curiosité de voir comment se déroulait la danse.

Une nouvelle excitation pulsait dans les veines de la jeune fille. Ce n'était pas seulement le baiser, même si cela avait quelque chose à voir avec l'exaltation qui l'envahissait. Formellement, son baiser n'avait signifié qu'une reconnaissance du jour. En fait, cela avait eu pour eux deux une signification plus personnelle, celle d'un rapprochement rapide de la jeunesse à la jeunesse. Mais la danse était une évasion. Elle avait appris à Winnipeg la valse de la race blanche. Aucune autre fille de Faraway ne connaissait le pas. Elle a choisi de penser que le gendarme lui avait demandé parce que cela soulignait la prédominance du sang de son père chez elle. C'était un symbole pour tous les présents que les voies de l'Anglo-Saxonne étaient les siennes.

Elle avait la silhouette légère et droite, le sens du rythme, la réponse instinctivement instantanée du valseur né . En glissant sur le sol dans les bras de Beresford, la jeune fille connut un pur bonheur. Ce n'est que lorsqu'il la ramena au comptoir qu'elle se réveilla du charme que la musique et le mouvement avaient tissé sur elle.

Une paire d'yeux froids dans un visage blanc et exsangue l'observait sous de fins sourcils noirs. Un choc la parcourut, comme si elle avait été aspergée d'eau glacée. Elle frissonna. Il y avait une sinistre menace dans ce regard fixe et posé. Plus d'une fois, elle l'avait ressenti. Au fond de son cœur, elle savait, grâce à l'expérience mondiale de son sexe, que l'homme la désirait, qu'il attendait son heure avec la patience et la cruauté d'une panthère. "Poker" Whaley avait en lui un pouvoir de mal dangereux notable dans un pays où les méchants n'étaient pas rares.

L'officier a chuchoté la nouvelle à Jessie. "Bully West s'est évadé de prison il y a deux semaines. Il a tué un garde. Nous sommes ici à sa recherche."

"Il n'est pas venu ici. Au moins, je ne l'ai pas entendu," répondit-elle précipitamment.

Car Whaley, à sa manière lente et féline, se dirigeait vers eux.

Sans détour, le joueur revendiquait son droit. "Ooche-me- gou - kesigow ", dit-il.

La jeune fille secoua la tête. « Êtes-vous Cri, M. Whaley ?

Pour cela, il avait une réponse. "Est-ce que Beresford ?"

"M. Beresford est un étranger. Il ne connaissait pas la coutume selon laquelle elle ne s'applique à moi qu'avec les Indiens. J'ai été surpris."

Whaley était un homme de pièces. Il avait été éduqué pour devenir prêtre, mais il avait renoncé aux traces. Il y avait en lui trop de Lucifer pour le chemin étroit que doit suivre un père de paroisse.

Il s'inclina. "Alors je dois me contenter d'une danse."

Jessie hésita. On savait qu'il était libertin. Le dévouement de sa jeune épouse crie fut récompensé par des ricanements et des coups de fouet. Mais c'était un homme malade dont on pouvait se faire un ennemi. Pour le bien de sa famille plutôt que pour le sien, elle a cédé à contrecœur.

Bien qu'il soit un homme costaud, c'était un excellent valseur . Il bougeait uniformément et puissamment. Mais dans le cœur de la jeune fille, le ressentiment flambait. Elle savait qu'il la tenait trop près de lui, profitant de sa modestie d'une manière à laquelle elle ne pouvait échapper sans protester publiquement.

"Je m'évanouis", lui dit-elle après avoir dansé quelques minutes.

"Oh, tout ira bien", dit-il, la balançant toujours au rythme de la musique.

Elle s'est arrêté. "Non, j'en ai assez." Jessie avait aperçu son frère Fergus à l'autre bout de la pièce. Elle l'a rejoint. Tom Morse se tenait à ses côtés.

Whaley hocha la tête avec indifférence en direction des hommes et sourit à Jessie, mais ce sourire froid sur les lèvres ne montrait ni chaleur ni amitié. "Nous danserons encore, plusieurs fois", a-t-il déclaré.

Les yeux de la jeune fille brillèrent. "Nous devrons interroger Mme Whaley à ce sujet. Je ne la vois pas ici ce soir. J'espère qu'elle va très bien."

Il était impossible de dire au visage froid et inexpressif de l'homme-squaw si sa barbe avait piqué ou non. "Elle est à sa place, chez elle, dans la cuisine. C'est son affaire d'aller bien. Je pense qu'elle l'est. Je ne lui demande pas."

"Tu n'es donc pas un mari démonstratif ?"

"Mari!" Il haussa les épaules avec insolence. "Oh, eh bien ! Qu'est-ce qu'il y a dans un nom ?"

Elle connaissait le code pratique de son espèce. Ils prenaient pour eux des épouses indiennes, avec ou sans cérémonie de mariage, et les jetaient de côté lorsqu'ils en avaient assez de la cravate ou la trouvaient exaspérante. Il y avait un autre type d'homme-squaw, celui représenté par son père. Il avait joint sa vie à celle de Matapi -Koma pour le meilleur ou pour le pire jusqu'au moment où la mort les séparerait.

Dans le sein de Jessie brûlait une généreuse indignation. Il y avait une raison pour laquelle Whaley devait maintenant donner à sa femme beaucoup de soins et d'affection. Elle tourna l'épaule et commença à parler avec Fergus et Tom Morse, excluant définitivement le joueur de la conversation.

Il n'était pas du genre à être gêné par un camouflet. Il tenait bon, plissant les yeux, l'observant avec la patience vigilante de la panthère à laquelle il lui faisait parfois penser. Actuellement, il a forcé une rentrée .

"Qu'est-ce que j'ai entendu à propos de Bully West s'évadé de prison ?"

Fergus répondit. "Il y a deux ou trois semaines. Il a tué un garde, dit-on. Il se dirigeait vers l'ouest et le nord, dernier mot qu'ils ont eu à son sujet."

Tous pensaient la même chose, que l'homme atteindrait Lointain s'il le pouvait, resterait caché jusqu'à ce qu'il ait volé une tenue, puis s'en irait avec un attelage de chiens plus profondément dans les Terres Solitaires.

"Je lui souhaite bonne chance", dit froidement son partenaire.

"Toute la chance qu'il mérite", modifia tranquillement Morse.

"Vous ne pouvez pas rabaisser un homme bon", se vantait Whaley en regardant droit dans les yeux l'autre commerçant indien. "Je ne me demande pas s'il ne paiera pas quelques dettes quand il arrivera ici."

Tom sourit et proposa une autre suggestion. "S'il arrive et a le temps. Il devra se dépêcher."

Son regard se tourna vers Beresford, alerte, gai, indomptable et aussi implacable que le destin.

# CHAPITRE XVI

## UN ACCORD D'AFFAIRES

Il faisait trente en dessous de zéro. La neige tassée craquait sous les pieds de Morse alors qu'il descendait ce qui servait de rue principale à Faraway. L'horloge du magasin indiquait le milieu de l'après-midi, mais quelques minutes plus tard, le soleil subarctique se couchait, la nuit tombait et les aurores brillaient à l'ouest.

Quatre faux soleils étaient visibles autour du vrai, le tout formant une croix de cinq orbes. Chacun d'eux nageait dans des segments perpendiculaires d'un cercle de couleurs prismatiques. Alors même que le jeune homme regardait, la plus basse des lumières du groupe disparut hors de vue. Au moment où il atteignit la maison McRae, l'obscurité planait sur la terre blanche et gelée.

Jessie ouvrit la porte à sa porte et le conduisit dans le salon de la famille, où aussi la maison du trappeur mangeait et où Fergus dormait. C'était un endroit assez rude, avec ses murs en rondins de boue et son plancher en bois scié en fouet. Mais juste en face de la porte se trouvait un foyer à bûches qui rayonnait de confort et de gaieté. Des robes de buffle servaient de tapis et sur les murs étaient accrochées des fourrures de renard argenté, de loups des bois, de vison et de castor. Sur une étagère se trouvait une petite bibliothèque ne contenant pas plus de vingt-cinq livres, mais c'étaient ceux que seul un amateur de bonne lecture aurait choisi. Shakespeare et Burns y occupaient des places d'honneur. Les poèmes de Scott et trois ou quatre de ses romans faisaient partie de la collection. Dans des reliures en cuir usé se trouvaient « Tristram Shandy » et « Complete History of England » de Smollett. "Pilgrim's Progress" de Bunyan a épaulé "Hudibras" de Butler et "The Saint's Everending Rest" de Baxter. Dans cette société de choix, un roman moderne et frivole s'était infiltré. "Nicholas Nickleby" avait été amené de Winnipeg par Jessie à son retour de l'école. La jeune fille les avait tous lus d'un bout à l'autre, la plupart plusieurs fois. Angus aussi les connaissait tous, à l'exception du « livre d'histoires » parvenu écrit par un journaliste londonien dont il n'avait jamais entendu parler auparavant.

"Je suis seule", a expliqué Jessie. "Père et Fergus sont allés aux pièges. Ils ne reviendront que demain. Mère est avec Mme Whaley."

Tom savait que la femme du commerçant n'allait pas bien. Elle s'attendait à être confinée dans quelques semaines.

Il était gêné d'être seul avec la jeune fille à l'intérieur des murs d'une maison. Ses relations avec Angus McRae atteignaient la civilité, mais non la cordialité. Le vieil Écossais austère ne l'avait jamais invité à venir l'appeler. Il n'aimait pas le fait que, grâce à l'instrument de Morse, il avait été forcé de fouetter la jeune fille qu'il aimait, et le commerçant savait qu'on ne lui pardonnait pas sa part dans l'épisode et qu'il ne lui serait probablement jamais pardonné. Maintenant, Tom était venu uniquement parce qu'une affaire devait être réglée d'un côté ou de l'autre sur-le-champ.

" Blandoine part pour Whoop-Up demain matin . Je suis venu voir ton père à propos de ces robes. Si nous les achetons, il faudra que ce soit maintenant. Je peux les envoyer avec Blandoine " , expliqua-t-il.

Elle hocha vivement la tête. "Père a dit que vous pourriez les avoir à votre prix si vous payiez ce qu'il a demandé pour celles qui ne sont pas fendues. Ce sont de bonnes peaux de vaches et de jeunes taureaux."[5]

[Note 5 : Une robe fendue était une robe coupée au milieu et cousue avec des tendons. Celles dépouillées de l'animal en une seule pièce avaient beaucoup plus de valeur, mais les femmes autochtones préparaient généralement les peaux dans l'autre sens en raison du poids à manipuler. L'une des raisons que les Indiens donnaient aux missionnaires en faveur de la polygamie était qu'une seule épouse ne pouvait pas porter une robe de buffle sans aide. Les braves eux-mêmes ne condescendaient pas à un travail subalterne de ce genre. (WMR)]

"C'est un marché", dit promptement le commerçant de fourrures. "Je suis content de les avoir , même si je paie tout ce que je peux me permettre pour ceux qui sont divisés."

"Je vais chercher la clé de l'entrepôt", a déclaré Jessie.

Elle sortit de la pièce avec le pas élastique et plumeux qui la distinguait parmi toutes les femmes qu'il connaissait. Au bout de quelques instants, elle était de retour. Au lieu de lui donner la clé, elle la posa sur la table près de sa main.

Sous son bronzage, le sang noir lui fouettait le visage. Il savait qu'elle avait fait cela pour ne pas courir le risque de le toucher.

Pendant un long moment, son regard la saisit et la retint. Entre eux passaient des paroles sans paroles. Ses yeux lui demandaient s'il était complètement hors du commun, s'il ne pourrait jamais effacer le souvenir de cette première rencontre cruelle. Le sien répondit fièrement que, si métisse qu'elle fût, il n'était pour elle qu'un loup, moins intéressant que Black, le chef du train de chiens de son père.

Il ramassa la clé et partit, des pensées folles tourbillonnant dans son esprit. Il l'aimait. A quoi bon essayer plus longtemps de se le dissimuler ? Du sang inférieur qu'elle pouvait être, pourtant tout son être se tournait vers elle dans un profond désir. Il la voulait pour sa compagne. Il avait envie d'elle dans chaque fibre de sa virilité pure et passionnée, comme il n'avait jamais désiré une femme de sa vie. Et elle le détestait – le détestait avec tout le mépris flamboyant d'une jeune âme fière dont le beau corps avait enduré la dégradation à cause de lui. Il était lépreux, à classer avec Bully West.

Il ne lui en voulait pas non plus. Comment pourrait-elle ressentir le contraire et conserver son respect pour elle-même. L'ironie de la situation lui fit sourire amèrement les lèvres. Si seulement elle le savait, les années la vengeraient au centuple. Car il s'était coupé même de la chance de la joie qui aurait pu être la sienne.

Dans le ciel, une aurore brillait d'une splendeur scintillante. Le ciel était illuminé de barres et de colonnes de feu colorées en constante évolution.

Morse ne le savait pas. Ce n'est que lorsqu'il eut franchi une douzaine de marches                                au-delà                                d'un homme en lourdes fourrures que son esprit enregistra qu'il s'agissait de Whaley. Il ne se demanda même pas quelle affaire emmenait le joueur vers la maison d'Angus McRae.

Les entreprises ont fait mentir leurs revendications. Il s'arrangea avec Blandoine pour emporter les robes avec lui et retourna à l'entrepôt McRae. Elle jouxtait la grande cabane en rondins où vivaient l'Écossais et sa famille.

Blandoine et lui examinèrent soigneusement les robes afin qu'il n'y ait aucune erreur sur celles que le chef de train avait prises. Ceci fait, Morse ferma la porte à clé et remit la clé à son compagnon.

Des voix lui parvenaient, l'une grave et grave, l'autre rapide et aiguë. Il ne perçut aucun mot, mais il se rendit compte qu'une étrange excitation lui parcourait les veines. À la racine de ses cheveux, il y avait une étrange sensation de picotement. Il ne pouvait se donner aucune raison, mais un instinct de danger résonnait en lui comme une cloche. Les basses graves et les aigus légers – ils lui parvenaient alternativement, se coupant les uns les autres, se chevauchant, s'affrontant dans une dissidence agitée.

Puis… un cri aigu à l'aide !

Morse ne se souvenait plus avoir ouvert la porte de la maison en rondins. Il lui sembla qu'il s'y précipitait comme un bélier, franchissait la cuisine en deux enjambées et se jetait contre la solide porte de fabrication artisanale qui donnait sur le salon.

Cela l'arrêta, car quelqu'un avait glissé dans sa douille la barre qui servait de verrou. Il regarda autour de la cuisine et trouva d'un seul coup d'œil ce qu'il voulait. C'était une grosse bûche pour la cheminée.

Avec cela tenu de tout son long sous son bras, il s'est écrasé en avant. Le bois s'est brisé. Il chargea à nouveau, incité par un deuxième appel au secours.

Cette fois, son attaque fit tomber le boulon et la douille de leur place. Morse entra dans la pièce comme un homme ivre.

# CHAPITRE XVII

## UNE PLANCHE grince

Après que Morse eut fermé la porte, Jessie écouta jusqu'à ce que le craquement de ses pas disparaisse. Elle réprima l'envie de le rappeler et mit des mots sur sa querelle contre lui.

Sur la table, elle ramassa une housse de fusil en cuir d'orignal qu'elle était en train de fabriquer et se dirigea vers la cheminée. Automatiquement, ses doigts remirent en place une frange de tissu rouge. (Cela avait été découpé dans un vieux jupon, mais l'origine de la décoration resterait secrète et ne saurait en aucun cas être révélée à celui qui devait recevoir le cadeau.) D'habitude, ses mains étaient occupées, mais maintenant elles tombaient. loin du travail avec indifférence.

Les bûches de pin crépitaient, éclairant une extrémité de la pièce et remplissant l'air d'une odeur piquante et aromatique. Alors qu'elle regardait les braises rouges, son esprit était actif.

Elle savait que son mépris envers le marchand de fourrures était une fraude. Dans sa haine contre lui, elle jetait une énergie toujours primitive et parfois sauvage. Mais il avait tout son respect pour elle. Ce n'était pas agréable de l'admettre. Son esprit s'accrochait à l'excuse obscure selon laquelle il avait été un loup-garou, même si les Indiens le considéraient désormais comme un bon ami et un commerçant qui ne profiterait pas d'eux. Angus McRae lui-même avait déclaré qu'il n'y avait pas de meilleur citoyen dans le Northland.

Non, elle ne pouvait pas mépriser Tom Morse comme elle l'aurait souhaité. Mais elle pouvait chérir son animosité et la nourrir de souvenirs qui la brûlaient tant le coup du lapin avait sa chair lisse et tendre. Elle ne lui pardonnerait jamais – jamais. Pas s'il s'humiliait dans la poussière.

Elle n'avait aucune rancune envers Angus McRae. Il n'avait fait que son devoir tel qu'il le considérait. Les circonstances lui avaient forcé la main, car sa parole l'avait engagé au châtiment. Mais cet homme qui était entré si brutalement dans sa vie, l'avait maîtrisée par la force physique, l'avait entraînée jusqu'à l'ignominie du fouet, et avait ensuite osé lui rendre service, quand elle se réveillait la nuit et pensait à lui , elle brûlait encore d'ardeur. honte et colère. Il avait été à la fois l'auteur et le témoin de son humiliation.

La rêverie de la jeune fille lui faisait penser à d'autres hommes, car elle avait déjà beaucoup de prétendants. Sur l'un d'eux, sa réflexion s'attardait. Il lui avait apporté le sourire amical, la camaraderie, les concessions débonnaires de la jeunesse. Elle n'essaya pas d'analyser ses sentiments pour Winthrop

Beresford. Il suffisait de savoir qu'il avait apporté dans son existence l'étincelle de la joie.

Car la vie s'était présentée devant elle avec un air bien trop tragique. Dans ce pays sombre, les hommes ne riaient pas beaucoup. Leurs sourires avaient un fond de gravité. L'hiver glacial régnait sur les deux tiers de l'année et l'été était une brève chaleur brûlante après l'absence de printemps. La nature a exigé de ceux qui vivaient ici qu'ils luttent pour trouver leur subsistance. Dans ce conflit, les êtres humains ont oublié qu'ils avaient été mis au monde pour en profiter avec un ravissement insouciant.

Quelque part dans la maison, une planche craqua. Jessie l'entendit sans y prêter attention, car dans le froid glacial, les boiseries craquaient et craquaient toujours.

Beresford lui avait proposé une nouvelle philosophie de vie. Elle ne l'acceptait pas tout à fait, mais c'était fascinant. Il croyait que le devoir du bonheur incombait aux gens aussi certainement que le devoir de l'honnêteté. Elle se souvint qu'une fois il avait dit….

Aucun son ne lui était parvenu, mais Jessie savait que quelqu'un avait ouvert la porte et se tenait sur le seuil pour la regarder. Elle tourna la tête. Son invité invité était Whaley.

Jessie se leva. "Que veux-tu?"

Elle fut surprise par l'entrée silencieuse de l'homme, prête à s'alarmer si nécessaire, mais pas encore effrayée. C'était comme si ses pensées attendaient le signal qu'il allait bientôt lui donner. Un certain instinct de sécurité la rendait prudente. Elle n'a pas dit au libre-échangiste que son père et Fergus étaient absents.

Il la regardait avec appréciation, de la tête aux pieds, de telle manière qu'elle avait l'impression que son regard l'avait déshabillée.

"Tu sais ce que je veux. Tu sais ce que je vais avoir… un jour ," ronronna-t-il de sa manière lente et féline.

Elle chassa de son esprit une appréhension grandissante.

"Père et Fergus—si tu les veux—"

« Ai-je dit que je les voulais ? Il a demandé. "Ils sont dans les bois en train de trapper . Je ne les cherche pas. Nous serons ensemble tous les deux."

"Allez," dit-elle, la colère éclatant face à son insolence. "Allez. Vous n'avez rien à faire ici."

"Je ne suis pas ici pour affaires, mais pour le plaisir, ma chère."

Les yeux froids et louches de son visage blanc jubilaient. Soudain, elle eut envie de crier et repoussa ce désir avec mépris. Si elle le faisait, personne ne l'entendrait. Cela devait être combattu en tête-à-tête.

"Pourquoi n'as-tu pas frappé ?" » a-t-elle demandé.

"Nous dirons que je l'ai fait et que vous ne m'avez pas entendu," répondit-il suavement.
"Au fait, qu'est-ce que ça peut avoir entre amis ?"

"Que veux-tu?" Par pure volonté, elle garda sa voix basse.

"Ta mère est à la maison. Je suis passée pour te dire qu'elle resterait probablement toute la nuit."

"Est-ce que ta femme est pire?"

Il haussa les sourcils noirs qui contrastaient si fortement avec la pâleur du visage. "Vraiment, tu me devances, ma chérie. Je ne me souviens pas de m'être marié."

"C'est une chose odieuse à dire", lança-t-elle en se mordant la lèvre inférieure avec de petites dents blanches pour ne pas dire à l'homme-squaw ce qu'elle pensait de lui. La fille Crie qu'il avait épousée descendait dans la Vallée de l'Ombre pour lui donner un enfant tandis qu'il la répudiait sans pitié.

Il ouvrit son manteau de fourrure et se dirigea vers la cheminée. "Je peux dire des choses plus gentilles... à la bonne fille", dit-il en la regardant d'un air significatif.

"Je vais devoir aller chercher Susie Lemoine pour qu'elle reste avec moi", dit précipitamment Jessie. "Je ne savais pas que maman ne rentrerait pas à la maison."

Elle se dirigea vers une fourrure posée sur le dossier d'une chaise.

Il lui posa la main sur le bras. "Pourquoi es-tu pressée ? Pourquoi esquives - tu, ma fille ? Je suis aussi bonne que Susie pour empêcher les gobelins de t'attraper ."

"Ne me touche pas." Ses yeux brillaient de feu.

"Tu as de très hauts talons pour un idiot . Je pense que tu oublies que tu es Sleeping Dawn, fille d'une squaw Pieds-Noirs."

"Je m'appelle Jessie McRae, fille d'Angus, et si vous m'insultez, vous devrez régler avec lui."

Il eut un bref rire. "Réveille-toi, ma fille. A quoi ça sert de te tromper ? Tu es une race. McRae a essayé de l'oublier et toi aussi. Mais tout le temps tu sais très bien que tu es à moitié Injun."

Jessie le regarda avec un mépris colérique, puis se dirigea vers la porte.

Whaley l'avait prévu et était là avant elle. Ses yeux plissés et avides la retenaient tandis qu'une main derrière son dos faisait glisser le verrou en place.

"Laisse moi sortir!" elle a pleuré.

"Soyez raisonnable. Je ne cherche pas à vous faire du mal."

"Écartez-vous et laissez-moi passer."

Il réussit un autre rire insinuant. "Ayez du bon sens. Arrêtez de monter ces grands chevaux et écoutez pendant que je vous parle."

Mais cette fois-ci, elle était autant effrayée que furieuse. Un tambour de terreur battait dans son cœur paniqué. Elle vit dans ses yeux ce qu'elle n'avait jamais vu auparavant sur un visage qui regardait le sien - même si elle devait le remarquer souvent dans les jours terribles qui suivirent - l'appétit impitoyable d'une bête sauvage accroupie pour sa proie.

"Laisse-moi partir ! Laisse-moi partir !" Sa voix était stridente, incontrôlable. "Débarrassez la porte, je vous le dis !"

"Je suis un homme important dans ce pays. Avant d'en avoir fini. Je serai le chef des trappeurs sur des centaines de kilomètres. Je vous offre la chance de votre vie. Joignez-vous à moi et à vous." Un jour, je monterai dans votre autocar à Winnipeg . La voix et les mots étaient doux et fluides, mais derrière eux, Jessie sentait la panthère se coucher pour son saut.

Elle ne put que réitérer sa demande, dans un cri qui atteignit son point culminant en sanglot.

"Si vous rêvez de cet espion en blouse rouge, en espérant qu'il vous épousera après avoir joué avec vous, eh bien, oubliez ces bêtises. Je connais son espèce. Quand il aura eu son aventure, il le fera. retournez auprès des siens et installez-vous. Il cherche une femme, pas une épouse.

"C'est un mensonge!" » lança-t-elle, rage pour le moment ascendante. "Ouvre cette porte ou je—"

Rapidement, sa main s'avança et attrapa son poignet. "Que vas-tu faire?" » demanda-t-il, et le triomphe brillait dans ses yeux.

Elle a crié. Une de ses mains se posa sur sa bouche, l'autre entoura sa taille et attira le corps mince vers lui. Elle se débattit, s'efforçant de s'éloigner de lui, rejetant la tête en arrière dans un autre cri à l'aide.

Tout aussi bien, elle aurait pu égaler sa force avec celle d'un taureau buffle. Il avait encore moins de quarante ans, il était costaud, les os remplis de muscles lourds. Il lui semblait que toute la puissance de sa jeunesse vitale s'évanouissait et ne laissait plus qu'une faiblesse molle et flasque. Il l'attira contre lui et embrassa les yeux sombres, les joues douces, les lèvres colorées....

Elle se rendit compte qu'il la retenait loin de lui, l'écoutant. Il y a eu un fracas de bois.

Son appel à l'aide retentit à nouveau .

Whaley la jeta loin de lui. Il s'accroupit, tous les nerfs et tous les muscles tendus, les lèvres retroussées en un grognement. Elle vit qu'il tenait un revolver dans la main.

Contre la porte, un poids lourd fut projeté. Le bois éclata en éclats lorsque le boulon sortit de la douille. Ivre, un homme franchit le seuil, chancelant sous le choc.

# CHAPITRE XVIII

## UN ARME RUGIT

Les deux hommes se regardèrent silencieusement, leurs visages déformés en gargouilles dans la lumière sautillante et incertaine. Méfiants, vigilants, tendus, ils se faisaient face comme des tigres de la jungle attendant le meilleur moment pour attaquer.

Il y avait une chance pour que la situation s'ajuste sans effusion de sang. Whaley ne pouvait pas se permettre de tuer et Morse n'avait aucune envie de lui forcer la main.

La peur de Jessie dépassait son jugement. Elle vit la menace du revolver braqué sur son sauveur et pensa que le joueur était sur le point de tirer. Elle se précipita vers l'arme et précipita ainsi ce qu'elle redoutait.

Le pistolet rugit. Une balle a dépassé Morse et s'est enfouie dans une bûche. L'instant suivant, s'accrochant des deux mains au poignet de Whaley, Jessie se retrouva ballottée d'avant en arrière alors que l'homme luttait pour libérer son bras. Projetée en tangente contre le mur, elle tomba au pied du canapé où dormait Fergus.

De nouveau, la flamme et le rugissement du revolver remplirent la pièce. Morse plongea tête baissée sur son ennemi, portant toujours la bûche qui lui servait de bélier. Il a attrapé le joueur à cet endroit de l'estomac connu sous le nom de plexus solaire. Whaley est tombé et a perdu connaissance comme un bœuf qu'on aurait coupé en hache.

Tom ramassa le revolver et le laissa tomber dans la poche de son manteau de fourrure. Il se baissa pour s'assurer que son ennemi était hors de portée de causer des dégâts. Puis il souleva Jessie du coin où elle était blottie.

"Blesser?" Il a demandé.

La jeune fille frémit. "Non. Est-ce qu'il... est-il tué ?"

"Le vent l'a frappé. Rien de plus."

« Il ne t'a pas frappé ?

Il y avait l'ombre d'un sourire dans ses yeux. "Non, je l'ai frappé."

"Il était horrible. Je—je—" De nouveau, un petit frisson parcourut son corps. Elle se sentit très faible au niveau des genoux et s'accrocha un instant au revers de son manteau pour se stabiliser. Aucun d'eux n'était conscient du fait qu'elle était dans ses bras, s'accrochant à lui pendant qu'elle reprenait le contrôle d'elle-même.

"Tout va bien maintenant. Ne t'inquiète pas. Heureusement que je suis revenu montrer à Blandoine quelles fourrures prendre."

« Si tu n'avais pas… » Elle poussa un soupir saccadé qui était à moitié un sanglot.

Morse l'aimait davantage à cause de l'hystérie féminine qui faisait d'elle pour le moment une enfant douce et tendre à réconforter. Il l'avait connue compétente, sauvage, dédaigneuse, chez qui la vie vitale et passionnée coulait vite. Il n'avait jamais vu auparavant sa faiblesse se transformer en force. Le fait que, par pure chance, c'était *son* pouvoir auquel elle s'accrochait le remplissait d'un profond plaisir.

Il a commencé à ignorer sa joie de peur qu'elle ne le fasse à sa place. Son bras tomba de sa taille.

"C'est moi qui ai détruit la maison", a-t-il déclaré avec un regard humoristique à la porte. "Je n'emporte pas toujours un des murs avec moi quand j'entre dans une pièce."

"Il a verrouillé la porte", expliqua-t-elle plutôt inutilement. "Il ne m'a pas laissé sortir."

"Je t'ai entendu appeler," répondit-il, sans grand intérêt.

Elle jeta un coup d'œil à l'homme allongé sur le sol. « Vous ne pensez pas qu'il pourrait être… » Elle s'arrêta, peu disposée à utiliser ce mot.

Tom s'agenouilla à côté de lui et sentit son cœur.

"Ça bat", dit-il. Et il ajouta rapidement : « Ses yeux sont ouverts. »

C'était vrai. Les yeux froids et louches s'étaient ouverts et faisaient le point sur la situation. Le joueur choisit instantanément sa ligne de défense. Il parla, à l'instant.

"Qu'est-ce qui t'a mordu , Morse ? Juste parce que je plaisantais avec cette fille, tu es déchaîné et tu m'as frappé à l'ouest avec un gros gourdin. Je ne supporterai pas ça. Dès que je serai en forme. pour me débrouiller, vous et moi aurons un règlement.

"Lève-toi et sors", ordonna le jeune homme.

"Quand je serai bon et prêt. N'essayez pas de courir sur moi, jeune homme. D'autres imbéciles ont trouvé cela dangereux."

Whaley se redressa, gémit et appuya ses mains sur l'abdomen à l'endroit où il avait été frappé.

La lueur brun rougeâtre dans les yeux de Morse annonçait la rage froide du Montanan. Il attrapa le joueur par le col et le remit debout.

"Sortez, loup jaune !" répéta-t-il d'une voix basse et sauvage.

Le commerçant au visage blanc était encore debout, chancelant. Il se sentait à la fois endolori et nauséeux au creux de l'estomac, pas d'humeur à une nouvelle altercation avec cet athlète percutant. Mais il ne partirait pas sans sauver la face.

« Je ne sais pas pourquoi vous m'expulsez – à moins que… » Son regard inclua la jeune fille pendant un moment, et l'insulte de son regard était indubitable.

Morse l'attrapa par la peau du cou, le fit sortir de la pièce et le jeta en bas des marches sur la route. Le joueur a trébuché sur le long manteau de buffle qu'il portait et s'est retourné dans la neige. Lentement, il se leva et croisa les yeux de l'autre.

La rage faillit étouffer ses paroles. "Tu vas être désolé pour ça ces jours-ci, Morse. Je vais bien te comprendre. Personne n'a jamais mis un coup sur Poker Whaley et personne ne le fera jamais. N'oublie pas ça."

Tom Morse n'a pas perdu de mots. Il se tenait silencieusement sur les marches, silhouette splendide et souple, au pouvoir menaçant, et regardait son ennemi passer sur la route. Il y avait en lui un désir cruel et passionné de prendre le joueur et de le briser avec ses mains, de le battre jusqu'à ce qu'il s'éloigne en rampant, une créature faible et blessée digne d'un hôpital. Il serra les dents avec force et combattit son impulsion.

Bientôt, il se retourna et rentra lentement dans la maison. Son visage était toujours figé et ses mains serrées. Il savait que si Whaley avait blessé Jessie, il l'aurait tué de ses doigts nus.

"Tu ne peux pas rester ici. Où veux-tu que je t'emmène ?" » demanda-t-il, et sa dureté froide lui rappela le Tom Morse qui l'avait conduite au fouet une autre nuit.

Elle ne savait pas qu'à l'intérieur il régnait un chaudron d'émotions et que ce n'était qu'en se gelant qu'il pouvait contenir l'éruption volcanique.

"Je vais aller chez Susie Lemoine", dit-elle d'une petite voix obéissante.

Les mains dans les poches , il se leva et se laissa trouver un manteau de fourrure et s'y enfiler. Il éprouvait un sentiment de frustration. Il avait envie de se lâcher et de raconter tout ce qu'il y avait dans son cœur torride. Au lieu de cela, il s'est enfermé dans la glace et l'a éloignée de lui.

Ils marchaient côte à côte sur la route, aucun d'eux ne parlant. Elle aussi était victime d'un sentiment de chaos. Il lui faudrait longtemps avant qu'elle puisse oublier comment il avait franchi la porte et l'avait sauvée.

Mais elle ne trouvait pas les mots pour le lui dire. Ils se séparèrent à la porte de la cabane de Lemoine avec un froid « Bonne nuit » qui les laissa à la fois malheureux et insatisfaits.

# CHAPITRE XIX

## " VOUS VOUS DEMANDEREZ QU'ELLE ME DÉTESTE ?
"

Angus McRae est venu à Morse avec la main droite de l'amitié le lendemain de la bataille dans la maison en rondins.

Les yeux bleus comme ceux des lacs des Highlands étaient fixés sur ceux du marchand de fourrures. " Mon garçon, je ne peux pas te dire ce qu'il y a dans mon cœur. " Que le Seigneur te bénisse et te garde. Le Seigneur fait briller son visage sur toi et te fasse grâce. Le Seigneur lève son visage sur toi et te donne la paix. .'"

Tom, gêné, se moquait de l'affaire. "Heureusement que j'étais Johnnie-on-the-Spot."

Le vieil Écossais secoua la tête. "Ce n'est pas la chance qui vous a renvoyé pour entendre le cri de la jeune fille, mais le murmure du père guide sans la permission dont même un moineau ne tombe pas à terre. Il vous a choisi comme instrument. Je n'oublierai jamais ce que vous " Je l'ai fait pour mon pote , Tom Morse. Jess vous remerciera , mais j'ajoute le mien au sien. "

En fait, Jessie ne l'avait pas remercié avec des mots précis. Elle avait été trop agitée pour y penser. Mais Morse ne l'a pas dit.

"Oh, tout va bien. N'importe qui l'aurait fait. Je suis vraiment content d'avoir été assez près. J'espère qu'elle ne se sent pas plus mal à cause du choc."

"Pas du tout. Je suis ici pour vous demander de laisser le passé derrière nous. J'ai nourri une rancune, mais, mec, elle est propre, lavée de mon cœur. Voici ma main, si vous la prenez . "

Tom l'a fait, avec plaisir. Il découvrit au même moment que le soleil émettait des étincelles de lumière provenant de mille cristaux de neige. Le monde était bon, si seulement on en cherchait la preuve.

"Le cordon de verrouillage est toujours pour vous au nom d'Angus McRae. Voulez-vous pas vous accrocher pour une pause ce soir-là ?" demanda le trappeur.

"Pas ce soir. Un jour. Je verrai." Tom s'est retrouvé dans la position de quelqu'un qui trouve ouvert à lui un plaisir longtemps désiré et est trop timide pour en profiter immédiatement. "Avez-vous déjà vu Whaley aujourd'hui ?" » demanda-t-il pour changer de sujet.

La lèvre du chasseur se redressa et devint sinistre. "Je ne l'ai pas fait. Il n'est pas au magasin. Le vendeur dit qu'un messager l'a appelé tôt ce matin et il a immédiatement quitté le clachan . Est - ce qu'il se cachera , à votre avis ?"

Tom secoua la tête. "Pas Whaley. Il bluffera. Ce type n'est pas jaune. Il en rira probablement et dira qu'il volait seulement un baiser et que Miss Jessie était idiote d'en faire toute une histoire."

"Nous en resterons là, après que je lui ai dit publiquement ce que je pensais de lui."

Personne à Faraway ne savait où se trouvait Whaley. À son retour au coucher du soleil, il se rendit directement au magasin et enleva ses raquettes. Il était en train de leur faire tomber la neige fondante emballée et congelée au moment où Angus McRae le confrontait.

Le commerçant éclata de rire, exactement comme Tom l'avait prophétisé . "Je pense que je vous dois des excuses, McRae", a-t-il déclaré. "Votre petit chat sauvage a perdu la tête quand je l'ai plaisantée et que Morse a enfoncé la porte comme l'idiot qu'il est."

Un ou deux anciens du Nord-Ouest se souviennent encore de la punition qu'Angus McRae a donnée à Whaley. Avec des mots vifs et mordants, il libéra son esprit sans tomber une seule fois dans le blasphème. Il a terminé par un avertissement. "Prends la tente, tu ne parles plus jamais à cette jeune fille, sinon toi et moi nous nous retrouverons aux prises."

Le commerçant l'entendit, un sourire narquois sur son visage blanc. À l'intérieur, il était enragé d'une colère furieuse, mais il ne laissait pas ses sentiments refaire surface. C'était un homme qui avait la patience d'attendre sa vengeance. Plus cela tarderait, plus ce serait lourd. Une caractéristique de son tempérament froid et insensible était qu'il prenait feu lentement, mais, une fois allumée, sa haine durait comme des charbons de tourbe dans une grille. Homme vaniteux, sa dignité lui était précieuse. Il se tordit devant la défaite que Morse lui avait infligée, devant son échec avec Jessie, devant les réprimandes publiques méprisantes de son père. Sur ces trois-là, il opérerait un jour une douce vengeance. Comme tous les joueurs, il a suivi ses intuitions. Bientôt, lui dit l'un d'eux, sa chance viendrait. Quand cela se produirait, il les ferait transpirer du sang tous les trois.

Beresford a rencontré Tom Morse plus tard dans la journée. Il jeta un œil fantaisiste au marchand de fourrures.

"J'ai entendu dire que McRae allait vous poursuivre en justice pour dommages causés à sa maison", a-t-il déclaré.

"Où as-tu entendu tout ça ?" » demanda son ami, apparemment occupé à inspecter une demi-douzaine de fourrures de castor.

"Et Whaley, pour les dommages causés à sa machinerie interne. Ne savez-vous pas que vous ne pouvez pas catapulter un jeune pin à travers le ventre d'un homme sans blesser sa géographie physique ?" reprocha le connétable.

"Quand vous aurez fini de m'usurper , comme vous l'appelez les sujets de la Reine," suggéra Tom.

"Eh bien, alors, je vais te dire de garder un œil sur Whaley. Il ne t'aime pas beaucoup pour ce que tu as fait, et il est susceptible de te tuer à la première occasion."

"Je ne cherche pas les ennuis, mais si Whaley veut se battre..."

"Il ne le fait pas, ce n'est pas votre genre de combat. Son idée sera de vous faire commettre une faute avant qu'il ne frappe. Marchez avec un œil à l'arrière de la tête. Dormez avec l'œil ouvert. Ne vous asseyez pas aux fenêtres une fois les lampes allumées. allumé - non sans rideaux baissés. Jouez toutes vos cartes de près. Le manteau rouge parlait avec désinvolture, frappant sa botte avec un petit interrupteur. Il souriait. Néanmoins, Tom savait qu'il était très sérieux.

"Ça a l'air d'être un bon conseil. Je le suivrai", dit facilement le commerçant. "Y a-t-il autre chose sur ta poitrine ?"

"Pourquoi, oui. Où est allé Whaley aujourd'hui ? Qu'est-ce qui l'a appelé à quitter la ville pour un voyage précipité de quelques heures ?"

"Je ne sais pas. Et toi ?"

"Non, mais je suis un bon devineur."

" Tu veux dire ?"

"Bully West. Retranché quelque part dans les bois. Un type est venu ce matin et a récupéré Whaley, qui est immédiatement revenu avec lui en raquettes."

Tom acquiesça. " Peut-être . Whaley était absent cinq ou six heures. Cela signifie qu'il a probablement parcouru huit à dix miles."

"La question est de savoir dans quelle direction ? Personne ne l'a vu partir ou venir, du moins pour savoir qu'il n'a pas fait le tour de la ville et n'est pas entré par l'autre côté."

"Il reviendra, avec des fournitures pour West. Surveillez-le."

"Je vais faire exactement ça."

"Il pourrait envoyer quelqu'un avec eux."

"Oui, il pourrait le faire", a admis Beresford. "Je vais garder un œil sur le magasin et voir ce qui se passe. Nous voulons West. C'est un lâche meurtrier

- il a tué l'homme qui lui faisait confiance - lui a tiré une balle dans le dos. Ce pays sera bien débarrassé de lui quand il sera pendu pour ce qu'il a fait au pauvre Tim Kelly."

"C'est un sale type, mais il est dangereux. N'oubliez jamais ça", prévient l'acheteur de fourrures. "Si jamais il te laisse tomber un instant, tu es parti."

" Bien sûr, nous nous trompons peut-être d'arbre", réfléchit à haute voix l'officier. "Peut-être que West n'est pas à moins de cinq cents milles d'ici. Peut-être qu'il est parti par un autre chemin. Mais je ne le pense pas. Il a dû retourner là où il était connu pour se procurer une tenue. Cela signifiait soit ce pays ou Montana. Et la rumeur dit qu'il a été vu venir dans cette direction à la fois à Slide Out et en traversant Old Man's River après avoir pris sa fuite.

"Il pense probablement qu'il va se perdre dans les bois du Nord."

"Mon idée aussi. Dites, Tom, j'ai une invitation d'une jeune femme pour vous et moi. Je dois vous emmener dîner, dit Jessie McRae. Ce soir. Du pemmican de chevreuil et de mouton - et du vrai pudding aux prunes, " Mon fils. Tu vas fumer la pipe de la paix avec Angus et te réchauffer dans les sourires de Miss Jessie et de Matapi -Koma. Comment te convient le programme ? "

Tom rougit. "Je ne pense pas y aller", dit-il après un moment de réflexion.

Son ami posa une main affectueuse sur son épaule. "Cartes bas, mon vieux. Raconte l'histoire de cette querelle mortelle entre toi et Jessie et je te donnerai un avis extérieur à ce sujet."

Le Montanan le regarda d'un air sombre. "N'as-tu pas entendu ? Si ce n'est pas le cas, tu es le seul homme dans ce pays à ne pas l'avoir entendu."

"Tu veux dire… à propos du fouet ?" » demanda gentiment Beresford.

"C'est tout", répondit amèrement Morse. "Rien de grand. Je lui ai simplement fait fouetter un cheval. Vous ne penseriez pas qu'une fille s'y opposerait, n'est-ce pas ?"

"J'aimerais avoir raison. Comment est-ce arrivé ?"

"Le diable était en moi, je pense. Nous traversions la ligne en courant avec ce lot de whisky que vous avez trouvé et détruit près de Whoop-Up. Elle est arrivée dans notre camp une nuit, s'est glissée et a brisé des barils. Je l'ai attrapée. Elle s'est battue comme un chat sauvage. » Morse releva la manche de son manteau et montra une longue cicatrice irrégulière sur le bras. "M'a donné ça comme petit souvenir pour me souvenir d'elle. Vous voyez, elle avait peur que je la ramène au camp. Alors elle s'est battue. Vous connaissez West. Je ne l'aurais pas emmenée chez lui."

"Qu'est-ce que tu as fait?"

"Après l'avoir descendue, nous sommes parvenus à un accord. Je devais l'emmener au camp de McRae et il devait la cravacher. Mon bras me faisait mal comme un péché, et je pensais qu'elle n'était qu'une jeune Indienne sauvage."

" Alors tu l'as ramenée à la maison ? "

"Et McRae l'a fouettée. Vous le connaissez. Il est écossais et minutieux. C'était une affaire écoeurante. Quand il a fini, il était blanc comme neige. Je me sentais comme un meurtrier. Vous vous demandez qu'elle me déteste?"

Le sourire de Beresford était gagnant. "Est-ce parce qu'elle te déteste qu'elle veut que tu viennes souper ce soir ?"

"C'est parce qu'elle a une dette envers moi - ou pense qu'elle l'est, car bien sûr ce n'est pas le cas - et qu'elle veut la payer et s'en débarrasser le plus tôt possible. Je te le dis, Win, elle ne pouvait pas supporter de le faire. Touchez ma main quand elle m'a donné la clé de l'entrepôt l'autre soir - posez-la sur la table pour que je la récupère. C'est en fait devenu physique avec elle. Elle frémirait si je la touchais. Je ne vais pas pour y souper. Pourquoi profiterais-je de l'emprise que j'ai sur sa générosité ? Non, je n'irai pas.

Et de cette position, Beresford ne pouvait pas le déplacer.

Après le dîner, le gendarme a eu l'occasion de voir Jessie seule. Elle travaillait aux dernières retouches de l'étui à arme.

"Quand c'est fini, qui l'aura ?" » demanda-t-il en s'asseyant gracieusement sur le bras d'un grand fauteuil.

Elle lui lança un regard taquin. "À votre avis, qui le mérite ?"

"Je le mérite", lui assura-t-il aussitôt. "Mais ce ne sont pas toujours ceux qui le méritent qui obtiennent les récompenses dans ce monde. Très probablement, vous les donnerez à un type comme Tom Morse."

"Qui ne viendrait pas dîner quand nous le lui demandions." Elle leva des yeux fixes et interrogateurs. « Quelle était la véritable raison pour laquelle il n'est pas venu ?

"Il a dit qu'il ne pouvait pas quitter le magasin parce que..."

"Oui, j'ai entendu ça. Je demande la vraie raison, Win."

Il l'a donné. "Tom pense que tu le détestes et il ne s'imposera pas sur ta générosité."

"Oh!" Elle semblait y réfléchir.

"Est-ce que tu?"

"Est-ce que je fais quoi ?"

"Le déteste."

Elle sentit une rougeur la brûler sous le brun sombre de ses joues. "Si tu savais ce qu'il m'avait fait..."

"Peut-être que oui," dit-il très doucement.

Ses yeux sombres l'étudiaient attentivement. "Il t'a dit?"

"Non, on entend des ragots. Il se déteste à cause de ça. Tom est blanc, Jessie."

"Et je suis indienne. Bien sûr, cela fait une différence. S'il avait fait fouetter une fille blanche, vous ne pourriez pas le défendre", a-t-elle enflammé.

"Tu sais que je ne voulais pas dire ça, petit copain." Son sourire ensoleillé était désarmant. « Ce que je veux dire, c'est qu'il est désolé pour ce qu'il a fait. Pourquoi ne pas lui donner une chance d'être amis ?

"Eh bien, nous lui avons donné une chance ce soir, n'est-ce pas ? Et il a choisi de ne pas la saisir. Que veux-tu que je fasse : aller le remercier gentiment de m'avoir fait fouetter ?"

Beresford abandonna en haussant les épaules. Il savait quand il en avait assez dit. Un jour, la graine qu'il avait laissée germer pourrait germer.

"Ne serait-ce pas une bonne idée de travailler avec un WB sur cette affaire ?" » demanda-t-il avec une impudence amicale. "Alors si je le perdais, celui qui le trouverait pourrait le rendre."

"Je ne fais pas de cadeaux à ceux qui les perdent", a-t-elle paré.

Ses yeux dansants étaient très brillants lorsqu'ils rencontrèrent les siens. Elle aimait les lignes épurées de sa belle jeunesse et l'âme qu'elles exprimaient.

Matapi -Koma entra dans la pièce en se dandinant et le policier à cheval reporta son attention sur elle. Elle pesait deux cent douze livres, mais n'était pas sensible à ce sujet. Beresford affirmait avec anxiété qu'elle maigrissait.

La femme indienne se contenta de lui sourire avec bienveillance. Elle l'aimait bien, comme toutes les femmes. Et elle espérait qu'il resterait dans le pays et épouserait Sleeping Dawn.

# CHAPITRE XX

## ONISTAH LIT LE PANNEAU

McRae a équipé les raquettes de Jessie.

"Tu seras guérie avant la nuit, ma fille", dit-il avec un peu d'anxiété.

"Oui père."

Le chasseur se tourna vers Onistah . "Elle est sous ta garde, mon garçon. Si le temps change, ou menace de le faire, lâche les pièges et frappe pour le toon. Tu n'es pas autorisé à prendre des risques."

"Retour à l'Assam Weputch (très tôt)", promit les Pieds-Noirs.

Il était fier de la confiance qui lui était confiée. Pour lui, McRae était un homme formidable. Pour beaucoup de trappeurs et de libre-échangistes, la parole du vieil Écossais faisait loi. Ils s'adressèrent à lui pour régler leurs différends et se conformèrent à ses décisions. Car Angus n'était pas seulement le patriarche du clan, si l'on pouvait appeler une telle confédération de partisans un clan ; il était estimé pour sa bonté et son bon sens pratique.

d'Onistah se gonfla d'une émotion qui était plus que de la vanité. Son cœur se remplit de joie que Jessie le choisisse comme guide et compagnon pour faire de la raquette avec elle dans les forêts blanches où ses pièges étaient posés. Car la jeune Indienne l'aimait bêtement, sans aucun espoir de récompense, de la même manière que certains de ses rudes soldats devaient aimer Jeanne d'Arc. Jessie était une maîtresse à laquelle il se sentait un devoir d'obéir au moindre caprice. Il l'adorait depuis qu'il l'avait vue, petite enfant enthousiaste et chaleureuse, jouant dans le wigwam de sa mère. Elle était aussi hors de sa portée que l'Étoile polaire. Pourtant, son sourire tendre et rapide était pour lui tout comme pour Fergus.

Ils quittèrent le village en traînant les pieds et se dirigèrent vers la forêt qui s'étendait de tous côtés jusqu'à la colonie. Bientôt, ils se retrouvèrent plongés dans l'ombre, poussant le bord d'une fondrière qu'ils contournèrent soigneusement pour ne pas être gênés par son sol marécageux et traître.

Jessie portait une capote en peau de caribou avec de la fourrure pour se protéger du vent froid. Ses mocassins étaient en peau d'élan fumée, ornés de broderies de perles à motifs de fleurs, si utilisées chez les métis français du Nord. Les chaussettes à l'intérieur étaient en molleton et les jambières en strouds , deux matériaux fabriqués pour la Compagnie de la Baie d'Hudson pour ses trappeurs.

La journée était relativement chaude, mais la neige n'était ni fondante ni très épaisse. Néanmoins, elle fut heureuse lorsqu'ils atteignirent le terrain de piégeage et qu'Onistah fit une halte pour le dîner. Elle était fatiguée, à cause du poids de la neige sur ses chaussures, et ses pieds étaient boursouflés à cause des laçages qui coupaient le sac et la chair tendre de l'intérieur.

Onistah alluma un feu de peuplier, qui crépita bientôt comme un front de bataille et leur lança des charbons ardents dans une fusillade irrégulière. Sur ce, ils préparèrent du thé, chauffèrent du pemmican et des banniques et décongelèrent un pot de conserves que Jessie avait préparé l'été précédent à partir de baies de service et de framboises sauvages. Avant cela, ils faisaient sécher leurs mocassins, leurs chaussettes et leurs leggings.

Ensuite, ils se séparèrent pour faire le tour des pièges, convenant de se retrouver une heure et demie plus tard sur le lieu de leur dîner de camp.

Le Pied-Noir trouva l'un des petits pièges mis en pièces, probablement par un ours, car il aperçut ses traces dans la neige. Il a reconstruit le piège et l'a appâté avec des parties d'un lapin qu'il avait abattu. Dans un piège, il découvrit une mouffette et dans un autre un loup des bois. Lorsqu'il arriva en vue du rendez-vous, il était en retard.

Jessie n'était pas là. Il attendit une demi-heure dans une anxiété croissante avant d'aller à sa rencontre. La nuit allait bientôt tomber. Il devait la retrouver pendant qu'il faisait encore assez jour pour suivre ses traces. Les désastres qui auraient pu lui tomber dessus envahissaient son esprit. Un ours aurait pu l'attaquer. Elle pourrait être perdue ou emmêlée dans le fond marécageux. Peut-être s'était-elle accidentellement suicidée.

Aussi vite qu'il le pouvait, il parcourut la forêt en raquettes, suivant le sentier plat qu'elle avait laissé. Il le transporta jusqu'à un piège dans lequel elle avait pris une proie, car il venait d'être appâté et la neige était saupoudrée de sang. Avant qu'il n'atteigne le deuxième gin, l'excitation en lui s'accéléra. Quelqu'un en raquettes lui avait coupé le chemin et avait dévié pour le poursuivre. Onistah savait que celui qui le suivait était un homme blanc. Les pointes des chaussures sont sorties. Les Cris s'y sont mis, aussi bien sur les toiles que sur les mocassins.

Son imagination était active. Quel homme blanc avait des affaires à faire dans ces bois ? Pourquoi devrait-il quitter ce secteur pour dépasser Jessie McRae ? Onistah ne savait pas vraiment pourquoi il était inquiet, mais involontairement il accéléra le pas.

Moins d'un quart de mille plus loin, il lut un autre chapitre de l'histoire écrite dans la neige piétinée. Il y avait eu une lutte. Sa maîtresse avait été maîtrisée. Il pouvait voir où elle avait été jetée dans une banque blanche et extraite de celle-ci. Elle avait essayé de courir et n'avait parcouru qu'une douzaine de mètres avant de la reprendre. À partir de ce point, les traces avançaient en ligne droite, celles des plus petites toiles étant effacées par celles des plus grandes. L'homme conduisait la jeune fille devant lui.

Qui était-il? Où l'emmenait-il ? Dans quel but? Onistah ne pouvait pas deviner. Il savait que McRae s'était fait des ennemis, comme tout personnage énergique à la frontière doit le faire. L'Écossais avait chassé de son camp les vauriens paresseux. En tant que partisan du libre-échange, il s'était opposé à la Compagnie de la Baie d'Hudson. Mais parmi ceux qui étaient en guerre contre lui, rares étaient ceux qui osaient se venger de sa fille. Les Pieds-Noirs n'avaient pas entendu parler des récents problèmes entre Whaley et les McRaes , et la nouvelle ne lui était pas non plus parvenue que Bully West était de nouveau libre. C'est pourquoi il était perplexe quant à ce que lui disaient les signes sur la neige.

Pourtant, il savait qu'il les avait lu correctement. La preuve finale pour lui était que Jessie avait ouvert la piste et non l'homme. S'il était un ami, il ouvrirait la voie. Il était à ses trousses parce qu'il voulait s'assurer qu'elle n'essayait pas de s'enfuir ou de l'attaquer.

Les traces descendaient dans la fondrière. La neige crachait, mais il n'eut aucune difficulté à voir où le sentier menait de butte en butte dans la terre bourbeuse. Le chemin était difficile, car la mousse épaisse était pleine de broussailles courtes et raides qui attrapaient les chaussures palmées et faisaient trébucher le voyageur. Il était difficile de trouver un pied d'égalité. Les monticules étaient inégaux, et plus d'une fois Onistah s'enfonça jusqu'aux genoux dans le marais.

Il traversa la fondrière et gravit une montée dans les bois, tournant brusquement vers la droite. Il n'y avait aucune incertitude quant à la direction des traces dans la neige. S'ils viraient de quelques mètres, c'était seulement pour rater un arbre ou contourner du bois. Qui qu'il soit, l'homme qui avait fait prisonnière Jessie savait exactement où il allait.

Les Pieds-Noirs savaient, grâce aux impressions des toiles, qu'il était un homme grand et lourd. Une ou deux fois , il aperçut des taches de jus de tabac sur la neige. Les morceaux brisés d'une bouteille de whisky jetés contre un arbre ne tendaient pas à le rassurer.

Il a vu de la fumée. Il provenait d'un enchevêtrement de sous-bois dans une dépression de la forêt. Très prudemment, avec la patience de sa race, il fit le tour de la cabane à travers les bois et s'y glissa à quatre pattes. À chaque pas du chemin, il profitait de la couverture disponible.

La fenêtre était une petite fenêtre à simple vitrage construite à l'extrémité opposée à la porte. Onistah s'en approcha et écouta. Il entendit un bourdonnement de voix, l'une lourde et hargneuse, l'autre basse et persuasive.

Son cœur fit un bond au son d'une troisième voix, un aigu aigu. Il l'aurait su entre mille. Cela l'avait appelé dans le tourbillon de nombreuses tempêtés balayées par le vent. Il l'avait entendu au cours de la longue traversée, dans le calme de la nuit solitaire, dans des camps au bord du lac construits loin de tout autre être humain. Son imagination l'avait entendu dans la brise d'été alors qu'il pagayait sur un lac baigné de soleil dans son canoë en écorce de bouleau.

Le Pied-Noir leva la tête jusqu'à ce qu'il puisse regarder par la fenêtre.

Jessie McRae était assise sur un tabouret face à lui. Deux hommes étaient dans la pièce. L'un marchait lourdement de long en large tandis que l'autre le regardait avec méfiance.

# CHAPITRE XXI

## À LA FRONTIÈRE DU DÉSespoir

La contrainte de la vie avait privé Jessie de la gentillesse offerte aux filles par les complexités de la civilisation moderne. Elle avait été élevée au plus près de la nature brute et austère. Les habitudes des animaux lui étaient familières ainsi que les vices de l'homme bipède.

Un voyageur dans le subArctique est contraint par le froid mortel du Nord à vivre dans une quasi-intimité avec ses semblables. Jessie avait fait plus d'une fois un long voyage en traîneau avec son père. Un jour, elle avait dormi dans un wigwam indien crasseux, avec une douzaine d'indigènes respirant tous le même air infect et non ventilé. Elle s'était encore blottie contre les chiens, avec son père et deux métis français, pour garder en elle l'étincelle de vie qu'un souffle de blizzard essayait d'éteindre.

Lors d'un tel voyage, certaines des bonnes mœurs de l'existence sont abandonnées. La température extrêmement basse rend impossible le lavage du visage ou des mains sans que la peau ne se gerce et ne se brise. La nourriture contre laquelle on se révolterait dans d'autres circonstances est dévorée avec avidité.

Jessie était le genre de fille qu'une telle vie avait faite d'elle, avec des modifications dans le sens de la finesse induites par le caractère robuste de McRae, son éducation à Winnipeg et le niveau supérieur du niveau familial. Comme on pouvait s'y attendre, elle avait du courage, de l'énergie et cette qualité d'action décisive engendrée par des conditions primitives.

Mais elle avait conservé, aussi, une pureté d'esprit qu'on ne pouvait guère rechercher chez une fille d'Ève aussi primitive. Son imagination et ses lectures avaient sauvé la douce pudeur de la jeune fille. Un certain détachement lui a permis d'ignorer la misère du réel et de ne le voir que comme une trivialité superficielle, de laisser son esprit s'attarder sur les concepts intérieurs de bonté et de beauté tandis que la bestialité traversait son chemin.

Ainsi , lorsqu'elle trouva dans l'un des gins un lynx sauvage souffrant de chair meurtrie et d'os brisés brisés par les mâchoires du piège, la jeune fille fit ce qu'il fallait faire rapidement et avec un minimum de réticence.

Elle était proche du deuxième piège lorsque le bruit des toiles glissant sur la neige la fit sursauter. Sa première pensée fut qu'Onistah avait changé d'avis et l'avait suivie, mais dès que le raquetteur sortit de l'épais bois, elle vit qu'il n'était pas un Indien.

C'était un homme énorme, et il était plus gros en raison des lourdes fourrures qui l'enveloppaient. Son rythme de déplacement était assez rapide, mais sa démarche avait une démarche maladroite qui lui rappelait celle d'un grizzly. Une certaine maussade de tempérament semblait s'exprimer dans les mouvements de l'individu.

Le capuchon de sa fourrure était tiré bien en avant sur le visage. Il portait des lunettes bleues, apparemment pour se protéger de la cécité des neiges. Jessie sourit, le jugeant comme un pied tendre ; car sauf en mars et avril, il y a un faible risque d'éblouissement du soleil qui détruit la vue. Pourtant, il ne ressemblait guère à un nouveau venu dans le Nord. D'une part, il a utilisé les chaussures en toile comme le fait un expert. Avant qu'il ne s'arrête à côté d'elle, elle s'apprêtait à réviser une opinion trop hâtive.

Jessie recula au dernier moment, avant même de le reconnaître. Il était désormais trop tard pour prendre des précautions. Il l'attrapa par le poignet et arracha ses lunettes tout en repoussant la capuche.

"Ravi de vous rencontrer, mademoiselle ," sourit-il méchamment entre ses dents cassées et tachées de tabac.

Le sang coulait de son cœur. Elle regarda l'homme, silencieuse et désespérée. Sa présence ici ne pourrait signifier pour elle rien de moins qu'un désastre. Les lèvres blanches de la jeune fille essayaient de formuler des mots qu'elles ne pouvaient pas prononcer.

« J'ai été surpris, n'est-ce pas ? » se moqua-t-il. "Mais vraiment content de revoir le vieux Bully West, hein ? C'est une sacrément longue ruelle où il n'y a pas d'escroc quelque part . Et nous voilà au tournant ensemble, juste toi et moi, confortablement, comme J'ai promis que ce serait la dernière fois que je t'ai vu."

Elle se tordit dans une tentative rapide et infructueuse pour briser son emprise.

Il rejeta la tête en arrière dans un éclat de rire, puis, d'un mouvement des doigts, mit son captif à genoux.

Des dents pointues brillaient dans une lueur blanche. Il poussa un rugissement de douleur et arracha sa main. Elle l'avait mordu sauvagement au poignet, comme elle l'avait fait une fois avec un autre homme lors d'une occasion mémorable.

" Dieu puissant ! " beugla-t-il. "Espèce de putain de petit chat de l'enfer !"

Elle se leva et s'éloigna instantanément. Mais une des raquettes s'était détachée dans la lutte. A chaque pas, elle prenait le pied gauche qui s'enfonçait dans la croûte blanche et gênait la progression.

En une douzaine de pas, il l'avait atteinte. Un grand bras se retourna et frappa le coureur sur le côté de la tête. Le coup a soulevé la jeune fille et l'a projetée dans une dérive à deux mètres de là.

Elle leva les yeux, abasourdie par le choc. L'homme se tenait au-dessus d'elle, un énorme colosse menaçant et mal formé.

"Se lever!" ordonna-t-il durement et la saisit par l'épaule.

Elle se retrouva debout, soit parce qu'elle s'était levée, soit parce qu'il l'avait secourue. Un bourdonnement dans la tête et une nausée qui donnait envie de vertige.

"Je vais t'apprendre!" il a explosé de jurons. "Essayez encore et je vais vous battre. Vous êtes la femme de Bully West, compris ? Quand je dis 'Viens !' pas vif. Quand je dis "Allez!" bouge toi."

"Je ne le ferai pas." Malgré sa peur, elle lui faisait face avec esprit. "Mes amis sont proches . Ils viendront s'installer, avec vous pour ça."

Il a mis un frein à son humeur. Il est très probable que ce qu'elle a dit était vrai. Il n'était pas raisonnable de supposer qu'elle était seule dans la forêt à plusieurs kilomètres de Faraway. Elle était bien sûr venue voir les pièges, mais quelqu'un devait l'accompagner. OMS? Et combien? La prudence furtive de sa nature de bête sauvage s'est affirmée. Il ferait mieux de jouer prudemment. Assez de temps pour apprivoiser la fille alors qu'il l'avait au plus profond des Terres Solitaires, loin de tout autre être humain à part lui-même. À l'heure actuelle, la première nécessité était de mettre de nombreux kilomètres entre eux et l'inévitable poursuite.

"Viens," dit-il. "Nous irons."

Elle repartit chercher la raquette qui avait été arrachée. A côté se trouvait son fusil. Si elle pouvait le récupérer à nouveau...

L'énorme carcasse bougeait à côté d'elle, son pouce et ses doigts autour de sa nuque. Avant qu'ils n'atteignent l'arme, il la tordit si cruellement qu'une flamme de douleur parcourut sa colonne vertébrale. Elle a crié.

Il rit en se penchant vers l'arme et la toile. "Ne joue plus de tours de singe à Bully West. Il savait tout avant ta naissance ."

La pression de sa poigne fit basculer Jessie vers la gauche. Il lui donna une poussée qui la fit chanceler et lui lança la raquette.

"Baise toi-même maintenant."

Elle s'agenouilla et ajusta la toile. Elle se serait battue s'il y avait eu la moindre chance de succès. Mais il n'y en avait pas. Elle ne pouvait pas non plus s'enfuir. Ce type était un voyou insensible et au cœur noir. Il préférerait l'abattre plutôt que de la voir s'échapper. Si elle devenait têtue et refusait de bouger, il la torturerait joyeusement jusqu'à ce qu'elle crie d'agonie. Il n'y avait rien qu'il aimerait mieux. Non, pour le moment, elle doit prendre les commandes.

"Suivez la piste, mademoiselle . Au-delà de ce grand arbre", a-t-il lancé.

"Où m'emmenez-vous?"

"Ne me pose pas de questions. Fais ce que je te dis."

La jeune fille jeta un coup d'œil à son visage lourd et brutal et fit ce qu'on lui disait. Onistah la retrouverait. Lorsqu'elle ne se présentait pas au rendez-vous, il suivait sa trace et découvrait que quelque chose n'allait pas. La bonne vieille Onistah ne lui avait jamais fait défaut. Il était fidèle à l'acier éprouvé et dans tous les bois du Nord, il n'y avait pas de meilleur traqueur.

Il y aurait une bagarre. Si West le voyait en premier, il tirerait sur le Pied-Noir à vue. Elle n'avait pas besoin de le deviner. Il le ferait pour deux raisons. La première était la généralité : il ne voulait pas qu'aucun de ses amis sache où il se trouvait. La plus précise était qu'il avait déjà une rancune contre le jeune Indien qu'il serait heureux de payer une fois pour toutes.

Le seul espoir de Jessie était qu'Onistah se précipite à son secours. Pourtant, elle redoutait le moment de sa venue. C'était un homme doux, un des convertis du père Giguère . Il était tout à fait probable qu'il entrerait ouvertement dans le camp du condamné évadé et deviendrait victime de la ruse du meurtrier. Onistah ne manqua pas de courage. Il se battrait s'il le fallait. En effet, elle savait qu'il traverserait le feu pour la sauver. Mais le courage ne suffisait pas. Elle aurait presque pu souhaiter que son frère adoptif soit aussi plein de trahison diabolique que l'énorme homme-singe affalé sur ses talons. Les chances de la bataille seraient alors plus égales.

Le desperado l'a conduite dans la fondrière, dirigeant la course de la jeune fille avec un flot de grossièretés obscènes et grivois.

Il est douteux qu'elle l'ait entendu. Alors que ses membres souples et souples la portaient d'une bosse de mousse à une autre, elle était occupée par le problème de sa fuite. Elle doit bientôt s'enfuir. Chaque heure augmentait le danger. Le soleil allait bientôt se coucher. Si elle était encore prisonnière de ce voyou à la tombée de la longue nuit arctique, elle subirait les tortures des damnés. Elle a fait face au fait sans détour, même si ses joues ont blanchi à cette perspective et que son cœur s'est flétri en elle.

Du côté incliné d'un monticule, son pied glissa et elle glissa jusqu'à ses genoux dans la tourbière glacée. En quelques minutes, les sacs de sport et les leggings étaient gelés et elle souffrait à chaque pas.

Hors de la fondrière, ils arrivèrent dans les bois. Un flocon de neige tomba sur la joue de Jessie et lui glaça le sang. Car elle savait que s'il tombait de la neige avant qu'Onistah ne prenne le sentier ou même avant qu'il n'atteigne l'endroit où West l'emmenait, les chances de sauvetage seraient considérablement réduites. Une tempête effacerait les traces qu'ils avaient laissées.

"Reculez du rocher et entrez dans les broussailles", grogna West. Puis, alors qu'elle empruntait le sentier étroit à travers les broussailles qui avaient poussé parmi une demi-douzaine de petits arbres, il aboya une question : « Quel était autrefois le nom Injun ?

"Je m'appelle Jessie McRae", répondit-elle avec un éclair de fierté et de colère. "Tu sais qui je suis : la fille d'Angus McRae. Et si tu me fais du mal, il te traquera et te tuera comme un loup."

Il l'attrapa par le bras et la fit tournoyer. Ses grosses canines jaunes claquèrent comme des défenses et il lui gronda à travers les mâchoires serrées. "Avez-vous entendu la voix du maître d'autrefois ? J'ai demandé, quel était le nom de la squaw d'autrefois ?"

Elle cria presque à cause de la douleur provoquée par l'agrippement sauvage de ses doigts à sa chair. Le courage s'éteignit dans ses artères.

"Sleeping Dawn , ils m'ont appelé."

"Trop longtemps", a-t-il déclaré. "Je t'appellerai Dawn." La vue de sa terreur, l'avant-goût du triomphe dont il allait jouir, le rendirent un instant à une brutale bonne humeur. "Et quand je te crierai "Aube" le matin , ce sera à toi de te bosser et de te lever pour allumer le feu et préparer le petit-déjeuner. Je te traiterai bien si tu te comportes bien, mais si tu es con. boudeur, tu goûteras au fouet pour chien. Je suis le patron. Tu passeras un bon moment si tu ne viens pas en courant quand je claque des doigts. Tu comprends ?

Elle s'effondra dans un appel lamentable à tout ce qu'il y avait de bon en lui. "Laisse-moi retourner auprès de Père ! Je sais que tu as brisé la prison. Si tu es bon avec moi, il t'aidera à t'échapper. Tu sais qu'il a des amis partout. Ils te cacheront des tuniques rouges. Il Je te donnerai une tenue pour t'enfuir — de l'argent — tout ce que tu veux. Oh, laisse-moi partir, et–et…

Il sourit et la vue de sa gaieté maléfique lui fit comprendre qu'elle avait échoué.

"Ne t'ai-je pas dit que je te guérirais un jour ? N'ai-je pas promis à Angus McRae que je le rembourserais largement pour m'avoir donné un coup de pied hors de son camp de cachette ? N'es- tu pas le petit chat de l'enfer qui J'ai cassé mes fûts de whisky, j'ai couru vers l'espion en blouse rouge et je lui ai dit où se trouvait la cache, ça m'a tiré dessus quand j'ai décidé de le ravir à sec, comme vous pourriez dire ? Où pensez-vous que vous avez obtenu un permis s'attendre à ce que Bully West écoute les papistes de l'école du dimanche sur le fait d'être gentil avec toi ? Tu es ma squaw, et j'ai de la chance que tu aies un vrai homme à deux poings.

"Jamais!" elle a pleuré. "C'est vrai ce que je t'ai dit une fois. Je préfère mourir. Oh, si tu as une étincelle de virilité en toi, ne m'oblige pas à me suicider. Je ne suis qu'une fille. Si jamais je t'ai fait du mal , je suis désolé. Je vais arranger les choses. Mon père—"

"Écouter." Sa voix rauque coupa ses supplications. "J'ai entendu beaucoup de choses sur McRae. Tout ce que je veux de lui, c'est lui mettre une balle dans la tête une fois avec un fusil. Comprenez-moi ? Maintenant, cette autre discussion - sur le fait de se suicider - rien de plus . . Allez-y si c'est ce que vous ressentez. Le couteau de chasse est juste là, dans votre ceinture d'autrefois . » Il tendit la main et le sortit de son fourreau, puis le tendit d'abord à sa lame, reculant immédiatement d'un pas pour s'assurer qu'elle ne l'utilisait pas sur lui. « Vous l'avez eu autrefois . chance maintenant. Tuez. Je resterai ici et je verrai que personne ne vous dérange.

Elle déplaça le couteau et saisit le manche. Un tumulte bouillonnait dans son cerveau. Elle ne voyait rien d'autre que ce visage maléfique et souriant, hideux et menaçant. Un instant, le meurtre bouillonna en elle, brûlant et sinistre. Si elle pouvait le tuer maintenant alors qu'il se moquait d'elle – enfoncer la lame dans cet épais cou de taureau….

La folie est passée. Elle ne pourrait pas le faire même si cela était en son pouvoir. L'envie de tuer n'était pas assez forte. Ce n'était pas écrasant. Et dans l'instant d'après, elle comprit aussi qu'elle ne pouvait pas non plus se suicider. Le besoin aveugle de vivre, l'impulsion animale de conservation, à tout prix, quelle que soit la honte, étaient encore plus puissants que l'horreur du sort imminent.

Elle jeta le couteau dans la neige avec une fureur de dégoût et de mépris d'elle-même.

Sa tête se retourna dans un rugissement caractéristique de gaieté révoltante. Il avait gagné. Bully West savait comment les conquérir , aussi sauvages soient-ils.

Les pieds traînant, la tête baissée et le moral à l'heure zéro, Jessie descendit un ravin en vue d'une cabane. De la fumée s'élevait langoureusement de la cheminée.

"À la maison", annonça West.

Pour la jeune fille, au bord du désespoir, cette maison en rondins apparaissait comme le tombeau de sa jeunesse. Toute la fierté, la gloire et la joie qui avaient rendu la vie si vitale devaient être enterrées ici. La prochaine fois qu'elle ressortirait au soleil , elle serait une créature brisée, propriété de cette horrible caricature d'homme.

Son ravisseur a ouvert la porte et a poussé la jeune fille à l'intérieur.

Elle se tenait sur le seuil, les yeux dilatés, le cœur soudain palpitant d'espoir.

Un homme assis sur un tabouret devant le feu ouvert tourna la tête pour voir qui était entré.

# CHAPITRE XXII

## "MA MAIN JOLIE PETITE SQUAW HIGH-STEPPIN'"

L'homme sur le tabouret était Whaley.

Un coup d'œil à la jeune fille et un autre au sourire triomphant de la gargouille de West suffisaient. Il comprenait la situation mieux que les mots ne pouvaient la dire.

Pour Jessie, à ce moment critique de sa vie, même Whaley semblait une aubaine. Elle traversa maladroitement la pièce, sans attendre de se libérer des toiles remplies de neige. Dans les yeux sombres, il y avait un appel à l'aide.

"Sauve-moi de lui!" elle pleurait simplement, comme aurait pu le faire un enfant. "Vous le ferez, n'est-ce pas ?"

Les sourcils noirs du visage froid et blanc se dessinèrent. Le regard du joueur, inexpressif comme un mur blanc, rencontra le sien avec régularité.

"Pourquoi n'envoies-tu pas chercher ton ami Morse ?" Il a demandé. "Il est dans ce métier. Pas moi ."

C'était comme s'il l'avait frappée au visage. Les yeux qui s'accrochaient aux siens étaient remplis d'horreur. Existe-t-il vraiment des hommes si cruels qu'ils ne lèveraient pas la main pour arracher un enfant à un loup féroce ?

Le rire de West éclata, rapace et sauvage. "Elle est à moi, comme je l'avais dit. Ma putain de jolie petite squaw des hautes marches ."

Son partenaire le regarda d'un air sombre. "Oh, elle est à toi, n'est-ce pas ?"

"Vous pariez qu'il y avait des bottes. Je vais lui montrer... lui faire manger dans ma main", se vantait le condamné.

"Voulez-vous le montrer à McRae aussi, ainsi qu'à tous ses amis, ainsi qu'au North-West Mounted ? Allez-vous les faire tous manger dans vos mains ?"

" Qu'est-ce que ça veut dire ?"

"Eh bien, j'avais l'impression que tu étais plein d'ennuis et que tu n'avais pas besoin de chasser davantage", ricana le joueur. "J'avais l'impression que les tuniques rouges étaient sur vos talons pour vous emmener à travers les plaines et vous pendre."

"Je vais leur en parler", se vantait l'énorme fugitif. "Ils disent que je suis un tueur. Laissez tomber. Je vais bien sûr leur montrer qu'ils sont de bons devineurs."

Whaley haussa les épaules et le regarda avec un froid mépris. "Vous n'avez qu'une faible chance de vous évader si vous voyagez léger et rapide. J'aimerais avoir de grandes chances de le prouver", a-t-il déclaré froidement.

" C'est une sacrée histoire de le dire à un ami", grogna West.

"C'est la vérité. À prendre ou à laisser. Mais si vous essayez de faire avancer les choses à votre manière et que vous ne me laissez pas le gérer, vous êtes fichu."

"Comment ça va ?"

Le joueur n'a pas répondu. Il se tourna vers Jessie. "À moins que tu veuilles que tes pieds gèlent, tu ferais mieux d'enlever ces sacs ."

La jeune fille a enlevé ses mitaines et a essayé de détacher ses leggings après avoir arraché les raquettes de ses pieds. Mais ses doigts raides ne parvenaient pas à dénouer les nœuds.

Le libre-échangiste s'est penché et l'a fait pour elle tandis que West le regardait d'un air maussade. Jessie a déroulé le tissu et a retiré les mocassins et les sacs de sport . Elle était assise pieds nus devant le feu, mais pas trop près.

"S'ils sont gelés , j'aurai de la neige", proposa Whaley.

"Ils ne sont pas gelés, merci", répondit-elle.

" Pourquoi avez-vous fait ça ?" répéta West.

Le regard moqueur et méprisant de son partenaire se posa sur lui. "Utilisez votre cervelle, mec. Les Montés vous poursuivent avec acharnement. Vous connaissez leur palmarès. Ils attrapent l'homme qu'ils poursuivent. Prenez ce type Beresford, celui qui vous a attaqué."

Le grand voyou brandit un poing furieux en l'air. "Maudit soit-le!" » cria-t-il en ajoutant une douzaine de jurons crépitants.

"Maudis-le et bienvenue," répondit Whaley. "Mais ne vous trompez pas sur son compte. C'est un fonceur. N'a-t-il pas remonté la rivière de la Paix après Pierre Poulette ? Ne l'a-t-il pas ramené avec des menottes presque un an plus tard ? C'est ce à quoi vous vous opposez. toi, trois cents habits rouges comme lui.

"Tu essaies de me faire peur ?" » demanda West d'un ton maussade.

"J'essaie de vous inculquer un peu de bon sens. Votre chance de vous échapper en toute sécurité repose sur une chose. Vous devez avoir des amis dans les Terres Solitaires qui vous cacheront jusqu'à ce que vous puissiez quitter le pays. Pouvez-vous faire cela si les trappeurs – les amis de McRae, presque tous – portent la nouvelle de ce que vous avez fait à cette fille ? »

"Je vais l'emmener avec moi." West restait obstinément fidèle à son idée. Il savait ce qu'il voulait. De toute façon, sa vie était perdue. Autant aller au bout.

D'où elle était assise devant le grand feu, le murmure de Jessie parvint à Whaley. "Ne le laisse pas, s'il te plaît." C'était un petit cri inefficace venant directement du cœur.

Whaley continua, comme s'il n'avait pas entendu. "C'est ton affaire, pas la mienne. Je te le dis juste. Emmène cette fille avec toi, et ta vie ne vaut pas un sou branché."

"C'est l'enfer ! Dans deux jours , elle sera folle de moi. C'est comme ça que je suis avec les femmes."

"Dans deux jours , elle détestera le sol sur lequel tu marches, si elle ne s'est pas suicidée ni toi à ce moment-là."

Des vagues de douleur aiguë piquaient les jambes de Jessie, des orteils roses jusqu'aux mollets. Elle les massait pour rétablir la circulation et devait serrer les dents pour ne pas pleurer.

Mais son subconscient était entièrement tourné vers ce qui se passait entre les hommes. Elle savait que Whaley essayait de rétablir sur l'autre la domination mentale qu'il avait toujours exercée. C'était un mandat assez fragile, sans aucun doute, susceptible d'être bouleversé à tout moment par la vanité, la suspicion ou des élans de passion enivrants. En lui, tel qu'il était, se trouvait un espoir. En regardant le visage froid et impassible du joueur, le regard de pierre dans les yeux de poker, elle le jugea tenace et volontaire. Pour des raisons qui lui étaient propres, il menait son combat. Il n'avait pas l'intention de laisser West l'emmener avec lui.

Pourquoi? Quel était le motif au fond de son esprit ? Elle a acquitté l'homme de bienveillance. Si ses vœux parvenaient à s'accorder avec les siens, ce n'était pas par altruisme. Il en voulait amèrement à Angus McRae et accessoirement à elle pour l'humiliation de sa défaite face à Morse. Pour satisfaire cela, il lui suffisait de sortir de la maison et de l'abandonner à un sort horrible. Pourquoi ne l'a-t-il pas fait ? Jouait-il à son propre jeu profond dans lequel elle n'était qu'un pion ?

Elle retourna les sacs fumants sur le foyer en terre battue pour sécher l'autre côté. Elle retira les mocassins et les jambières pour que la chaleur ne les brûle pas. Les vagues de douleur aiguë lui frappaient toujours les pieds et les membres. Pour changer de position, elle tira un tabouret et s'assit dessus. Elle l'avait repoussé dans un coin de la cheminée.

Car Bully West chevauchait de haut en bas dans la pièce, un volcan refoulé prêt à exploser. Il savait que les conseils de Whaley étaient bons. Ce serait un suicide de s'encombrer de cette fille dans sa fuite. Mais il n'avait jamais discipliné ses désirs. Il la voulait. Il avait l'intention de l'emmener. La passion, le désir de vengeance, le côté tyrannique en lui qui se réjouissait à la vue de quelqu'un de jeune et de beau tremblant devant lui : tous ces facteurs contribuaient au même but. Par gar, il aurait ce sur quoi il avait décidé, peu importe ce que disait Whaley.

Jessie savait que cet individu était aussi dangereux qu'un buffle blessé dans un enclos. Il obtiendrait ce qu'il voulait s'il devait écraser et piétiner quiconque s'opposerait à lui. Ses yeux se tournèrent vers le visage exsangue et aux sourcils noirs de Whaley. Jusqu'où irait le joueur face à l'autre ?

Alors que son regard se tournait vers l'Ouest, il fut arrêté par la fenêtre. Le cœur de la jeune fille perdit un battement, puis chanta un hymne de joie. Car le visage cuivré d' Onistah était encadré dans la vitre.

# CHAPITRE XXIII

## UN AVANT-GOUT DE L'ENFER

Les yeux de Jessie se tournèrent vers West et Whaley. Jusqu'à présent, aucun d'eux n'avait vu les Pieds-Noirs. Elle leva la main et fit mine de repousser une mèche de cheveux.

L'Indienne reconnut que c'était le signe qu'elle l'avait vu. Sa tête a disparu.

Les pensées dans l'esprit de la jeune fille se sont précipitées. Si Winthrop Beresford ou Tom Morse avaient été dehors au lieu d' Onistah , elle n'aurait pas tenté de donner des directions. L'un ou l'autre aurait été plus compétent qu'elle pour résoudre le problème. Mais les Pieds-Noirs manquaient d'initiative. Il ferait fidèlement tout ce qu'on lui disait de faire, mais toute action indépendante qu'il tenterait risquait d'être indécise. Elle ne pouvait pas concevoir qu'Onistah puisse tenir tête à deux hommes comme ceux-là, sauf en les massacrant depuis la fenêtre avant qu'ils ne sachent qu'il était là. Il n'avait pas en lui un ego suffisamment dominateur.

Whaley était une quantité inconnue. Il était impossible de prévoir comment il accepterait l'intrusion d' Onistah . Puisqu'il jouait son propre jeu, il y a de fortes chances qu'il lui en veuille. Dans le cas de West, il ne pouvait y avoir aucun doute. Si cela était nécessaire à ses projets, il n'hésiterait pas un instant à tuer l'Indien.

À contrecœur, elle décida de le renvoyer à Faraway pour obtenir de l'aide. Il voyagerait vite. D'ici cinq heures au plus , il devrait être de retour auprès de son père ou de Beresford. Assurément, avec Whaley à ses côtés, elle devrait être en sécurité d'ici là.

Elle aperçut de nouveau Onistah , les yeux au niveau du rebord de la fenêtre. Il attendait des instructions.

Jessie les lui a donnés directement et clairement. Elle a parlé à Whaley, mais pour l'oreille des Pieds-Noirs.

"Amenez mon père ici. Tout de suite. Je le veux. N'est-ce pas, s'il vous plaît ?"

Le regard vide de Whaley se concentra sur elle. "Le dernier mot que j'ai reçu d'Angus McRae a été de rester à l'écart de vos affaires. Je peux comprendre un indice sans attendre qu'une église s'abatte sur moi. Demandez à quelqu'un d' autre de prendre vos messages."

"Si tu retournes en ville, je pensais que, peut-être, tu lui dirais à quel point j'ai besoin de lui", a-t-elle plaidé. "Alors il viendrait tout de suite."

d'Onistah a disparu. Il savait ce qu'il devait faire et était sans aucun doute déjà sur la piste. Dehors, il faisait sombre. Elle pouvait entendre le tourbillon du vent et le battement de la neige fondue contre la vitre. Une tempête se levait. Elle priait pour que ce ne soit pas une tempête de neige. Si le temps le permet, son père devrait être là vers huit ou neuf heures.

West, à cheval, lui lança un grognement. "Sortez Angus McRae d' autrefois . Lui et vous êtes à la croisée des chemins. Vous voyagez avec moi maintenant. Vous comprenez ?"

Son partenaire, ricanant froidement, lui proposa une suggestion. "Si vous comptez voyager loin , vous feriez mieux d'envoyer vos toiles sur la neige. Cette fille n'était pas seule à regarder les pièges. Son sentier mène directement ici. Ses amis se dirigent probablement par ici en ce moment."

" C'est vrai." West s'arrêta dans sa foulée. Son cerveau lent s'est arrêté. « Que penses-tu que je ferais mieux ? S'il n'y en a qu'un ou deux , nous pourrions... »

"Non", a opposé son veto à Whaley. "Rien de tout cela. Votre jeu est de sortir. Et de continuer à sortir quand ils vous envahissent. Pas de meurtre."

" Dieu puissant , je suis un loup, pas un lapin. S'ils me pressent, je pomperai du plomb, " grogna le desperado. Puis : "Voulez-vous dire qu'il fait jour ce soir ?"

"Ce soir."

"Où vais-je aller?"

"Porcupine Creek, je dirais. Il y a là une vieille cabane où vivait Jacques Perritot . La neige effacera nos traces."

"Tu y vas aussi ?"

"Je te verrai jusqu'ici," répondit brièvement Whaley.

"Alors tu ferais mieux de faire descendre les chiens de la coulée ."

Le joueur le regardait avec la froide insolence qui le caractérisait. « Quand ai-je été engagé comme votre larbin, West ?

La tête du hors-la-loi était poussée vers l'avant et vers le bas. Il lança un regard noir à son partenaire, qui accueillit cette manifestation de colère avec des yeux durs dans lesquels aucune expression ne se glissait. West n'était pas assez fou pour s'aliéner son dernier allié. Il recula d'un air maussade.

"Très bien. J'y vais, puisque tu es si exigeant." Alors que son corps lourd se retournait maladroitement, les yeux de l'homme tombèrent sur Jessie. Elle avait levé un petit pied et commençait à enfiler l'un des bas de sport. Il resta debout un moment, jubilant devant la cheville et le membre inférieur magnifiquement formés, puis se pencha en avant et la souleva du tabouret dans ses bras.

Ses yeux sauvages et désireux l'avaient immédiatement avertie. Elle était à moitié relevée avant que ses bras, massifs comme de jeunes arbres, ne l'entraînent dans ses bras.

"Mais avant de partir, je vais recevoir un baiser de ma squaw", rugit-il. "Juste pour lui montrer que Bully West l'a marquée et en revendique la propriété."

Elle se battait, férocement, désespérément, poussant contre son visage barbu et rugueux et sa grosse poitrine en tonneau avec toute la force de son jeune corps souple. Elle était pour lui comme une enfant. Son rire triomphant éclata alors qu'il écrasait sa malle chaude et douce contre la sienne et l'enfouissait dans son manteau ouvert. D'une main non douce, il contourna la tête détournée jusqu'à ce que les yeux remplis de peur rencontrent les siens.

"Embrasse-toi , mec ," ordonna-t-il.

La fille n'a rien dit. Elle luttait toujours pour s'échapper, utilisant toutes les forces qu'elle possédait.

La fureur de sa résistance l'amusait. Il rit encore, rejetant sa lourde mâchoire hérissée dans un rugissement de gaieté.

« Autrefois homme, autrefois maître », corrigea-t-il.

Il l'étouffait de ses mauvais baisers, ravissait ses lèvres, ses yeux, les joues douces et chaudes, l'ovale du menton et la belle courbe de la gorge. Elle fut physiquement nauséeuse lorsqu'il la jeta contre le mur et quitta la pièce à grands pas avec un autre horrible cri d'exultation.

Elle s'accrochait au mur, haletante, les yeux fermés. Un sentiment choquant de dégradation a envahi son âme. Elle avait l'impression de s'y noyer, au plus profond. Ses paupières s'ouvrirent et elle vit le joueur. Il était toujours assis sur le tabouret. Un sourire moqueur et cynique était dans les yeux qui rencontrèrent ceux de Jessie.

"Et Tom Morse... où, oh, où est-il ?" » se moqua l'homme.

Un frisson la secoua. Des sanglots secs lui montèrent à la gorge. Elle était perdue.
Pour la première fois, elle ressentit le désespoir froid qui lui serrait le cœur. Whaley n'avait pas l'intention de lever la main pour elle. Il était resté assis là et avait laissé West faire sa volonté.

"Angus McRae m'a donné de nombreuses instructions", expliqua-t-il malicieusement. "Je devais ne pas toucher à toi. Je devais m'occuper de mes propres affaires. Quand tu le reverras – si jamais tu le revois – lui diras-tu que j'ai fait exactement ce qu'il a dit ? "

Elle n'a pas répondu. Qu'y avait-il à dire ? Dans la cabine, on n'entendait aucun bruit, sauf celui de son haleine sèche et sanglotante.

Whaley se leva et traversa la pièce. Il avait jeté de côté le masque d'impassibilité du joueur. Ses yeux brillaient étrangement.

"Je pars maintenant dans la tempête. Et vous ? Si vous êtes là quand West reviendra, vous savez ce que cela signifie. Faites votre choix. Veux-tu venir avec moi ou rester avec lui ?"

"Tu rentres à la maison ?"

"Oui." Son sourire était énigmatique. Il n'y avait ni chaleur ni conviction.

L'homme avait bien joué ses cartes. Il avait laissé West lui donner un avant-goût de l'enfer qui lui était réservé. N'importe quoi plutôt que ça, pensa-t-elle. Et Whaley la ramènerait sûrement à la maison. Ce n'était pas un hors-la-loi, mais un citoyen responsable qui devait retourner vivre à Faraway. Il dut affronter son père, Winthrop Beresford des Montés et Tom Morse. Il ne lui ferait pas de mal. Il n'osait pas.

Mais elle prit une vaine précaution. "Tu promets de m'emmener chez mon père. Tu ne seras pas comme lui." Un relèvement de tête désigna l'homme qui venait de sortir.

"C'est un imbécile. Pas moi. C'est la différence." Il haussa les épaules. "Faites votre propre choix. Si vous préférez rester ici—"

Mais elle y était parvenue. Elle enfilait précipitamment ses fourrures et enfilait ses mitaines. Elle avait déjà ajusté les raquettes.

"Nous ferions mieux de nous dépêcher", a-t-elle insisté. "Il pourrait revenir."

"S'il le fait, ce ne sera pas de chance pour lui", dit froidement le joueur. "Tu es prêt ?"

Elle acquiesça.

Un instant plus tard, ils quittèrent la pièce chaude et se retrouvèrent plongés dans la tempête. Le vent soufflait en rafales sifflantes, entraînant avec lui une fine neige fondue qui fouettait le visage et piquait les globes oculaires. Avant d'être sortie dans la tempête cinq minutes, Jessie avait perdu tout sens de l'orientation.

Whaley était un expert en bûcheron. Il s'enfonça dans la forêt, sans hésitation, si sûrement qu'elle sentit qu'il devait savoir où il allait. La jeune fille le suivit, tête baissée pour résister à l'explosion.

Avant ce jour, elle n'avait pas fait un long voyage sur les toiles depuis des mois. Les muscles des jambes, sollicités sans entraînement, étaient douloureux et raides. Dans l'obscurité, la neige molle s'amoncelait sur les chaussures. Chaque pas est devenu un frein. Les lacets et les sangles lacérèrent sa chair tendre jusqu'à ce qu'elle sache que ses sacs étaient trempés de sang. Plus d'une fois, elle recula si loin qu'elle perdit Whaley de vue. A chaque fois, il revenait avec des mots d'encouragement et de bonne humeur.

"Pas loin maintenant", promettait-il. "Traversez une petite tourbière, puis campez.
Continuez."

Une fois, il l'a trouvée assise sur la neige, dos à un arbre.

"Tu ferais mieux de continuer seul. J'ai fini," lui dit-elle tristement.

Il n'était pas en colère contre elle. Il n'a pas non plus intimidé ni intimidé.

"C'est dur de faire de la luge", dit-il doucement. "Mais nous y sommes presque. Nous devons continuer. Je ne peux pas arrêter maintenant."

Il aida Jessie à se relever et la conduisit vers un marécage spongieux. La brosse lui frappa le visage. Il s'est accroché dans les mailles de ses chaussures et l'a projetée au sol. La terre bourbeuse, suintant sur les bords des charpentes, lui encombrait les pieds et s'y accrochait comme de la poix.

Whaley fit de son mieux pour l'aider, mais lorsqu'elle parvint enfin à grimper sur les hauteurs au-delà de la tourbière, tous ses muscles étaient douloureux de fatigue.

Ils y étaient presque lorsqu'elle vit une cabane en rondins surgir de l'obscurité.

Elle s'effondra sur le sol, épuisée. Whaley disparut de nouveau dans la tempête. Ensommeillée, elle se demandait où il allait. Elle devait avoir somnolé, car lorsque ses yeux se tournèrent ensuite vers le cerveau, un vif feu d'écorce de bouleau brûlait et son compagnon traînait des morceaux de bois morts et brisés dans la maison.

"On dirait qu'elle se prépare à affronter une tempête de neige. Il vaut mieux avoir suffisamment de carburant", a-t-il expliqué.

"Où sommes-nous?" » demanda-t-elle somnolente.

"Cabine sur Bull Creek", répondit-il. "Tu ferais mieux d'enlever tes chaussures."

Pendant qu'elle faisait cela, son esprit s'éveilla à l'activité. Pourquoi l'avait-il amenée ici ? Ils n'avaient pas de nourriture. Comment vivraient-ils si une tempête de neige éclatait et les enveloppait de neige ? Et même s'ils avaient des provisions, comment pourrait-elle vivre seule pendant des jours avec cet homme dans une cabane huit par dix ?

Comme s'il devinait ce qu'elle avait en tête, il répondit de manière assez plausible à l'une des questions.

"Aucune chance d'atteindre Faraway. Trop orageux. C'était le cou ou rien. Nous avons dû prendre ce que nous pouvions obtenir."

"Que ferons-nous si... s'il y a une tempête de neige ?" » demanda-t-elle timidement.

"Ne bouge pas."

"Sans nourriture?"

"Si ça dure trop longtemps, je devrai attendre une accalmie et essayer Faraway. Inutile de m'inquiéter. Nous ne pouvons pas nous empêcher de ce qui s'en vient. Il faut faire face à la musique."

Ses yeux balayèrent la cabine vide. Pas de lit. Pas de tableau. Un tabouret à trois pieds fait maison. Une bouilloire cabossée. C'était une perspective peu attrayante, même si elle n'avait pas eu à faire face à une éventuelle famine alors qu'elle était en cage avec un étranger qui pourrait à tout moment développer une faim de loup pour elle comme il l'avait fait quarante-huit heures auparavant.

Il ne la regardait pas fixement. Son regard était souvent plongé dans la lueur rouge du feu. Elle parlait et il répondait par monosyllabes. Quand il la regardait, ses yeux brillaient de la lumière rouge chaude réfléchie par le feu, des charbons ardents semblaient y brûler.

Malgré la chaleur, un petit frisson lui parcourut le dos.

Le silence est devenu trop significatif. Elle en avait peur. Alors elle parlait avec insistance, parfois de manière un peu hystérique. Sa mémoire était bonne. Si elle aimait un morceau de poésie, elle pouvait l'apprendre en le relisant plusieurs fois. Alors, en désespoir de cause, elle a « parlé en morceaux » à cet homme dont le visage était un masque gris, tout comme les filles de son école de Winnipeg.

Souvent, dans les camps de nuit, elle récitait pour son père. Si elle n'avait pas de talent dramatique, elle avait au moins une voix douce et claire, un sérieux qui ne déclamait jamais et une certaine habileté, native ou acquise, dans le maniement des inflexions.

"Aimez-vous Shakespeare?" elle a demandé. "Mon père l'aime beaucoup. Je connais des passages de plusieurs pièces de théâtre. "Henry V" maintenant.

C'est bien. Il y a un moment où il parle à ses soldats avant qu'ils combattent les Français. Ça vous plaît ?"

"Vas-y," dit-il d'un ton bourru, les yeux sensuels sur le feu.

Avec beaucoup d' entrain, elle lança les répliques vaillantes. Il commença à la regarder, vif, impatient, si pathétiquement désireux de le divertir avec son petit stock de marchandises.

"Mais si c'est un péché de convoiter l'honneur,
je suis l'âme la plus offensante du monde."

Il y avait chez elle une qualité très fine et prenante. Il l'a compris d'abord dans ces deux lignes, et encore une fois lorsque sa voix pleine et jeune s'est enflée au rythme de la prophétie anglaise d'Harry.

"Et Crispin Crispian ne passera jamais,
De ce jour jusqu'à la fin du monde, Mais on se souviendra de nous. Nous
sommes peu nombreux, nous quelques heureux, nous une bande de frères :
Car celui qui verse aujourd'hui son sang avec moi sera mon frère ; même s'il
n'est jamais si vil, ce jour adoucira sa condition : et les messieurs en
Angleterre maintenant au lit se croiront maudits s'ils n'étaient pas ici,
et tiendront leur virilité bon marché pendant que quiconque parle
qui a combattu avec nous le jour de la Saint Crispin.

Tandis qu'il la regardait, de vieux souvenirs revinrent en lui. Il venait d'une bonne famille de la Western Reserve, où il avait difficilement progressé jusqu'au lycée. Après un an ici, il était allé dans une école catholique, le Sacred Heart College, et avait étudié pour le sacerdoce. Il se souvenait de sa mère, une vieille dame douce aux cheveux blancs, avec une tendre fierté à son égard ; son père, qui avait été l'âme d'honneur. Par un étrange hasard, elle avait allumé les lignes mêmes qu'il avait apprises du lecteur de la vieille école et récitées devant un public le dernier jour avant les vacances.

Il se réveilla de ses rêveries pour découvrir qu'elle lui donnait Tennyson, ce fragment de "Guenièvre" où Arthur lui raconte le rêve que sa culpabilité a terni. Et pendant qu'elle parlait, les aspirations oubliées de sa jeunesse remuèrent en lui.

"... car en effet je ne connaissais
sous le ciel aucun maître plus subtil que la passion d'une jeune fille pour une
jeune fille, non seulement pour abaisser la bassesse de l'homme, mais pour
enseigner la haute pensée et les paroles aimables, la courtoisie, le désir de
gloire et l'amour. de vérité, et tout ce qui fait un homme. »

Son regard n'était plus impassible. Il y avait en eux, pour le moment du moins, un air traqué et hagard. Il se voyait tel qu'il était, dans un éclat de lumière qui brûlait jusqu'à son âme.

Et il la vit elle aussi transformée – non pas une métisse, la belle proie de la passion de tout homme, mais une jeune fille blanche, pure, fière et pleine d'entrain, qui vivait aussi bien dans l'esprit que dans la chair.

"Tu es fatiguée. Tu ferais mieux de t'allonger et de dormir", lui dit-il très doucement.

Jessie le regarda et elle savait qu'elle était en sécurité. Elle pourrait dormir sans crainte. Cet homme ne lui ferait pas plus de mal que Beresford ou Morse ne l'auraient fait. Un changement chimique s'était produit dans ses pensées et la protégeait. Elle ne savait pas ce que c'était, mais son hymne de prière monta jusqu'au ciel dans un petit élan d'action de grâce.

Elle ne lui a pas exprimé sa gratitude. Mais le regard qu'elle lui lança était plus expressif que les mots.

De la tempête, une voix rauque et profane leur parvint faiblement.

"Ah, crapaud Wulf, pren'garde . Ouais-oh ! (À droite !) Vas-y, Renard. Sacré démon ! Cha ! Cha ! (À gauche ! ) "

Puis le claquement d'un fouet et une volée de jurons.

Les deux dans la cabine se regardèrent. L'un d'eux était blanc jusqu'aux lèvres. L'autre sourit sinistrement. C'est le joueur qui a exprimé sa pensée commune.

"Bully West, par tout ce qui est sacré !"

# CHAPITRE XXIV

## L'OUEST PREND UNE DÉCISION

Une série de jurons parvinrent à ceux qui se trouvaient dans la cabane, le claquement d'un fouet fouettant sauvagement et les aboiements des chiens d'un attelage accroupi et recroquevillé.

Whaley glissa un revolver de sa ceinture dans la poche droite de son manteau de fourrure.

La porte s'ouvrit brusquement. Un homme se tenait sur le seuil, une silhouette immense recouverte de neige, la barbe et les sourcils emmêlés par la glace. Il ressemblait au roi des tempêtes qui avait surmonté la tempête venue du nord. Ceci de l'extérieur, au premier coup d'œil seulement. Car le regard noir qu'il lança à son partenaire était si mortel qu'il semblait sortir d'une fournaise de haine et de passion maléfique.

"Courez vers terre !" » rugit-il. "Je pensais que tu te terrerais, espèce de foutu renard, là où je ne te trouverais pas. Je pensais que tu laisserais tomber Bully West, toi et ce petit chat de l'enfer. Tu parles de Porcupine Creek, hein ? J'ai essayé de m'envoyer du mushin ' là-bas pendant que toi et elle—"

Ce que l'homme a dit a envoyé une vague de chaleur sur le visage de la jeune fille jusqu'à la racine de ses cheveux. Le joueur ne parlait pas, mais ses yeux, filmés et méfiants, ne se levaient jamais du visage bouffi de l'autre.

"Je pensais que j'oublierais la vieille cache de whisky, hein ? Je pensais que tu pourrais me donner le double-cross et m'en sortir ? Les charnières de l'enfer, Bully West n'est pas un imbécile ! Il a oublié plus que vous n'en avez jamais su."

L'homme se pavana en avant, le coup de fouet traînant sur le sol. Triumph chevauchait dans sa voix et chevauchait dans sa démarche. Il se tenait dos à la cheminée, absorbant la chaleur, les mains derrière lui et les pieds écartés. Ses yeux se réjouissaient des victimes qu'il avait piégées. Bientôt, il s'installerait avec eux deux.

"Pas un mot à dire pour vous-mêmes , ni pour vous", se moqua-t-il. "Assez bien. Je ferai ce qu'il faut pour parler , puis je vous dépouillerai tous les deux." Avec un geste du bras, il envoya le coup de fouet pour chien serpenter vers Jessie.

Elle recula contre le mur, inutilement. C'était une menace, pas une attaque ; une promesse de ce qui allait arriver.

"Laisse-la tranquille." C'étaient les premiers mots que Whaley prononçait. Dans sa voix douce et ronronnante, ils exprimaient la suggestion de sa tension accroupie. Si West était le grizzly, l'autre était la panthère des forêts, plus féline, mais tout aussi dangereuse.

Le forçat le regardait, les yeux plissés, la tête avancée et baissée. "Qu'est ce que c'est?"

"J'ai dit de la laisser tranquille."

Le visage de West était héliographié avec étonnement. " Tu veux dire ... ? "

"C'est exactement ce que je dis. Tu ne la toucheras pas."

Il fallut un moment avant que ce défi plat n'atteigne le cerveau du grand homme à travers la pénombre de son brouillard mental. Ce faisant, il traversa la pièce à grands pas avec un rugissement d'animal sauvage et lui attrapa la jeune fille. Il montrerait si quelqu'un pouvait s'interposer entre lui et sa femme.

En trois longs pas, Whaley traversa le sol à grands pas. Quelque chose de froid et de rond se pressait contre la nuque rouge et dure du hors-la-loi.

"Lâchez ce fouet."

L'ordre est venu dans un impératif à voix basse. West hésita. Cet homme — son partenaire — ne lui tirerait sûrement jamais dessus pour une bagatelle pareille. Toujours-

"Qu'est -ce qui te mange ?" grogna-t-il. "Posez cette arme. Vous n'êtes pas assez idiot pour tirer."

« Pensez-y assez fort et vous ne vivrez jamais assez pour en savoir plus. Ne touchez pas à cette fille.

Le cerveau lent de West fonctionnait. Il avait été complètement surpris, mais tandis que son esprit rusé mettait au point la situation, il comprit à quel point il serait avantageux pour Whaley de se débarrasser de lui. Le joueur obtiendrait la fille et la récompense pour la destruction de West. Il hériterait de sa part de leurs affaires communes et redeviendrait un bon citoyen auprès des Montés et des amis de McRae.

D'un air maussade, le desperado céda. "Très bien, si tu es si déterminé."

"Lâchez le fouet."

Les doigts de West s'ouvrirent et la poignée tomba au sol. Adroitement, l'autre retira un revolver de sa place sous l'aisselle gauche du hors-la-loi.

West le regarda. À ce moment-là, le fugitif décida de tuer Whaley à la première bonne occasion. Une vague de haine empoisonnée coulait dans ses veines. Son expression, mais non sa virulence, fut momentanément freinée par une peur salutaire. Il doit faire attention à ce que le joueur ne l'ait pas eu en premier.

Sa voix prit un gémissement destiné à la bonne camaraderie. "Je pense que j'ai été trop préemptif . Bien sûr, j'ai été blessé par la façon dont vous m'avez laissé tenir le sac. N'importe qui l'aurait été maintenant, n'est-ce pas ? Mais cela ne sert à rien que des amis se disputent . Nous je dois tirer le meilleur parti des choses. »

Le visage froid de Whaley ne se réchauffa pas. Il connaissait l'homme à qui il avait affaire. Lorsqu'il commença à beurrer ses phrases, il était temps de veiller à lui. Il oublierait que son partenaire lui avait apporté de Faraway un attelage de chiens pour s'enfuir, qu'il lui fournissait des fonds pour passer l'hiver. Il se souviendrait seulement qu'il l'avait rechigné et humilié.

"Mieux vaut rentrer dans la maison les affaires du traîneau", dit le joueur. "Et nous ferons voler du bois. On ne sait pas combien de temps cette tempête va durer."

" C'est vrai", acquiesça West. "Quand j'ai vu ces chiens de soleil aujourd'hui, j'ai pensé que nous allions avoir une tempête de neige. Dommage que vous ne m'ayez pas équipé pour un voyage plus long."

Un vent soufflait du nord, entraînant dans son haleine sifflante une fine neige fondue qui coupait les globes oculaires comme de la poudre de verre. Les hommes se frayèrent un chemin jusqu'au traîneau et luttèrent contre les nœuds des cordes gelées qui retenaient la charge. Les morceaux de glace qui s'étaient accumulés autour de ceux-ci devaient être abattus avec des marteaux avant de pouvoir être libérés. Lorsqu'ils entraient dans la maison avec leurs sacs, les deux hommes étaient à moitié gelés. Leurs mains étaient si raides que leurs doigts étaient sans articulations.

Ils ne s'arrêtèrent que le temps de détendre leurs muscles. Whaley remit à Jessie le revolver qu'il avait pris à West.

"Gardez ça", dit-il. Son regard était significatif. Cela lui disait que dans la chasse au bois, il pourrait être aveuglé par le blizzard et se perdre. S'il ne revenait pas et que West revenait seul, elle saurait quoi en faire.

Dans la tempête, ils s'enfoncèrent une seconde fois. Ils portaient des cordes et une hache. Depuis l'arrivée de West, le vent avait considérablement augmenté. Le vent soufflait maintenant en rugissements profonds et maussades et la température avait déjà baissé de vingt degrés. Les chiens de traîneau n'étaient nulle part visibles ni entendus. Ils s'étaient enfouis dans la neige, là où la maison les protégerait autant que possible de l'ouragan.

Les hommes atteignirent le bord du ruisseau. Ils se débattaient dans les congères gelées avec les petits arbres morts qu'ils pouvaient trouver. Dans l'obscurité, Whaley utilisa la hache du mieux qu'il pouvait, au risque imminent de ses jambes. Même s'ils travaillaient à quelques mètres l'un de l'autre, ils devaient crier pour faire entendre leur voix.

"Nous ferions mieux de repartir ", appela West à travers ses paumes ouvertes. "Nous avons tout ce que nous pouvons transporter."

Ils attachèrent le bois et le traînèrent sur la neige dans la direction où ils connaissaient la maison. Bientôt, ils trouvèrent le traîneau et dévièrent vers la maison.

Jessie leur avait préparé du thé chaud. Ils ont arraché leurs toiles et empilé le bois récupéré à l'autre bout de la cabane, après quoi ils se sont accroupis devant le feu pour boire du thé et manger du pemmican et des bannocks .

Ils avaient avec eux une cinquantaine de livres de poisson congelé pour les chiens et de quoi faire quatre ou cinq repas à tous trois. Whaley avait apporté à West suffisamment de provisions pour le transporter uniquement à Lookout, où il devait s'approvisionner en vue d'une longue traversée dans la nature.

Au fil des heures, un partenariat tacite de défense mutuelle s'établit entre le joueur et la jeune fille. On n'en parlait pas, mais chacun savait que la brute boudeuse au coin de la cheminée était dangereuse. Il ne serait tenu par aucun scrupule de conscience, aucune loi d'amitié ou de décence. Si l'occasion se présentait, il frapperait.

La tempête faisait rage et hurlait. Il se jeta sur la cabane avec ce qui semblait être une fureur vorace et implacable. Son cri était maintenant comme le tintement de mille cornemuses, encore une fois comme les lamentations d'innombrables âmes perdues.

À l'intérieur, West ronflait lourdement, sa tête déformée tombant sur le gros torse en tonneau de l'homme. Jessie dormait pendant que Whaley montait la garde. Plus tard, elle veillerait à son tour.

Il y avait des moments où le vent s'apaisait, mais seulement pour gronder à nouveau avec une frénésie d'une violence accrue.

Le jour gris se leva et trouva le blizzard à son paroxysme.

# CHAPITRE XXV

## POUR LE PETIT AGNEAU PERDU

Beresford, devant le poste de traite CN Morse & Company, regardait son cheval patter dans la neige à la recherche d'herbe en dessous. C'était un signe que l'animal était élevé dans les prairies. Dans les plaines proches de la frontière, l'herbe guérit telle quelle, conservant sa nutrition sous forme de foin. Le poney indigène repousse la neige avec son avant-pied et trouve sa nourriture. Mais dans les pays forestiers du Nord, l'herbe pousse longue et grossière. Lorsque sa sève sèche, elle pourrit.

L'officier pensait qu'il ferait mieux d'héberger le cheval et la carriole pour l'hiver. L'heure était maintenant aux chiens et au traîneau. Même en été, ce n'était pas un pays pour les chevaux. Il y avait tellement de lacs qu'un canot d'écorce de bouleau parcourait les kilomètres plus rapidement.

L'obscurité s'abattait sur le pays, et avec elle les premiers flocons d'une tempête à venir. Beresford s'y attendait, car plus tôt dans la journée, il avait vu deux faux soleils brillants dans le ciel. Les Indiens lui avaient dit que ces chiens solaires étaient un avertissement d'un froid intense et probablement d'un blizzard.

De la lisière de la forêt est arrivé un homme en raquettes. Il bougeait vite. Beresford, l'observant distraitement, remarqua qu'il s'avançait. Il s'agissait donc probablement d'un trappeur cri. Mais les Cris étaient généralement des voyageurs indolents. Ils n'ont pas parcouru de terrain comme le faisait cet homme.

L'homme était un Indien. Le soldat a immédiatement certifié sa première hypothèse à ce sujet. Mais ce n'est que lorsque l'indigène était presque arrivé au magasin qu'il le reconnut comme étant Onistah .

Les Pieds-Noirs ne perdirent pas de temps pour formuler ce qu'il avait à dire. "Sleeping Dawn , elle est prisonnière de Bully West et de Whaley. Elle m'a dit d'amener son père. Elle me dit de l'amener vite"

Le corps de Beresford perdit instantanément sa grâce et devint rigide. Sa voix résonnait avec une forte autorité.

"Où est-elle?"

"Elle était dans la cabane de Jasper à Cache Creek. Elle avait peur."

Comme si la mention du nom de Sleeping Dawn lui était parvenue par télépathie, Tom Morse était sorti et se tenait devant la porte du magasin. Le soldat se tourna vers lui.

"Donnez-moi un attelage de chiens, Tom. Ce type de West a Jessie McRae avec lui à Cache Creek. Nous devons agir vite."

Le commerçant avait l'impression que le fond de son cœur était tombé. Il leva les yeux vers la nuit qui descendait. "Une tempête se prépare. Nous allons commencer tout de suite." Sans attendre, il disparut à l'intérieur du magasin pour faire ses préparatifs.

Onistah a annoncé la nouvelle à McRae.

Le sang coula du visage aux moustaches rouges de l'Écossais, mais son seul commentaire était une phrase de foi biblique. « J'ai été jeune et maintenant je suis vieux ; pourtant je n'ai pas vu les justes abandonnés… »

Moins d'une demi-heure plus tard , quatre hommes et un train à chiens remontèrent la rue principale de Faraway et disparurent dans la forêt. Morse a ouvert la voie et McRae a conduit le tandem. Onistah , qui avait déjà parcouru de nombreux kilomètres, fermait la marche. Le soldat a échangé sa place avec Morse après une heure de voyage.

Ils prenaient un raccourci et cela les conduisit à travers des bois morts et abattus, ce qui retarda la fête. Tom était un bon homme à la hache , et plus d'une fois il a dû couper des bûches gênantes. À d'autres moments, à force de force, les hommes soulevaient ou traînaient le traîneau dans de mauvais endroits.

La tempête tourbillonnante rendait difficile de savoir où ils allaient ou de choisir le meilleur chemin. Ils pataugeaient dans la neige épaisse et les broussailles épaisses, les visages saignant sous le fouet des tiges de saule soudainement libérées et les pieds si déchirés par les sangles des raquettes que la piste montrait des taches de sang qui avaient trempé dans les mocassins.

Onistah , déjà fatigué, commença à prendre du retard. Ils n'osaient pas l'attendre. Il n'y avait, pensaient-ils, pas un instant à perdre. La lèvre supérieure rasée de près de McRae présentait une surface droite et sombre. Il n'exprimait aucune crainte, aucun doute, mais les autres savaient, par leur propre anxiété, à quel point il devait souffrir.

Le vent s'intensifia. Il roulait dans des souffles amers de grésil fin et piquant. Quand, pendant quelques centaines de mètres, ils quittèrent l'épaisse forêt pour se diriger vers un bosquet ouvert, celui-ci les fouetta si furieusement qu'ils pouvaient à peine bouger sous ses dents.

Les chiens gémissaient à leur tâche. Plus d'une fois ils s'arrêtèrent, épuisés par le vent contre lequel ils luttaient. Leurs yeux se tournèrent bêtement vers McRae pour obtenir des instructions. Il ne pouvait que les ramener sur la piste que Morse était en train de tracer.

Le train était l'un des meilleurs du Nord. Le chef était un grand Saint-Bernard, pesant environ cent soixante livres, intelligent, fidèle et plein de courage. Il mesurait trente-quatre pouces de hauteur au niveau de son épaule avant. Pas une seule fois Cuffy n'a hésité. Même lorsque les autres abandonnaient, il était prêt à mettre tout son poids dans la charge.

À travers le hurlement du vent, Beresford a crié à l'oreille de Morse. "Je ne peux pas être loin maintenant. La question est de savoir si nous pouvons trouver celui de Jasper dans cette tempête de neige."

Morse secoua la tête. Cela ne semblait pas probable. Loin et proche étaient des mots qui n'avaient aucun sens. Un monstre blanc et hurlant semblait les encercler. Leur monde se réduisait à l'espace que leurs bras tendus pouvaient atteindre. Le seul guide qu'ils avaient était Cache Creek, le long de laquelle ils voyageaient. La cabane déserte de Jasper se trouvait à quelques centaines de mètres de là, mais Tom n'avait aucune donnée lui indiquant quand il devait quitter la crique.

Cuffy a résolu le problème pour lui. Le St. Bernard s'arrêta, refusa la piste que Beresford et Morse suivaient dans la neige épaisse. Il releva la tête, parut flairer un havre, gémit et essaya de plonger à gauche.

McRae s'est avancé et a crié à ses amis. "Nous allons donner sa tête à Cuffy. Il saura peut-être mieux que nous le soir ."

Les pionniers se détournèrent du ruisseau, s'arrêtant de temps en temps pour s'assurer que Cuffy était satisfait. À travers des broussailles épaisses, ils se frayèrent un chemin dans une coulée . Le Saint-Bernard les conduisit dodus contre le mur d'une cabane.

Il y avait une lumière à l'intérieur, la lueur intermittente et sautillante des flammes                                        du                                        feu.
Les hommes trébuchèrent jusqu'à la porte, McRae en tête. L'Écossais trouva le loquet et ouvrit la porte. Les deux autres le suivirent à l'intérieur.

La pièce était vide.

Au début , ils n'en croyaient pas leurs yeux. Il n'était pas raisonnable de supposer qu'un être humain sensé aurait quitté une maison confortable pour affronter une telle tempête. Mais c'était exactement ce qu'ils avaient dû faire. L'état du feu, qui se réduisait à l'état de charbons ardents, leur indiquait qu'il n'avait pas été alimenté depuis des heures. West et Whaley avaient clairement décidé qu'ils n'étaient pas en sécurité ici et étaient partis vers une autre cachette.

Les hommes se regardèrent dans un silence vide. La même pensée était dans l'esprit de tous. Pour le moment, ils doivent abandonner la poursuite. Il ne serait pas possible d'essayer d'aller plus loin dans un tel blizzard. Pourtant, les plus jeunes attendaient que McRae prenne sa décision. S'il leur demandait d'en faire davantage, ils tenteraient avec lui.

"Nous resterons ici," dit doucement Angus. "Allumez le feu, les gars, et nous retournerons vers Onistah ."

Aucun des autres ne parla. Ils savaient que cela aurait dû coûter beaucoup de peine à l'Écossais d'abandonner, même pour la nuit. Il l'avait fait uniquement parce qu'il reconnaissait qu'il n'avait pas le droit de sacrifier toute leur vie en vain.

Les chiens ont emprunté le sentier à contrecœur. Le traîneau avait été déchargé et était plus léger. De plus, ils suivirent une piste déjà brisée sauf là où le souffle du vent l'avait comblée. McRae les a encouragés dans leur travail.

"Debout avec toi , Koona ! Chien guide . Cha, cha ! Tu feras le grand travail, Cuffy. Marché !"

Morse trébucha sur Onistah où il se trouvait sur la piste. Le Pied-Noir était toujours conscient, bien qu'il somnolait dans ce sommeil fatal aux voyageurs de l'Arctique pris dans une tempête de neige. Il avait rampé sur ses mains et ses pieds dans la neige après que ses genoux lui avaient fait défaut. Ce n'est que quelques minutes après son effondrement complet qu'ils l'ont retrouvé.

On lui donna une gorgée ou deux de whisky et on le mit sur le traîneau. Une fois de plus, les chiens se sont mis à tirer. Un quart d'heure plus tard, le groupe atteignait la cabane.

Onistah a reçu les premiers soins. Les pieds et le visage ont été frottés avec de la neige pour rétablir la circulation et prévenir les engelures. Il avait été secouru à temps pour le préserver de tout effet néfaste permanent.

Au fond de tous leurs esprits se trouvait une peur obsédante. Qu'était devenue Jessie ? Il y avait une chance que le blizzard ait attrapé le groupe avant qu'il n'atteigne sa destination. Ni West ni Whaley n'étaient des mushers inexpérimentés. Ils connaissaient les difficultés des voyages dans les régions subarctiques et comment y faire face. Mais la tempête avait éclaté avec une rapidité inhabituelle.

Même si la fête était en sécurité, les ennuis de la jeune fille n'étaient pas terminés. Avec l'arrivée des ténèbres, son péril augmenterait. Tant que Whaley était avec West, il y avait de l'espoir. Le joueur avait le sang froid comme un poisson, mais il avait le sens salvateur de la raison. S'il avait l'intention de retourner à Faraway — et il n'y avait aucune raison pour qu'il ne le fasse pas — il n'osait laisser aucun mal arriver à la jeune fille. Mais West était un voyou absolu. Sa passion impitoyable pourrait le pousser à n'importe quel mal.

Devant le feu , ils discutèrent de probabilités. Où les deux libre-échangistes avaient-ils emmené la jeune fille ? Pas loin, face à une telle tempête. Ils prospectèrent des lieux susceptibles de servir de retraites à l'Occident.

Un jour, McRae, parlant avec son cœur torturé, fit une référence indirecte à ce qu'ils pensaient tous. Il regardait sombrement le feu pendant qu'il parlait.

"Oui, les ténèbres ne te cachent pas, mais la nuit brille comme le jour : les ténèbres et la lumière sont toutes deux semblables pour toi."

Il trouva dans sa religion un séjour et un réconfort. S'il savait que sous le couvert des ténèbres, des hommes méchants commettent de mauvaises actions, il pourrait se rassurer en lui promettant que les cheveux de sa fille étaient comptés et qu'elle était sous la protection divine.

D'une poche à côté de sa chemise, il sortit un petit paquet en ciré. C'était une Bible qu'il portait sur lui depuis de nombreuses années. À la lumière des flammes bondissantes , il lut un chapitre du Nouveau Testament et du vingt-troisième Psaume, après quoi les hommes en proie à la tempête s'agenouillèrent pendant qu'il priait pour que Dieu garde et garde en sécurité « le petit agneau perdu dans la tempête lointaine » . le pli."

Morse et Beresford étaient durs comme le caryer. Personne dans les bois du Nord n'avait plus de fer dans le sang qu'eux. Les urgences les avaient mis à l'épreuve à maintes reprises. Mais aucun d'eux n'avait honte de s'agenouiller auprès du grand Écossais robuste pendant qu'il déversait tout son cœur dans une pétition pour sa fille. La sécurité de la jeune fille que tous les quatre aimaient chacun à sa manière était hors de la portée de ses amis. Savoir que McRae avait trouvé un roc sûr sur lequel s'appuyer apportait également aux jeunes hommes une certaine paix.

# CHAPITRE XXVI

## UN SAUVETAGE

La journée grise s'est dissipée dans l'obscurité plus profonde du début du crépuscule. Comme une bête sauvage attaquant sa proie, l'ouragan se dirigeait toujours avec des rugissements profonds et maussades vers la petite cabane de Bull Creek. Il le frappait en rafales sauvages et tourbillonnantes. Il projetait des souffles de vent chargés de neige et de grésil contre les murs en rondins et empilait des congères autour d'eux presque jusqu'aux avant-toits.

Whaley avait depuis longtemps été obligé d'emmener les chiens dans la cabane pour les empêcher de mourir de froid. Il était impossible pour aucun des trois êtres humains de s'aventurer dehors plus de quelques minutes à la fois. Même alors, ils devaient rester près des murs pour ne pas perdre le contact avec la maison.

À l'heure du repas, les chiens ont fait un véritable pandémonium. Ils étaient à moitié affamés, comme le sont habituellement les équipes des Terres Solitaires, et l'odeur du poisson congelé décongelant avant le feu les rendait frénétiques. West et Whaley ont protégé Jessie pendant qu'elle retournait le poisson. Cela n'a pas été facile. Les animaux plongeants manquèrent de faire tomber les hommes. Il fallut les repousser cruellement à coups de fouet, car ils étaient sauvages comme des loups et seule la douleur la plus vive pouvait les retenir.

Les poissons à moitié décongelés leur étaient jetés tour à tour. Il y eut un grognement, un claquement de mâchoires, une gorgée, et le poisson disparut. Sur un ou deux fragments tombés dans le peloton, le train s'est inquiété et s'est battu, avec des cris et des grognements aigus, jusqu'à ce que le dernier fragment soit déchiré et disparaisse.

Ensuite, le trio pris dans la tempête a bu du thé et mangé du pemmican, tout en luttant contre la meute. West a ouvert le nez de l'un d'eux dans une vilaine coupure avec l'extrémité ferrée de son fouet. Peut-être n'était-il pas entièrement responsable. De nombreux chiens de dressage du Nord apprennent à ne rien comprendre d'autre que la piqûre du fouet et ne réagissent qu'à un traitement brutal.

La deuxième nuit était une répétition de la première. Les trois étaient divisés en deux camps. Whaley ou Jessie McRae regardaient West chaque minute. Il y avait dans ses yeux un regard dont ils se méfiaient, une méchanceté boudeuse derrière laquelle semblait fumer des feux de désir meurtrier. Il s'allongeait par terre et dormait beaucoup en courtes siestes. Apparemment, ses rêves n'étaient pas agréables. Il grognait de manière incohérente à travers ses dents serrées et serrait de grands poings poilus dans des spasmes de rage. Il se réveilla en commençant à jeter un regard suspicieux aux autres. Il était clair qu'il pensait qu'ils pourraient le détruire pendant qu'il dormait.

Durant le troisième jour, la tempête s'est poursuivie sans relâche. Whaley et West ont discuté de la situation. A l'exception de quelques kilos de poisson, leurs provisions avaient disparu. Si le blizzard ne se modifiait pas, ils seraient bientôt confrontés à la famine.

Durant la nuit, le vent s'est calmé. Le jour s'est levé, un soleil faible et hivernal dans le ciel.

À West, l'autre homme fit une proposition. "Il faut sortir et chasser pour se nourrir.
Nous trouverons des caribous dans certaines coulées le long du ruisseau. Que dire ?"

Le forçat le regardait avec une ruse sournoise. "Et cette fille ? Vous pensez que je vais la laisser se débrouiller et mettre la police sur mes traces                                                                          ?
Non, monsieur. Je vais prendre ses raquettes avec moi."

Whaley haussa les épaules. "Elle ne pourrait pas rentrer chez elle si elle avait des chaussures. Mais faites-vous plaisir à ce sujet."

Le regard fuyant de West glissa sur lui. La proposition d'une chasse lui convenait. Il doit avoir une réserve de nourriture pour le transporter jusqu'à Lookout. Whaley était un bon cliché et une bande-annonce experte. S'il y avait des caribous ou des élans à proximité, il risquait de tuer. De toute façon, il y aurait des centaines de lapins blancs qui courraient à travers les bois. Il décida astucieusement de se servir du joueur, et après en avoir fini avec lui...

Les hommes emportaient avec eux une partie du thé et suffisamment de poisson pour nourrir les chiens une fois. Ils espéraient trouver du gibier en quantité suffisante pour s'approvisionner et s'approvisionner pendant quelques jours. Whaley a insisté pour laisser à Jessie son fusil, afin qu'elle puisse tirer sur un ou deux lapins si quelqu'un s'aventurait près de la cabane. Elle avait trois poissons congelés et une poignée de thé.

Avant qu'ils ne commencent, Whaley prit Jessie à part. "Je ne peux pas dire combien de temps nous serons absents. Peut-être deux jours – ou trois. Vous devrez vous débrouiller avec ce que vous avez jusqu'à notre retour." Il hésita un moment, puis ses yeux froids et durs se fixèrent sur les siens. "Peut-être qu'un seul d'entre nous reviendra. Gardez l'œil ouvert. S'il n'y a qu'un d'entre nous – et c'est à l'Ouest – ne le laissez pas entrer dans la maison. Abattez-le. Prenez ses raquettes et l'équipe. Suivez le ruisseau. descendez environ cinq milles, puis dirigez-vous vers le sud-ouest jusqu'à ce que vous arriviez à Clear Lake. Vous savez comment rentrer chez vous à partir de là.

Ses yeux sombres se dilatèrent. « Pensez-vous qu'il a l'intention de… de… ?

L'homme acquiesça. "Il a peur de moi, il pense que je veux mettre la police sur ses traces. S'il le peut, il se débarrassera de moi. Mais pas encore, pas avant que nous ayons quelques caribous. Je le surveillerai tous. le temps."

"Comment peux-tu le surveiller pendant que tu chasses ?"

Il haussa les épaules. Il était tout à fait vrai que West pouvait lui tirer une balle dans le dos pendant la chasse. Mais Whaley connaissait assez bien cet homme. Il s'assurerait de la viande avant de frapper. Une fois le traîneau chargé, Whaley n'avait pas l'intention de lui tourner le dos.

Jessie n'avait pas été élevée dans les bois du Nord pour rien. Elle avait vu son frère Fergus fabriquer de nombreux pièges à lapins. Maintenant, elle parvenait à en fabriquer une avec de vieilles bandes de peau qu'elle avait trouvées dans la cabane. Après avoir plié un jeune arbre et l'avoir attaché à une bûche tombée, elle s'est occupée d'en fabriquer un deuxième.

Sans raquettes, elle n'a pas trouvé possible d'aller loin, mais elle a réussi à tuer un renard qui s'aventurait près de la cabane dans l'espoir de trouver de quoi remplir son ventre maigre et vide.

Avant de partir, Whaley avait apporté dans la maison une réserve de bois, mais Jessie y ajoutait pendant la journée en tirant des poteaux de bouleau depuis le bord du ruisseau.

L'obscurité est tombée tôt. La jeune fille a allumé un feu crépitant et a empilé le bois contre la porte pour que personne ne puisse entrer sans la réveiller. Le fusil était à portée de main. Elle a dormi longtemps et profondément. Lorsqu'elle chassa la somnolence de ses yeux, le soleil brillait à travers la fenêtre.

Elle déjeunait d'un ragoût préparé à partir d'un quartier arrière de renard. Après avoir visité ses pièges et remis en place celui qui avait été suspendu, elle rassembla des branches de baume pour en faire un lit et les porta à la maison pour les faire sécher devant le feu. Whaley lui avait laissé une petite hachette et avec celle-ci, elle commença à façonner une raquette à partir d'un morceau de sol en puncheon. Elle y travaillait toute la journée et, la nuit, elle disposait d'une sorte de ski en bois grossier qui pouvait servir en cas de besoin. Avec des charbons ardents, pendant la longue soirée, elle y brûlait des trous pour y passer les sangles. La peau du renard, coupée en longues lanières, ferait l'affaire pour des lanières. Ce serait un appareil rudimentaire et primitif, mais elle pensait qu'à la rigueur, elle pourrait parcourir quelques kilomètres avec. Demain, elle lui trouverait un compagnon, décida-t-elle.

À l'exception du lit de branches de baume, ses arrangements pour la nuit étaient exactement comme ils l'avaient été le premier jour. Elle alluma de nouveau un grand feu, empila le bois devant la porte et mit le fusil à sa portée. De nouveau, elle s'endormit presque aussitôt, moins d'une minute après s'être blottie pour trouver un point mou dans le matelas élastique qu'elle avait fabriqué.

Jessie a travaillé dur sur le deuxième ski. À midi, elle était plutôt bien formée. Malheureusement, une petite fente dans le bois s'est transformée en une plus grande. Elle a été obligée de le jeter de côté et de commencer un autre morceau.

Cent fois, ses yeux s'étaient levés pour balayer le champ de neige à la recherche du moindre signe du retour des chasseurs. Maintenant, regardant par la fenêtre sans trop espérer les voir, son regard tomba sur un voyageur, point noir sur une mer blanche. Son cœur commença à battre un tambour d'excitation. Elle attendit, les yeux rivés, s'attendant à voir une deuxième silhouette et un attelage de chiens surmonter la montée et montrer leur silhouette.

Aucun n'est apparu. L'homme avançait régulièrement. Il n'a pas regardé en arrière.
De toute évidence, il n'avait pas de compagnon. Était-ce un voyageur solitaire vers l'Ouest ?

Jessie a ramassé le fusil et s'est assuré qu'il était en bon état de fonctionnement. Une rivière tumultueuse semblait battre ses tempes. Les pouls au bout de ses doigts étaient palpitants .

Pouvait-elle commettre cette chose épouvantable, ne serait-ce que pour sauver l'honneur et la vie, même si elle savait que cet homme devait être deux fois un meurtrier ? Une fois, elle avait essayé et échoué, alors qu'il la narguait avec son horrible sourire aux dents cassées. Et un jour, dans le stress d'un combat, elle l'avait blessé alors qu'il attaquait.

Le point noir en mouvement est devenu plus grand. Elle comprit alors avec certitude que ce n'était pas l'Occident. Il se déplaçait avec plus de grâce, plus légèrement, sans le lourd roulis affalé…. Et puis elle sut qu'il n'était pas Whaley non plus. Une de ses amies ! Un petit élan de prière jaillit de son cœur.

Elle quitta la cabine et se dirigea vers l'homme. Il lui fit un signe de la main et elle lui lança un geste joyeux en réponse. Car son sauveur était Onistah .

Jessie se retrouva avec les deux mains dans les siennes, se mordant la lèvre inférieure pour retenir ses larmes. Elle ne pouvait pas parler de l'émotion qui montait en elle.

« Tout va bien ? » » demanda-t-il, avec le masque facial imperturbable de sa race qui cachait toute émotion.

Elle acquiesça.

"Bien", a-t-il poursuivi. "Votre père prie pour que le Grand Esprit vous protège."

"Où est Père ?"

Il regarda dans la direction d'où il venait. "Nous allons à la cabane de Jasper - ton père, soldat rouge, commerçant américain, Onistah . Tu es parti. Grosse tempête - neige - grésil. Impossible d'aller plus loin. Alors ton père, il prie . Nous attendons que le Grand Esprit dise : "Plus de vent , neige", puis nous déplaçons le camp. Tous cherchent - sortez pour vous trouver. " Il montra le nord, le sud, l'est et l'ouest. "Le Grand Esprit me dit de venir ici. Je dis : 'Dors Dawn, elle est avec Dieu, pour l'amour de Jésus, Amen.'"

"Cher, cher garçon," sanglota-t-elle.

" Alors je te trouve. Tu as faim ? "

"Non, j'ai tiré sur un renard."

"Alors on y va maintenant." Il regarda ses pieds. "Où sont tes raquettes ?"

"West les a pris pour me garder ici. J'en fais une paire. Viens. Nous allons les finir."

Ils se dirigèrent vers la maison. Onistah s'arrêta. La jeune fille suivit son regard. Ils étaient attachés à un train de chiens chargé avec deux hommes traversant un lac près de la rive duquel la cabane avait été construite.

Son regard plein de peur revint sur l'Indien. "C'est West et M. Whaley. Qu'allons-nous faire ?"

Il était déjà agenouillé, tâtonnant avec les sangles de ses raquettes. "Tu vas trouver ton père. Suis la piste jusqu'au camp. Ensuite tu l'envoies ici. Je me cache dans les bois."

"Non, non. Ils vous trouveront, et West vous tirera dessus."

" Onistah connaît des trucs. Ils ne le trouvent pas."

Il attacha les toiles de neige à ses pieds alors qu'elle protestait encore. Elle jeta à nouveau un coup d'œil au train à chiens qui avançait régulièrement. Si elle partait, ce devait être tout de suite. Bientôt, il serait trop tard pour que l'un ou l'autre puisse s'échapper.

"Tu vas te cacher dans les bois, n'est-ce pas, pour qu'ils ne puissent pas te trouver ?" elle a imploré.

Il sourit pour le rassurer. "Allez," dit-il.

Un autre instant, et elle poussait la croûte le long du sentier par lequel les Pieds-Noirs étaient venus.

# CHAPITRE XXVII

## TRUCS APACHE

Les chasseurs rapportent trois caribous et deux sacs de lapins, soit suffisamment de provisions pour permettre à West d'atteindre Lookout. Les chiens étaient plus forts qu'au départ, car ils s'étaient gavés des parties du gibier impropres à l'usage humain.

Rien n'avait été dit par aucun des deux hommes sur ce qu'il fallait faire de Jessie McRae, mais la question était à l'arrière-plan de leurs pensées, tout comme la colère croissante l'un envers l'autre qui les consumait. Ils parlaient rarement. Aucun d'eux ne laissa l'autre tomber derrière lui. Ni l'un ni l'autre n'avaient dormi un clin d'œil la nuit précédente. Au lieu de cela, ils s'étaient tenus éveillés avec du thé chaud. Épuisés après une dure journée de chasse, chacun était convaincu que sa vie dépendait de son état de veille. La force de fer de West avait résisté à l'effort sans aucun signe extérieur d'effondrement, mais Whaley trébuchait de fatigue alors qu'il se traînait à côté du traîneau.

Le mauvais pressentiment entre les partenaires était proche du point d'explosion. Cela devait arriver avant que le fugitif ne commence son long voyage vers le nord. Ce type avait un esprit unique. Il avait toujours l'intention d'emmener la jeune fille avec lui. Lorsque Whaley intervenait, il y avait une bagarre. Cela ne pourrait pas arriver trop tôt pour convenir à West. Ses pensées avaient atteint le point où il était moralement certain que le joueur avait l'intention de le trahir à la police et de la mettre sur sa piste.

De la fumée s'élevait de la cheminée de la cabane. Nul doute que la jeune fille McRae était à l'intérieur, les attendant avec un cœur de peur palpitant dans son sein. Les lèvres fines de Whaley se contractèrent d'un air sombre. Bientôt, ce serait une confrontation.

Il y eut un moment d'attente à la porte, chacun restant en retrait sous prétexte de travailler sur le traîneau. Il y avait toujours une chance que celui qui partait en premier reçoive une balle dans le dos.

West jeta un coup d'œil aux grosses mitaines sur les mains de l'autre, rit vivement et poussa dans la cabine. Un grognement surpris lui échappa.

"Elle est partie", cria-t-il.

"Probablement dans les bois ici, probablement en train de tirer sur des lapins. Elle n'aurait pas pu aller bien loin sans raquettes", a déclaré Whaley.

Le grand homme ramassa le ski que Jessie avait fabriqué. " Regarde ici."

Whaley l'a examiné. "Elle aurait pu en fabriquer une paire et s'enfuir. J'espère que oui."

Les dents jaunes du condamné apparurent dans un grognement. "Je crois que je n'ai pas vu un match d'autrefois ? Je joue contre McRae et les tuniques rouges. Je ne vous demanderais pas de me trahir."

Les yeux glacés du joueur se tournèrent vers West. Était-ce maintenant ?

West n'était pas tout à fait prêt. Ses mains étaient froides et raides. D'ailleurs, l'autre était de garde et le fugitif ne cherchait pas une pause équilibrée.

"Oh, eh bien, ça ne sert à rien de ramer à ce sujet. Je ne suis pas je vais mâcher le chiffon avec toi. Ce sera toi dans un sens et moi dans un autre très bientôt," continua-t-il, ses yeux fuyants esquivant.

"À propos de la fille, facile à découvrir, dis-je. Elle ne s'est certainement pas envolée.
Il faut qu'elle ait laissé des traces . Nous allons jeter un oeil et voir."

Une fois de plus, Whaley attendit avec déférence, avec un sourire sardonique et sans joie, de laisser passer l'autre en premier. Il y avait de nombreuses traces à proximité de la cabane où eux-mêmes, ainsi que la jeune fille, allaient et venaient . Leurs regards errants allaient plus loin.

Aussi simple que les eaux tourbillonnantes dans le sillage d'un bateau étendaient les traces d'un raquetteur à travers l'extrémité inférieure du lac.

Ils s'avancèrent pour les examiner de plus près, les suivant sur une dizaine de mètres jusqu'au bord de la banquise. Le signe écrit là sur cette page blanche racontait une histoire aux deux observateurs, mais il en disait plus à l'un qu'à l'autre.

"Quelqu'un est venu ici", cria West avec un serment surpris.

"Oui", acquiesça Whaley. Il n'avait pas l'intention de donner des informations inutiles.

"Et je me suis éteint à nouveau. Il faut que je sois allé chercher de l'aide pour la fille."

"Oui", acquiesça le joueur, et signifiait "Non".

Ce qu'il a lu sur l'écriture sur la neige était ceci : Quelqu'un était venu et quelqu'un était parti. Mais celui qui était venu n'était pas celui qui était parti. Un Indien avait fait les premières traces. Il pouvait le deviner à la forme des toiles et à la façon dont le voyageur s'y était engagé. Le chemin vers l'extérieur était différent. Quelqu'un de corpulence plus légère portait les raquettes, quelqu'un qui faisait des pas plus courts et sortait du pied.

"Vous voyez. Elle a couru à sa rencontre. C'est là que ses pieds n'arrêtaient pas                  de                  s'enfoncer                  ", a déclaré West.

L'autre hocha la tête. Oui, elle s'était dépêchée de le rencontrer mais ce n'était pas tout ce qu'il avait vu. On avait l'impression d'un genou dans la neige. Il était facile de deviner que l'homme s'était agenouillé pour enlever les chaussures et les ajuster aux pieds de la jeune fille.

"Et c'est ici qu'elle s'est éloignée dans les bois", a poursuivi le condamné. "Elle se cache là-haut maintenant. Je pars sur la piste après son pied brûlant."

Le sourire moqueur de Whaley disparut presque avant d'apparaître. Ce qu'il savait, c'était sa propre affaire. Si West voulait se promener dans les bois, il n'était pas nécessaire de lui dire qu'un homme l'attendait derrière un arbre.

"Je pense que je vais suivre cet homme", dit Whaley en levant la main vers les voies ferrées qui traversaient le lac. "Nous devons découvrir où il est allé. Si les Montés sont sur nos traces, nous voulons le savoir."

"Bien sûr." West acquiesça astucieusement, les yeux plissés pour dissimuler les pensées qui rampaient dans son cerveau meurtrier. "Nous devons le savoir."

Il pensait que Whaley faisait son jeu. L'homme avait l'intention de le livrer à la police. Il ne les atteindrait jamais. Et lui, Bully West, serait enfin seul avec la fille, sans personne pour le gêner.

Le joueur était habitué à prendre des risques. Il en prit une maintenant et commit sa première erreur dans le long duel qu'il avait disputé avec West. L'empressement de cet homme à le voir partir était évident. Le condamné voulait qu'il s'écarte pour qu'il puisse aller retrouver la fille. De toute évidence , il pensait que Whaley reculait avec autant de grâce que possible.

"Je vais commencer juste après lui. Je reviens bientôt", dit le joueur avec désinvolture.

"Oui, bientôt", a convenu West.

Leurs yeux masqués étaient toujours accrochés l'un à l'autre, méfiants et vigilants. Comme si sans intention, Whaley recula, continuant à parler à l'autre. Il voulait être hors de portée du revolver avant de se retourner. West reculait également maladroitement, se dirigeant vers le traîneau. Le forçat se retourna et y glissa rapidement.

Whaley connaissait désormais son erreur. Le fusil de West reposait sur le traîneau et l'homme s'apprêtait à le récupérer.

L'homme sur la banquise a fait la seule chose possible. Il se pencha et voyagea vite. Lorsque le premier coup de feu retentit, il se trouvait à près de cent cinquante mètres. Il s'effondra dans la neige et resta immobile.

Les mains de West étaient froides et ses doigts raides. Il n'était pas sûr de son objectif. Maintenant, il poussa un cri de triomphe. C'est ce qui arrivait à quiconque interférait avec Bully West. Il tira de nouveau sur le tas encore rassemblé au bord du lac.

Bientôt, il irait là-bas et s'assurerait que l'homme était mort. Tout à l'heure, il avait une affaire plus importante, un rendez-vous avec une fille dans les bois à l'arrière de la maison.

"Je l'ai bien eu", se dit-il à voix haute. "Il l'avait sûrement prévu , ce foutu traître."

Trouver la fille McRae ne pouvait pas être difficile. Elle avait laissé des traces en s'éloignant dans la neige épaisse. Elle n'avait aucune chance de se cacher. Elle n'aurait pas non plus pu aller loin sans toiles. Le petit catamount pourrait bien sûr lui tirer dessus. Il devait se déplacer avec précaution, pour ne pas lui laisser une opportunité.

Tandis qu'il avançait, il surveillait chaque arbre, chaque morceau de bois derrière lequel elle pourrait trouver un abri pour lui tendre une embuscade. Il n'était pas d'un tempérament patient, mais la vie dans la nature lui avait appris à maîtriser son agitation en cas de besoin. Maintenant, il prenait beaucoup de temps. Il était pressé de prendre la piste avec son train et de repartir, mais il ne pouvait pas se permettre d'être aussi pressé qu'il puisse arrêter une balle avec son corps.

Il l'a appelée. "Où es-tu, Dawn ? Je ne suis pas je vise à ne te faire aucun mal. Sortez et arrêtez de me harceler ."

Puis, comme ses cajoleries n'apportaient aucune réponse, il fit retentir la forêt de menaces de ce qu'il lui ferait s'il l'attrapait, à moins qu'elle ne vienne à lui immédiatement.

Avançant lentement, il arriva au bout des traces qui avaient été tracées dans la neige. Ils se terminèrent brusquement, dans un bosquet de sous-bois. Sa première pensée fut qu'elle devait être cachée ici, mais après l'avoir parcouru une demi-douzaine de fois, il comprit que c'était impossible. Alors, où était-elle ?

Il avait dit à Whaley qu'elle ne pouvait pas s'envoler. Mais si elle n'avait pas volé, que serait-elle devenue ? Il n'y avait pas d'arbres suffisamment proches pour pouvoir grimper sans montrer les impressions de ses pieds dans la neige alors qu'elle se dirigeait vers le tronc. Il avait le sentiment inquiet qu'elle l'observait tout le temps depuis un endroit caché à proximité. Il leva les yeux vers les branches des arbres. Ils étaient chargés de neige qui n'avait pas été secouée.

West réprima un rire et un juron. Il a vu le truc maintenant. Elle avait dû reculer prudemment, mettant à chaque pas ses pieds exactement à la même place que lorsqu'elle avait avancé. Bien sûr! Les traces montraient où elle avait effleuré les congères profondes de temps en temps lorsque le mocassin y était entré pour la deuxième fois.

C'était une affaire lente, car pendant qu'il étudiait le panneau, il devait garder un œil attentif pour éviter tout risque de tir de sa proie cachée.

À deux reprises, il s'écarta au sol avant de savoir qu'il avait atteint l'endroit où le retour en arrière avait cessé. Près de cet endroit se trouvait un pin. Un tas de neige indiquait l'endroit où une petite avalanche était tombée. Cela a dû être le cas lorsqu'elle l'a dérangé sur les branches en grimpant.

Son regard balaya le coffre et s'arrêta. Avec son fusil, il couvrit la silhouette accroupie près d'elle, de l'autre côté.

"Descendez", ordonna-t-il.

Il allait vivre l'une des surprises de sa vie. L'habitant des arbres glissa et se tint devant lui. Ce n'était pas Jessie McRae, mais un homme, un Indien, le Pied-Noir, qui était parti un jour avec la jeune fille pour gâcher son triomphe sur le tunique rouge Beresford.

Il resta un instant stupéfait, la mâchoire tombée et la bouche ouverte. " Qu'est-ce que tu fais ici ? " » demanda-t-il enfin.

"Pas de nourriture dans mon camp. Je chasse", a déclaré Onistah .

" C'est un mensonge. Où est la fille McRae ? "

Le mince Indien ne dit rien. Son visage était inexpressif comme un mur blanc.

West répéta la question. Il aurait pu parler à un bloc de bois pour toute la réponse qu'il a reçue. Son esprit rusé et cruel se tournait vers la situation.

"Je ne parlerai pas, hein ? Nous verrons à ce sujet. Vous l'avez cachée quelque part et je vais trouver où. Je n'accepterai pas les anciens tours des Indiens. Lâchez cette arme et revenez à la cabane. . Vous comprenez ?"

Onistah a fait ce qu'on lui avait dit.

Ils atteignirent la cabane. Il y avait une chose que West ne comprenait pas dans son esprit. Pourquoi les Pieds-Noirs ne l'avaient-ils pas abattu depuis l'arbre ? Il avait eu une vingtaine d'occasions. La raison n'était pas celle que l'homme blanc serait susceptible de comprendre. Onistah ne l'avait pas tué parce que l'Indien était chrétien. Il avait appris du père Giguère qu'il devait tendre l'autre joue.

West, le revolver à la main, coupait des lanières dans les peaux de caribou. Il a attaché sa main et son pied captifs, puis a retiré ses mocassins et ses sacs de sport . Du feu, il sortit un charbon ardent et le posa sur un morceau plat. Il l'apporta à travers la pièce.

« Vous avez changé d'avis autrefois ? Où est la fille ? il a ordonné.

Onistah le regarda, impassible comme seul un Indien peut l'être.

"Toujours boudeur, hein ? On verra ça."

Le forçat s'agenouilla sur les chevilles de l'homme et poussa le charbon contre la plante nue du pied brun.

Un profond frisson involontaire parcourut le corps du Pied-Noir. Le pied se contracta. Une odeur âcre de chair brûlée emplit la pièce. Aucun son ne sortait des lèvres verrouillées.

Le bourreau a retiré le charbon. "Je n'ai pas encore commencé à jouer avec toi. Je vais te donner de vrais trucs d'Apache avant d'en avoir fini. Où est la fille ? Je vais découvrir si je dois te faire bouillir dans de la graisse."

Onistah ne dit toujours rien.

West a apporté un autre charbon. "Nous allons essayer l'autre pied", a-t-il déclaré.

De nouveau, l'odeur âcre et âcre montait jusqu'aux narines.

"Et maintenant ?" » interrogea le condamné.

Aucune réponse n'est venue. Cette fois, Onistah s'était évanoui.

# CHAPITRE XXVIII

## « EST-CE QUE VOUS ÊTES BIEN, LASS ? »

Les chaussures de Jessie craquaient sur la croûte de neige. Elle a voyagé vite. Malgré l'assurance d'Onistah, son cœur était troublé pour lui. West et Whaley étudieraient les traces et parviendraient au moins à une approximation de la vérité. Elle n'osait pas penser à ce que l'homme-gorille ferait à son ami s'ils le capturaient.

Et comment était-il possible qu'ils ne le trouvent pas ? Ses pas seraient marqués profondément dans la neige. Il ne pouvait pas voyager vite. Depuis qu'il est devenu chrétien, le Pied-Noir, avec la simplicité d'un esprit peu habitué aux complexités de la vie moderne, a accepté les paroles de Jésus à la lettre. Il ne prendrait pas une vie humaine pour sauver la sienne.

Elle s'en voulait de s'être enfuie à ses dépens. La bonne chose aurait été de le renvoyer pour son père. Mais West était devenu une telle obsession pour elle que sa vue, même de loin, la faisait paniquer.

Depuis l'extrémité du lac , elle suivit le sentier qu'Onistah avait tracé. Il s'enfonça dans les bois, virant brusquement à droite. Le bois était ouvert. Même là où la neige était épaisse, la croûte était suffisamment ferme pour tenir.

Dans son anxiété, il semblait que les heures passaient. Le soleil était encore assez haut, mais elle savait à quelle vitesse il se couchait ces jours d'hiver.

Elle contourna un marécage, gravit une longue colline et aperçut devant elle un autre lac. Sur le rivage se trouvait un camp. Un feu brûlait et un homme se penchait dessus.

Au son de son appel, l'homme leva les yeux. Il se leva et commença à courir vers elle. Elle dévala la colline en raquettes, un peu à l'aveugle, car une brume de larmes de joie lui montait aux yeux.

Elle alla directement dans les bras de Beresford. Enfin en sécurité, elle se mit à pleurer. Le soldat la caressa avec de douces paroles de réconfort.

"Tout va bien maintenant, petite fille. C'est fini. Ton père est là. Tu vois ! Il arrive. Nous ne laisserons rien te faire du mal."

McRae prit la jeune fille dans ses bras et la serra fort. Son visage rugueux était tordu par l'émotion. Un barrage de glace fondit dans son cœur. La voix avec laquelle il parlait, brisée par l'émotion, trahissait à quel point il était secoué.

"Mon bébé ! Mon petit chéri ! À Dieu soit la grâce."

Elle s'accrochait à lui, essayant de contrôler ses sanglots. Il lui caressa les cheveux et l'embrassa, murmurant des mots d'affection en gaélique. Une pensée le transperça, comme un coup d'épée.

Il la tenait à bout de bras, une anxiété féroce sur son visage hagard. "Est-ce que tu vas bien , ma fille ?" » demanda-t-il presque durement.

Elle a compris sa question. Ses yeux posés rencontrèrent les siens. Ils n'avaient aucune réserve de honte. "Tout va bien pour moi, Père. M. Whaley était là tout le temps. Il s'est démarqué contre West. Il était mon ami." Elle s'est arrêtée, c'est assez dit.

"Le Seigneur soit reconnaissant ", répéta-t-il encore avec dévotion.

Tom Morse, fusil à la main, était venu de la lisière du bois et se tenait à proximité . Il avait entendu son premier appel, l'avait vue aller dans les bras de Beresford directement comme une enfant blessée à ceux de sa mère, et il en avait tiré des conclusions raisonnables. Car sous le stress, le cœur se révèle, affirmait-il, et elle s'était tournée simplement et instinctivement vers l'homme qu'elle aimait. Il se tenait maintenant à l'extérieur du groupe, silencieux. En lui aussi, une rivière de glace avait fondu. Ses yeux hantés et enfoncés racontaient les souffrances qu'il avait endurées. Le sentiment qui l'envahit était plus profond que la joie. Elle était morte et était de nouveau en vie. Elle était perdue et a été retrouvée.

"Où étais-tu?" » demanda Beresford. "Nous cherchons depuis des jours."

"Dans une cabane sur Bull Creek. M. Whaley m'y a emmené, mais West m'a suivi."

"Comment es-tu parti ?"

"Nous n'avions plus de nourriture. Ils sont allés chasser. West a pris mes raquettes. Onistah est venu. Il les a vu revenir et m'a donné ses chaussures. Il est allé se cacher dans les bois. Mais ils verront ses traces. Ils retrouveront lui. Nous devons nous dépêcher de rentrer.

"Oui", acquiesça McRae. "Je pense que si West trouve le garçon, il lui fera du mal."

Morse parla pour la première fois, sa voix sèche comme un morceau. "Nous ferions mieux de nous dépêcher, Beresford et moi. Vous et Miss McRae pouvez amener le traîneau."

McRae hésita, mais acquiesça. Il pourrait y avoir un besoin urgent de se dépêcher. "Ce sera la meilleure solution. Mais tu feras attention , mon garçon. Yon West est un loup. Il aimerait aussi bien vous tuer que vous regarder."

Les hommes plus jeunes étaient hors de vue au sommet de la colline bien avant que McRae et Jessie aient attelé les chiens.

"Tu monteras, ma fille", annonça le père.

Elle a hésité. "Nous pouvons aller plus vite si je marche. Laisse-moi conduire. Ensuite, tu pourras tracer un sentier là où la neige est molle."

"Non. Vous monterez à cheval, ma chère. Il n'y a rien de pressé. Les gars feront ce qu'il faut faire. Allez - y."

Jessie monta dans la carriole et était enveloppée jusqu'au bout du nez dans des robes de buffle, la capote de sa propre fourrure étant tirée sur la tête et le visage. Car rouler dans l'hiver subarctique est une affaire glaciale.

« Marché », ordonna McRae.

[Note de bas de page : La plupart des chiens du Nord étaient dressés par des trappeurs qui parlaient français et donnaient des ordres dans cette langue. C'est pourquoi même les conducteurs anglo-saxons utilisaient pour conduire bon nombre de mots de cette langue. (WMR)]

Cuffy conduisit les chiens jusqu'au sommet de la colline, en suivant la piste déjà défoncée. Le train avançait bien, mais pour Jessie, il semblait ramper. Elle a été torturée d'anxiété pour Onistah . Un express n'aurait pas pu la transporter assez vite. Ce n'était pas un grand réconfort de se dire qu'Onistah était une Pied-Noire et connaissait toutes les ruses des bois. Ses traces mèneraient directement à lui et le moindre enfant pourrait les suivre. Elle ne parvenait pas non plus à se convaincre que Whaley se mettrait entre lui et la colère de West. Pour le joueur, Onistah n'était qu'un idiot .

Le train sortit du bois jusqu'au bord du lac. Ici, les choses allaient mieux. Le soleil était couché et la croûte de neige retenait les chiens et les traîneaux. À cent cinquante mètres de la cabane, McRae arrêta l'équipe. Il s'avança et examina la neige.

Avec un soulèvement, Jessie jeta les robes qui l'enveloppaient et sauta de la cariole. Une main invisible semblait s'agripper fermement à sa gorge. Car ce qu'elle et son père avaient vu étaient des taches cramoisies dans le blanc. Quelqu'un ou quelque chose avait été tué ou blessé ici. Onistah , bien sûr ! Il a dû changer d'avis, essayer de la suivre et se faire tirer dessus par West alors qu'il traversait le lac.

Elle gémit, le cœur lourd.

McRae a offert du réconfort. "Il ne sera probablement que blessé. Les gars ne le feraient pas. " Je l'aurais déjà déplacé s'il n'avait pas vécu .

Le train avançait, Jessie courant à côté d'Angus.

Morse est venu à la porte. Il la referma derrière lui.

« Onistah ? » s'écria Jessie.

"Il a été... blessé. Mais nous étions à temps. Il se rétablira."

"West lui a tiré dessus ? Nous avons vu des taches dans la neige."

"Non. Il a tiré sur Whaley."

« Baleine ? répéta McRae.

"Oui. Je voulais me débarrasser de lui. Je pensais que votre fille était cachée dans les bois ici. J'avais peur aussi que Whaley le livre aux North-West Mounted."

"Alors Whaley est mort ?" » demanda l'Écossais.

"Non. West n'a pas eu le temps de terminer le travail à ce moment-là. Assez gravement blessé, cependant. Une balle dans le côté et dans la cuisse."

"Et l'Ouest ?"

"Nous sommes arrivés trop tôt. Il n'a pas pu terminer sa diablerie. Il a traversé la colline dès qu'il nous a vus."

Ils entrèrent dans la maison.

Jessie se dirigea droit vers l'endroit où Onistah gisait sur les branches de baume et s'agenouilla à côté de lui. Beresford mettait sur un de ses pieds un tissu imbibé d'huile de caribou.

"Qu'est-ce qu'il t'a fait?" » s'écria-t-elle, un serrement de terreur au cœur.

L'ombre d'un sourire effleura le visage immobile de l'indigène. "Des trucs d'Apache, comme il l'appelait."

"Mais-"

"West s'est brûlé les pieds pour lui faire savoir où tu étais", lui dit gentiment Beresford.

"Oh!" s'écria-t-elle avec horreur.

"Bon vieux Onistah . Il a joué son rôle. Il n'a pas voulu dire un mot. West nous a vu arriver et a pris la piste."

« Est-ce qu'il... est-ce qu'il... ?

"Il est parti."

"Je veux dire Onistah ."

"Il souffre pour battre le groupe, mais pas un gémissement de sa part. Il n'est pas blessé de façon permanente – il se promènera dans une semaine ou deux."

" Pauvre garçon ! " cria doucement la jeune fille, et elle passa son bras sous la
tête de l'Indien pour la soulever dans une position plus facile.

Les lèvres muettes des Pieds-Noirs ne la remerciaient pas, mais les yeux sombres lui donnaient la gratitude d'un cœur qui lui appartenait entièrement.

Toute la nuit, la maison fut un hôpital. Le pays était un pays où les hommes avaient appris à soigner leurs blessures sans grande aide professionnelle. D'une manière générale, Angus McRae était en quelque sorte un médecin. Il a pansé les blessures des deux blessés, à l'aide de la petite trousse médicale qu'il avait emportée avec lui.

Whaley était lui-même un peu stoïque. La philosophie de sa classe était de prendre sans réserve la bonne ou la mauvaise fortune. Il avait de la chance d'être en vie. Pourquoi se plaindre de ce qui doit être ?

Mais à mesure que la fièvre grandissait avec les heures qui s'allongeaient, il tomba dans le délire. Parfois, il gémissait de douleur. Il retomba dans le bavardage décousu des premiers jours. Il était de retour avec son père et sa mère, vivant sa jeunesse sauvage et errante.

"… Ne le dis pas à Mère. Je réglerai le problème si tu le lui caches…. Série de cartes pourries. Quatre-vingt-dix-sept dollars. Tu devras attendre, je te le dis…. Mère, Mère, si tu ne pleureras pas comme ça…"

McRae a utilisé les remèdes simples dont il disposait. En eux-mêmes, ils n'avaient, il le savait, que peu de valeur. Il doit compter sur de bons soins infirmiers et sur la constitution robuste de l'homme pour s'en sortir.

Avec Morse et Beresford , il discuta de la meilleure voie à suivre. Il fut décidé que Morse ramènerait Onistah et Jessie à Faraway le lendemain et reviendrait avec un chargement de provisions. La fièvre de Whaley doit suivre son cours. Il était impossible de dire encore s'il vivrait ou mourrait, mais pendant quelques jours au moins il ne serait pas prudent de le déplacer.

# CHAPITRE XXIX

## NE PAS ALLER SEUL

"Morse, je t'ai observé pendant quatre ou cinq jours proche de l'enfer. Je sais que je préfère prendre avec moi comme compagnon solitaire sur la longue traversée. Vous êtes rusé et audacieux. C'est pourquoi je confie ma fille à vos soins. Le trajet est court et, autant que je sache, il n'y a aucun danger. Mais la peur est en moi. C'est la vérité, mec. Donnez-moi votre parole que vous ne la laisserez pas perdre la vue jusqu'à ce que vous ayez remis sa fleur à ma femme à Faraway.

Angus posa une main lourde sur l'épaule du jeune homme. Ses yeux bleus cherchaient fixement ceux du commerçant.

"Je ne la laisserai jamais à vingt mètres de moi. C'est une promesse, McRae", dit doucement le commerçant.

Bien enveloppé du vent, Onistah était assis dans la carriole.

Jessie embrassa tendrement l'Écossais, se moquant de lui pendant ce temps. "Tu es une oie, Père. Je vais bien. Prends bien soin de toi. Cet Occident pourrait revenir ici."

"Aucune chance que cela se produise. West ne reviendra jamais sauf au bout d'une corde. Il se dirige vers la lisière des Barrens, ou quelque part par là", a déclaré Beresford. "Et dans une semaine, je serai moi-même en direction du nord sur sa trace."

Jessie fut surprise et très affligée. "Je le laisserais partir. Il connaîtra une mauvaise fin quelque part. S'il ne revient jamais, comme vous dites qu'il ne le fera pas, alors il ne nous dérangera pas."

Le soldat sourit sinistrement. " Ce n'est pas la manière de faire des Montés. Récupérez l'homme après lequel vous êtes envoyé. C'est notre devise. J'ai été chargé de faire venir West et je dois l'avoir. "

"Tu ne veux pas dire que tu vas là-haut seul pour ramener ce... cet homme-loup ?"

"Oh, non," répondit légèrement le soldat. "Je serai accompagné d'un Cri comme guide."

"Un Cri", se moqua-t-elle. "A quoi servira-t-il si vous trouvez West ? Il ne vous aidera pas du tout contre lui."

"Ce n'est pas pour ça qu'il est avec moi. Je ne suis pas censé avoir besoin d'aide pour ramener un seul homme."

"C'est... c'est juste un suicide de s'en prendre à lui seul", a-t-elle insisté. "Regardez ce qu'il a fait au gardien de la prison, à M. Whaley, à Onistah ! Il est tout simplement horrible, à peine humain."

"Le garçon est sous ordre, ma fille", lui dit McRae. " Gin , ils l'envoient dans le Nord après l'Ouest, il n'aura qu'à y aller. Il ne peut pas faire d'argy-bargy démarrez- le.

Jessie a abandonné, à contrecœur.

La petite cavalcade commença. Morse conduisait. La jeune fille fermait la marche.

Son esprit était toujours tourné vers le hasard du voyage que Beresford devait entreprendre.
Lorsque Morse s'arrêta pour reposer les chiens pendant quelques instants, elle remit Onistah dans ses bras et revint sur le sujet.

"Je ne pense pas que Win Beresford devrait s'en prendre à West seul, sans l'aide d'un guide cri. L'inspecteur devrait envoyer un autre agent de police avec lui. Ou deux de plus. S'il connaissait cet homme, à quel point il est cruel et sauvage..."

Tom Morse parla doucement. "Il n'y va pas seul. Je serai avec lui."

Elle a regardé. "Toi?"

"Oui. Assermenté en tant qu'agent de police adjoint."

"Mais... il n'a pas dit que tu y allais quand je lui en ai parlé il y a peu de temps."

"Il ne savait pas. Depuis, j'ai pris ma décision."

En fait , il avait pris une décision trois secondes avant de l'annoncer.

Ses yeux doux l'applaudissaient. "Ça ira. Ses amis ne s'inquiéteront pas tellement si vous êtes avec lui. Mais bien sûr, vous savez que ce sera un voyage horrible et dangereux."

"Pas de pique-nique", a-t-il admis.

Elle continuait à le regarder, les joues rouges et le visage vif. "Tu dois beaucoup aimer Win. Peu d'hommes y participeraient."

"Nous sommes de bons amis", répondit sèchement Morse. "De toute façon, je dois quelque chose à West pour mon propre compte."

Il n'avait pas donné la véritable raison de son départ. Pendant les jours où elle avait été perdue, il avait été torturé. Il ne voulait pas qu'elle souffre des mois d'une telle détresse mentale pendant que l'homme qu'elle aimait affrontait seul le péril de son sinistre travail dans le désert blanc de l'Arctique.

Ils reprirent le voyage.

Jessie n'en dit pas plus. Elle ne reparlerait probablement pas du sujet. Mais cela occuperait une place importante dans ses pensées. Elle vivait la plupart du temps en elle-même avec sa propre imagination. Cela avait la générosité et l'enthousiasme de la jeunesse. Elle voulait croire que les gens étaient bons, bons et vrais. Cela l'a réchauffée de découvrir en eux des vertus inattendues.

Le milieu de l'après-midi les amena à Faraway. Ils ont parcouru la rue principale du village jusqu'à la maison de McRae tandis que les métis applaudissaient depuis la porte du magasin Morse.

Jessie fit irruption dans la grande salle familiale où Matapi -Koma était assise, dépassant du seul fauteuil à bascule des bois du Nord.

"Oh, Mère—Mère!" cria la jeune fille et serra la femme Cri dans ses bras avec toute la jeune sauvagerie ardente de sa nature.

Le gros visage de l'Indienne se plissa en un large sourire. Elle avait elle-même des fils fidèles, mais pas de filles à l'exception de cette enfant adoptive. Jessie lui était très chère.

En une douzaine de phrases, la jeune fille raconta son histoire, les mots se bousculant pêle-mêle dans une hâte précipitée.

Matapi -Koma se dandinait jusqu'au traîneau. " Onistah reste ici", dit-elle en lui souriant. "Pieds-Noirs sont tous les mêmes Cris à Matapi -Koma quand il est ami avec Jessie. Angus envoie un mot à le soigner jusqu'à ce qu'il se rétablisse."

Tom a porté l'Indien dans la maison pour que ses pieds ne touchent pas le sol. Jessie était restée pour arranger le canapé où Fergus dormait habituellement.

Elle a suivi Morse jusqu'à la porte quand il est parti. "Nous aurons des choses à renvoyer à Père quand tu partiras. Je les apporterai au magasin demain matin", dit-elle. "Et maman veut que tu viennes souper ce soir. N'ose pas dire que tu es trop occupée."

Il sourit devant la férocité féminine et intime de l'injonction. Les dernières heures les avaient placés dans une situation quelque peu différente. Il accepterait toutes les largesses qu'elle serait prête à lui offrir. Il a reconnu l'esprit dans lequel il a été donné. Elle voulait lui montrer son appréciation pour ce qu'il avait fait pour elle et était sur le point de faire pour l'homme qu'elle aimait. Morse ne répondrait pas non plus à sa générosité dans un esprit grossier.

"Je serai là quand le gong sonnera", lui dit-il chaleureusement.

"Voyons voir. Il est presque trois heures maintenant. Dis cinq heures", décida-t-elle.

"À cinq heures, je frapperai à la porte."

Elle lui lança un regard à la fois timide et audacieux. "Et je l'ouvrirai avant que vous ne traversiez et je l'apporterai avec vous."

Le commerçant s'en alla avec une étrange chaleur dans le cœur qu'il n'avait pas connue depuis bien des jours. Les faits ne justifiaient pas cette exaltation, cette exaltation rapide du sang, mais celui qui a longtemps été affamé est reconnaissant de toute nourriture.

Jessie est rentrée dans la maison. Elle avait deux heures bien remplies devant elle.
"Mère, M. Morse vient dîner. Qu'y a-t-il dans la maison ?"

"Fergus a amené une queue noire hier."

"Bien. Je sais ce que je vais prendre. Mais d'abord, je veux un bain. Beaucoup d'eau chaude et tout mousseux de savon. Je dois me dépêcher. Tu peux éplucher les pommes de terre si tu veux. Et en réparer quelques-unes. de ces jeunes oignons. Ils sont gentils. Et maman, je te laisse faire les biscuits. C'est tout. Je ferai le reste.

La jeune fille a allumé une allumette sur le feu allumé dans sa chambre. Elle a apporté une baignoire en fer blanc, de l'eau chaude et des serviettes. Mince et nue, elle se tenait devant les bûches rugissantes et se délectait de son bain. La sensation de propreté était un luxe délicieux. Lorsqu'elle s'était habillée de la plante des pieds avec des vêtements propres, elle se sentait une femme nouvelle et qui se respectait.

Elle ne prêtait pas beaucoup d'attention à la psychologie vestimentaire, mais elle savait que lorsqu'elle portait le joli plaid venu de Fort Benton et que ses lourds cheveux noirs étaient bien coiffés, elle avait deux fois plus de confiance sexuelle qu'elle en ressentait. dans de vieux togs. Jessie aurait nié avec indignation qu'elle était une coquette. Elle n'en avait pas moins l'intention de conquérir. Elle voulait que cette Américaine calme et autonome l'apprécie.

Le regard qu'elle avait vu dans ses yeux rouge-marron la titillait parfois. Elle ne pouvait pas le lire. Elle devinait qu'un certain courant de sentiments à son sujet courait au plus profond de lui, mais elle ne savait pas de quoi il s'agissait. Il avait une manière inquiétante de laisser son regard fixe se poser sur elle. A quoi pensait-il ? La méprisait-il ? Était-il, loin de là, le genre d'homme envers les femmes qu'étaient West et Whaley ? Elle ne le croirait pas. Il n'avait jamais emmené de femme indienne vivre avec lui. Il n'y avait même pas de rumeur selon laquelle il s'était intéressé à une fille crie. Bien sûr , elle ne l'aimait pas – pas comme elle l'aimait pour Win Beresford ou même Onistah – mais elle était heureuse qu'il se tienne à l'écart. Cela l'aurait grandement déçue d'apprendre une quelconque intrigue sordide l'impliquant.

Jessie a retroussé ses manches et enfilé un grand tablier. Elle vit que les oignons et les pommes de terre étaient cuits et que le gibier était prêt à être grillé. Elle sortit d'une commode une des nouvelles nappes en lin blanc dont elle était excessivement fière. Elle ne ferait confiance à personne d'autre qu'à elle-même pour mettre la table. Morse était issu d'une bonne famille. Il était au courant de telles choses. Elle n'allait pas le laisser partir en pensant que la famille d'Angus McRae était des barbares, même si sa femme était crie et ses enfants de sang-mêlé.

Sur la table, elle posa un plat en verre rempli de confiture de fraises des bois. Au cours de l'été, elle avait cueilli les fruits elle-même, tout comme elle avait cueilli les baies d'amélanchier parsemées dans le pemmican qu'elle allait utiliser pour le rubaboo .

# CHAPITRE XXX

## "M" POUR MORSE

Deux personnes dans le village se sont baignées ce jour-là. L'autre était Tom Morse. Il se débarrassa de ses mocassins en bon état, de sa capote en peau de caribou avec de la fourrure, de son pantalon en peau d'orignal et de sa pittoresque chemise-couverture. Il leur substitua les vêtements disgracieux de la civilisation, une paire de bottes à bout carré, un costume de magasin, une chemise blanche.

Ce n'était pas la façon dont Faraway s'habillait pour les occasions de gala, mais à plusieurs égards, le commerçant n'a pas choisi de suivre les habitudes du Nord. Parfois, il aimait se rappeler qu'il était un Américain et non un métis français né dans les bois.

Comme il l'avait promis, il était chez les McRae à l'heure dite. Jessie s'ouvrit à sa frappe.

La jeune fille retint presque son souffle. Il n'avait pas réalisé à quel point elle était attirante. Dans ses costumes d'extérieur bruts , elle avait un certain côté enfantin naïf, une qualité d'énergie vitale très prenante et asexuée. Mais dans la robe de maison qu'elle portait maintenant, Jessie était totalement féminine. Le petit visage, caméo-fin et net, le corps élancé, droit comme le saule, avait des courbes douces et arrondies qui étaient un plaisir pour les yeux. Il l'avait toujours considérée comme brune, mais à sa grande surprise, il la trouva étonnamment blonde pour un sang métis.

Un sourire à fossettes lui fit signe de bienvenue. "Alors tu es venu ?"

"Est-ce que ce n'est pas la bonne nuit ? Tu ne m'attendais pas ?" » demanda-t-il, feignant d'être alarmé.

"Je l'étais et je ne l'étais pas. Cela ne m'aurait pas surpris si tu avais décidé que tu étais trop occupé pour venir."

"Pas quand Miss Jessie McRae m'invite."

"Elle t'a déjà invité une fois", lui rappela la jeune fille.

"Puis elle m'a demandé parce qu'elle pensait qu'elle devrait le faire. Est-ce pour ça qu'on me demande cette fois ?"

Elle a ri. "Il ne faut pas regarder un dîner-cadeau dans la bouche."

Ils étaient à ce moment-là dans la grande salle familiale. Elle le débarrassa de son manteau. Il se dirigea vers le canapé sur lequel était allongé Onistah .

"Comment ça va ? Difficile de faire de la luge '?" Il a demandé.

Le visage de bronze des Pieds-Noirs était immobile. Il devait encore souffrir énormément à cause de ses pieds brûlés, mais il n'en montrait aucun signe.

" Onistah trouve de bons amis, " répondit-il simplement.

Tom regarda autour de la pièce, et à nouveau le sentiment d'être chez lui lui revint. Les bûches rugissaient et cassaient dans la grande cheminée. La table, garnie de vaisselle et d'argent plaqué que McRae avait importé des États-Unis, provoquait en lui un plaisir presque poignant. Les livres, l'orgue, les gravures anciennes et pittoresques qu'Angus avait emportées avec lui lors de sa traversée de l'océan : tout cela toucha presque le commerçant. Il était en exil, vivant une vie de célibataire dans les conditions les plus primitives. L'atmosphère de cette maison pénétrait jusqu'à chaque fibre de son être. Cela lui procurait une faim aiguë. C'étaient là l'amour et les rapports amicaux et toute la routine quotidienne et familiale qui rendait la vie belle.

Et voici la fille qu'il aimait, vive, vitale, pleine de charme. L'adresse rapide et la grâce de ses mouvements l'attiraient. Les inflexions de sa voix jeune et chaleureuse faisaient palpiter ses pouls comme le faisait parfois la musique. Un désir ardent d'elle l'envahit. Elle était la créature la plus séduisante du monde, mais elle n'était pas pour lui.

Matapi -Koma était assise en bout de table, une matrone souriante et bienveillante aux finitions en cuivre. Elle portait sa plus belle robe, une soie perlée avec des garnitures en satin violet, apportée par un chariot de la rivière Rouge depuis Winnipeg, accompagnée de la garantie du commerçant que la reine Victoria n'en avait pas de meilleure. La garantie valait ce qu'elle valait, mais Matapi -Koma était satisfait. Jamais elle n'avait vu quelque chose d'aussi grandiose. Le fait qu'Angus McRae ait pu se permettre de l'acheter pour elle a prouvé qu'il était un grand chef.

Jessie servait elle-même sur la table. Elle y proposa un dîner comme aucun de ses invités n'en avait mangé depuis des années. Chevreuil grillé à tour de rôle, canards colverts juteux et succulents sortis de la chambre froide de leur garde-manger, purée de pommes de terre au jus, jeunes oignons bouillis de Whoop-Up, rubaboo maison au goût délicieux, biscuits chauds et confiture de fraises des bois ! Et enfin, avec le thé, un pudding aux prunes au brandy qu'une vieille dame anglaise de Winnipeg avait appris à Jessie à préparer.

Onistah mangeait allongé sur le canapé. Ensuite, rassasiés, du sentiment de contentement parfait qu'apporte un bon dîner, les deux jeunes hommes ont bourré leurs pipes et soufflé des strates de fumée vers les poutres en rondins de la pièce. Jessie débarrassa la table, puis s'assit et remit les derniers points de suture dans l'étui à fusil sur lequel elle travaillait par intermittence depuis un mois. C'était terminé, mais elle n'avait pas encore cousu les initiales sur le tissu.

Alors que les doigts rapides de la jeune fille allaient et venaient, les deux hommes observaient, pas trop visiblement, le profil ombragé par les cheveux sombres, abondants et brillants. L' image d'elle était intime, mais l'imagination délicate de Tom le tourmentait avec une image d'une association personnelle encore plus proche. Il l'a vue dans sa propre maison, devant son propre coin du feu, un bébé accroché à sa jupe. Puis, résolument, il a laissé derrière lui cette gravure mentale. Elle aimait son ami Beresford, un homme entre mille, et bien sûr, il l'aimait. Ne l'avait-il pas vu se jeter directement dans ses bras après son horrible expérience avec West ?

Matapi -Koma sortit alors de la pièce en se dandinant et ils purent entendre le cliquetis de la vaisselle.

"Je lui ai dit que je l'aiderais à les laver si elle attendait", a expliqué Jessie. "Mais elle préfère les faire maintenant et aller se coucher. De toute façon, j'ai la conscience tranquille." Elle a ajouté avec une petite bulle de rire : "Et je n'ai pas à faire le travail. Est-ce le genre de conscience que vous avez, M. Morse ?"

"Si j'étais vous, ma conscience me dirait que je ne peux pas partir et laisser mes invités", répondit-il.

Elle le ratissa d'un regard joyeux et moqueur. "Oh, je sais comment fonctionne le tien. Je ne l'aurais pour rien au monde. C'est terriblement autoritaire. Il t'envoie dans les Tarides avec Win Beresford juste parce qu'il est ton ami."

"Pas tout à fait. J'ai aussi une autre raison", répondit-il.

"Oui, je sais. Vous n'aimez pas West. Personne ne l'aime. Ni mon père, ni Fergus, ni M. Whaley, mais ils ne suivent pas le long chemin après lui comme vous. Vous ne pouvez pas obtenir sortir de là de cette façon. »

Bien entendu, elle n'avait pas trouvé la véritable raison de son départ qui complétait son amitié pour le connétable et il n'avait pas l'intention qu'elle le fasse.

"Peu importe pourquoi j'y vais. De toute façon, ce sera bon pour moi. Je deviens mou et gros. Après avoir été dehors dans la neige profonde pendant environ un mois, je vais J'ai pris ma ceinture d'un cran ou deux. Il est temps que je lutte contre un blizzard et que j'essaie de vivre avec un lapin maigre.

[Note 7 : Le lapin est la viande la plus pauvre du Nord. Il est maigre et filandreux, fournit très peu de nourriture et peu de graisse, et n'est pas un constructeur musculaire. Dans un pays où l'huile et la graisse sont essentielles, une telle nourriture n'est pas souhaitable. Les Indiens en mangeaient de grandes quantités. (WMR)]

Son regard balaya son corps mince, dur et compact. "Oui, tu as l'air doux", se moqua-t-elle. "Père a dit quelque chose de ce genre quand il a regardé cette porte par laquelle tu es passé."

Tom la regardait coudre. Il propose un commentaire maintenant, peut-être pour changer de sujet. C'est embarrassant pour un homme modeste de parler de lui-même.

"Vous travaillez ce 'W' à l'envers", a-t-il déclaré.

"Le suis-je ? Qui a dit que c'était un 'W' ?"

"J'ai deviné que ça pourrait l'être."

« Vous êtes un mauvais devineur. C'est un « M ». "M" signifie McRae, n'est-ce pas ?"

"Oui, et 'W' pour Winthrop," dit-il avec une petite touche d'audace.

Une touche de couleur douce colora ses joues. "Et 'je' pour impudence," rétorqua-t-elle avec un sourire qui ôta aux mots tout caractère offensant.

Il faisait attention à ne pas risquer de dépasser son accueil. Au bout d'une heure, il se leva pour partir. Ses adieux à Matapi -Koma et Onistah se firent dans le grand salon.

Jessie le suivit jusqu'à la porte extérieure.

Il lui donna un mot de réconfort en boutonnant son manteau. "Ne t'inquiète pas pour Win. Je garderai un oeil sur lui."

"Merci. Et il en gardera un sur toi, je suppose."

Il rit. Ce retournement de situation était pour lui une idée nouvelle. La plus jolie fille du Nord ne retenait pas son souffle jusqu'à son retour sain et sauf. "Je pense", dit-il. "Nous ferons très bien équipe."

"Ne soyez pas téméraire, ni l'un ni l'autre", prévint-elle.

"Non", promit-il en tendant la main. "Au revoir, si je ne te vois pas le matin ."

Il ne savait pas qu'elle perdait son courage et qu'elle avait dû faire pendant une demi-heure quelque chose qu'elle n'avait jamais fait auparavant. Elle se précipita dessus, une marée de sang chaud lui frappant le visage sous son bronzage.

"'M' est aussi pour Morse et 'T' pour Tom", a-t-elle déclaré.

Du même mouvement, elle lui mit l'étui dans la main et le fit sortir.

Il se tenait dehors, face à une porte fermée, un peu de fantaisie dans ses mitaines. Un frisson électrique exultant parcourut ses veines. Elle lui avait offert un gage d'amitié qu'il chérirait toute sa vie.

# CHAPITRE XXXI

## LE LONG SENTIER

Pendant quatre jours, Whaley resta entre la vie et la mort. Il y avait des heures où le courant vital en lui diminuait si bas que McRae pensait que c'était le début de la fin. Mais après le cinquième jour, il commença définitivement à guérir. Son appétit a augmenté. La fièvre en lui diminua. Le délire est passé. Une semaine seulement après qu'il ait été blessé, McRae l'a mis sur la carriole et l'a emmené en ville sur la dure croûte de neige.

Beresford revint de Fort Edmonton quelques heures plus tard, emportant avec lui un rendez-vous pour Morse comme guide et constable adjoint.

« Maintiens le droit», dit l'officier en donnant une tape sur l'épaule de son ami. "Vous êtes l'un des nôtres maintenant. Vous avez une grande chance de vivre une vie courte. Il est temps pour les compagnies d'assurance d'annuler toutes les polices qu'elles pourraient avoir sur vous."

Morse sourit. Il n'était qu'un adjoint, nommé à titre temporaire, mais il lui plaisait d'être choisi même à ce titre comme membre de la police la plus efficace du monde. « Maintiens le droit » était la devise des Montés. Tom n'avait pas l'intention que le moral de ce corps souffre à cause de lui s'il pouvait l'aider.

Angus McRae avait offert son train à chiens pour la poursuite et Beresford avait rapidement accepté. Les quatre chiens du trappeur écossais étaient de loin meilleurs que tous les autres chiens qu'on pouvait ramasser à la hâte. Ils avaient de l'endurance et n'étaient pas sauvages et loups comme la plupart de ceux appartenant aux Indiens et même à la Compagnie de la Baie d'Hudson.

Les fournitures pour le voyage avaient été rassemblées par Morse. Il avait acheté aux Cris deux cents livres de poisson séché pour les chiens. Leurs propres provisions étaient constituées de pemmican, de viande de caribou séchée, de farine, de sel, de thé et de tabac.

All Faraway était là pour voir le départ. Les voyageurs parcourraient certainement des centaines, voire des milliers de kilomètres avant leur retour. Même dans ce pays aux vastes espaces, où les hommes se déplaçaient loin lorsque les rivières et les lacs étaient fermés, ce voyage risquait de s'avérer épique.

Beresford fit craquer le long cil et Cuffy se pencha en avant dans les traces. L'enchevêtrement de chiens se redressa et commença à bouger. Un voyageur français leva la gorge avec un cri particulier qui ressemblait à un demi-aboiement. Indiens et métis descendaient la rue en raquettes à côté du traîneau. À la porte de la maison McRae se tenaient Angus, sa femme et sa fille.

"Dieu soit avec toi," appela le trappeur.

Jessie agita un foulard et Beresford, qui avait passé la soirée précédente avec elle, leva la main en guise de salutation gaie.

La calvacade arrivait à la lisière du bois. Morse se retourna. Une silhouette élancée, à peine reconnaissable au loin, se tenait toujours devant la maison McRae, agitant son écharpe.

Un virage dans le sentier la cachait. Lointain était hors de vue.

Pendant quatre ou cinq milles, les trappeurs sont restés avec eux. C'était plutôt une coutume du Nord d'accélérer ainsi les voyageurs dans leur chemin. Au bord du premier lac, les Indiens et les métis se dirent au revoir et rebroussèrent chemin.

Morse s'est déplacé sur la glace et a ouvert la voie. Les chiens suivirent en tandem : Cuffy, Koona , Bull et Caesar. Ils voyageèrent rapidement sur la glace et atteignirent les bois au-delà. Le bois n'était pas épais. Au-delà se trouvait un deuxième lac, plus grand. Au moment où ils traversèrent cela, le soleil se couchait.

Les hommes cherchaient un endroit abrité pour camper et dès qu'ils en trouvèrent un, ils quittèrent le sentier jusqu'à la lisière du bois, ramenant le traîneau sur eux comme un coupe-vent. Ils ramassaient du pin comme combustible et coupaient des branches de baume pour faire des lits. Il était tombé de la neige, et ils dînèrent, le dos à la poussée des flocons, le capuchon de leurs fourrures tiré sur la tête.

Les chiens, assis en demi-cercle, les regardaient ainsi que les poissons congelés décongeler devant le feu. Leurs visages, légèrement inclinés sur le côté, les oreilles dressées et les yeux brillants, semblaient anxieux. Lorsque les poissons furent à moitié décongelés, Morse les lança tour à tour aux animaux qui attendaient, qui réussirent à se débarrasser de leur souper en un claquement et une gorgée. Ensuite, ils s'enfouirent dans la neige et s'endormirent.

Sur les bûches flamboyantes, Beresford avait posé deux bouilloires remplies de neige. Il les remplit après la fonte des neiges, jusqu'à ce qu'il y ait suffisamment d'eau dedans. Dans une marmite, il mit un morceau de viande grasse de caribou. L'autre était de faire du thé.

Utilisant leurs raquettes comme pelles, ils ont gratté un endroit dégagé et y ont dispersé des branches de baumier. Là-dessus, ils étendent un sac de farine vide, ouvert sur le côté. Des assiettes et des tasses en fer blanc servaient de plat.

banniques détrempées , de viande grasse et de thé. Pendant qu'ils mangeaient, la neige continuait de tomber. Ce n'était pas désagréable, car aussi longtemps que cela durait, le froid ne pouvait être intolérable. De plus, la neige constitue une bonne couverture blanche et protège des chutes soudaines de température.

Ils ont changé leurs mocassins et leurs sacs de sport et ont enfilé comme vêtements de nuit de longues bottes en peau de buffle, une capuche, des cache-nez et des mitaines en fourrure . Une lourde robe de fourrure et une couverture ont été ajoutées. Dans ces dernières, ils se blottirent, s'enveloppant si complètement qu'un pied tendre les aurait étouffés faute d'air.

Avant de se retirer, ils pouvaient entendre la glace du lac craquer comme un tonnerre lointain. Les arbres derrière eux se brisaient parfois à cause du froid avec des détonations qui ressemblaient à des coups de pistolet.

Au bout de cinq minutes, les deux hommes s'endormirent. Ils couchaient la tête entièrement couverte, comme le faisaient les Indiens. Pas une seule fois dans la nuit ils ne bougèrent. Désorganiser leur literie et exposer le nez ou les mains à l'air, ce serait risquer de se geler.

Morse s'est réveillé le premier. Il eut bientôt un feu crépitant. Là encore, il y avait deux bouilloires, l'une pour la viande grasse et l'autre pour le thé fort. Aucun poisson n'était décongelé avant la chaleur, car les chiens ne sont nourris qu'une fois par jour. Sinon, ils deviennent somnolents et paresseux, perdant ainsi leur enthousiasme.

Ils partirent tôt. Il y avait un vent froid et inconfortable. Pendant des heures, ils s'accrochèrent au rythme lent et ondulant des toiles. Parfois, le sentier traversait la forêt, parfois à travers des broussailles et des petits bois. Deux fois dans la journée , ils traversaient des lacs et avançaient à un rythme soutenu. Un jour, ils arrivèrent à une fondrière, large de quatre milles, et durent labourer les gueules de mousse pendant que les broussailles emmêlaient leurs pieds et leur frappaient le visage.

Cuffy était un prince de dirigeants. Il semblait connaître, grâce à un sixième sens, la meilleure façon de se faufiler à travers les broussailles et les marécages. Il était le maître du train et gouvernait par la force, le courage et l'intelligence. Bull avait ses propres idées, mais après un violent contact avec Cuffy, dont il était ressorti ébouriffé et en sang, le chien indigène a renoncé à sa prétention à la domination.

Les voyageurs firent une quinzaine de milles avant midi. Ils arrivèrent à un tipi solitaire, construit au bord d'un lac avec un fond d'épicéas enneigés. Cette loge était construite à partir de poteaux disposés en forme de cône côte à côte, les interstices entre eux étant recouverts de mousse coincée pour remplir chaque crevasse. Un mince filet de fumée s'élevait d'un espace ouvert au sommet.

Au son des aboiements des chiens, un homme souleva le rideau en peau d'orignal qui servait de porte. C'était un Cri vieux et ridé. Son visage était si brun, si dur et si cousu de coutures qu'il ressemblait à un morceau de cuir d'alligator. De là sortaient deux très petits yeux brillants.

« Pouah ! Pouah ! grogna-t-il.

Cela semblait être tout l'anglais qu'il connaissait. Beresford l'a essayé en français et a découvert qu'il en avait un peu. Après de nombreuses tentatives, le soldat découvrit qu'il n'avait vu aucun homme blanc avec un train de chiens depuis de nombreuses lunes. Les Cris y vivaient seuls, semble-t-il, et étaient piégés pour gagner leur vie. Pourquoi il était séparé de tous ses parents et relations tribales, le jeune Canadien ne pouvait pas le découvrir à l'époque. Plus tard, il apprit que le vieil homme était un paria parce qu'il avait montré la plume blanche lors d'une bataille contre les Pieds-Noirs cinquante ans plus tôt.

Avant de partir, les voyageurs ont découvert qu'il connaissait encore deux mots d'anglais. L'un était du rhum, l'autre du tabac. Il a supplié pour les deux. Ils lui laissèrent un demi-pied de tabac. Le peu de whisky qu'ils avaient apporté était destiné à une urgence.

Juste avant la tombée de la nuit, Morse a abattu deux lagopèdes dans les bois. Ceux-ci constituaient un ajout bienvenu à leur tarif habituel.

Même si les deux hommes étaient expérimentés dans l'utilisation des raquettes, leurs pieds étaient écorchés par le frottement des lanières. Avant le feu de camp, ils graissaient les endroits douloureux avec du suif. En quelques jours, l'irritation due aux toiles disparaîtrait et les muscles des jambes mis en service par ce nouveau et régulier brassage se durciraient et se remettraient en forme.

Ils avaient construit un brise-vent de broussailles à côté du traîneau et recouvert le sol de branches d'épicéa après avoir déblayé la neige. Ici, ils se reposaient après le souper, séchant des chaussettes, des sacs de sport et des mocassins mouillés de transpiration, devant le feu allumé.

Beresford a sorti sa pipe en bruyère anglaise et Tom en a choisi une dans le stock de la société. De la fumée entourait leurs têtes tandis qu'ils se prélassaient indolemment sur le lit d'épicéa et échangeaient parfois une remarque. Ils se connaissaient assez bien pour de longs silences. Quand ils parlaient, c'était parce qu'ils avaient quelque chose à dire.

Le Canadien regarda le nouvel étui à fusil de son ami et remarqua avec une lueur dans les yeux :

"J'en ai parlé en premier, Tom. Il y avait des mineurs là-dessus, pensais-je."

L'Américain rit sardoniquement. "C'était un cadeau pour un bon garçon", a-t-il expliqué. "J'ai l'impression que quelqu'un était content que je traîne avec toi pendant ce voyage. Peut-être que tu peux deviner pourquoi. Quoi qu'il en soit, j'en ai tiré un cadeau."

"Je vois que c'est le cas," répondit Beresford en souriant.

"Je dois m'occuper de toi correctement et veiller à ce que tu sois bien rangé."

"Oh, c'est ça ?"

"C'est ça."

Le policier le regarda bizarrement, commença à dire quelque chose, puis changea d'avis.

# CHAPITRE XXXII

## UNE IMAGE DANS UN MÉDAILLON

C'était caractéristique de McRae d'avoir insisté pour amener Whaley chez lui pour récupérer. "C'est des soins infirmiers dont tu as besoin, mec, et de la nourriture pour les guides . Tu auras ton bain à la maison ."

Le commerçant a protesté et a été rejeté. Son épouse crie n'était plus en mesure de s'occuper de lui. L'épouse et la fille de McRae ont tenu sa promesse et le blessé a prospéré grâce à leurs soins.

Un après-midi, Whaley était allongé sur le lit de sa chambre, en train de fumer. À côté de lui était assis Lemoine, qui tirait lui aussi une pipe. Le trappeur avait rapporté à l'ancien joueur l'histoire étrange d'un médaillon et d'une bague qu'il avait vu acheter par un métis à une squaw Pieds-Noirs qui prétendait l'avoir depuis dix-huit ans. Il venait juste de finir de le raconter lorsque Jessie frappa à la porte et entra dans la pièce avec un bol de bouillon de caribou.

Whaley fit semblant d'être mécontent de cette sollicitude, mais son objection était une fraude. Il aimait que cette fille s'inquiète pour lui. Son attitude à son égard avait complètement changé. La considérant comme une fille blanche, il la regardait avec respect.

"Plus de slops", dit-il. "Apportez-moi un bon steak de caribou et je vous dirai merci."

"Tu dois manger ce que Mère envoie", lui dit-elle.

Lemoine s'était levé de la chaise sur laquelle il était assis. Il la regarda, un étrange regard d'étonnement perplexe dans les yeux. Jessie prit conscience de son regard et lui lança un regard agacé.

"Avez-vous vu un fantôme, M. Lemoine ?" elle a demandé.

"Par gar, peut-être , Miss Jessie. La photo dans le médaillon, elle juste ' lak you - mêmes cheveux, mêmes yeux, même sourire.

"Quelle image dans quel médaillon ?"

"Le médaillon que je vois chez Whoop-Up, celui que Pierre Roubideaux a acheté à la squaw du vieux Makoye -kin."

"Une photo d'un Pied-Noir ?"

"Non-o. Peut-être français, peut-être du pays américain . Je ne sais pas."

Whaley retira la pipe de sa bouche et s'assit, les yeux froids sur son visage blanc fixes et attentifs. " Retourne à Whoop-Up, Lemoine. Achetez- moi ce médaillon et cette bague à Pierre Roubideaux. Allez voir Makoye -kin — et sa squaw. Découvrez où elle les a eu — et quand. Racontez toute l'histoire. "

Le trappeur ôta son bonnet de fourrure et gratta sa nuque bouclée. "Mais ... pourquois ? Tout ça va prendre de l'argent, n'est-ce pas ?"

"Je vous laisserai l'argent. Dépensez ce dont vous avez besoin, mais rendez-en-moi compte plus tard."

Jessie sentit le battement irrégulier d'un marteau dans sa poitrine. « Qu'en pensez-vous, M. Whaley ? elle a pleuré doucement.

"Je ne sais pas ce que je pense. Probablement rien à voir. Mais il y a un médaillon. Nous le savons. Avec une photo qui vous ressemble, pense Lemoine ici présent. Nous ferions mieux de découvrir à qui appartient cette photo, n'est-ce pas ? nous?"

"Oui, mais... Voulez-vous dire que cela a peut-être quelque chose à voir avec moi ? Comment est-ce possible ? La sœur de Stokimatis était ma mère. Onistah est ma cousine. Demandez à Stokimatis . Elle sait. Que pourrait être cette femme de la photo ? " moi?"

Jessie ne pouvait pas comprendre le pouls palpitant dans sa gorge. Elle n'avait aucun doute sur le fait que sa mère était une Pied-Noire. Toute la romance de sa naissance trouble était centrée sur le père inconnu décédé alors qu'elle était bébé. Stokimatis n'a pas été très clair à ce sujet. Elle n'avait jamais rencontré cet homme, d'après l'histoire qu'elle avait racontée à Sleeping Dawn. Ni elle ni ceux de son groupe tribal ne savaient rien de lui. Y avait-il un mystère dans sa vie ? Dans ses rêves d'enfant, Jessie en avait tissé un. Il était pour elle tout ce qui était désirable, car il était le lien qui l'attachait à tous les standards de vie plus élevés dont elle rêvait.

"Je ne sais pas. Ce n'est probablement qu'un nid de jument. Trouvez Stokimatis ,
Lemoine, et ramenez-la avec vous. Eh bien , voyez ce qu'elle peut nous dire. Et récupérez le médaillon et la bague, avec leur histoire."

encore une fois évoqué le coût. Il lui faudrait prendre son train à chiens jusqu'à Whoop-Up, et de là jusqu'à la crique où vivait Pierre Roubideaux. Makoye -kin et sa famille pourraient hiverner n'importe où dans un rayon de cent milles. Est-ce que ça servait à quoi de se lancer dans une telle chasse au lièvre sauvage ?

Whaley pensait que c'était le cas et l'a dit avec détermination. Il n'a pas donné sa véritable raison, à savoir qu'il voulait rembourser à McRae et à sa fille la dette qu'il devait. Ils lui avaient sans aucun doute sauvé la vie après qu'il l'ait traitée outrageusement. Il y avait déjà une partition à son actif, bien sûr. Il l'avait sauvée de West. Mais il sentait que la balance penchait toujours lourdement en sa défaveur. Et c'était un homme qui payait ses dettes.

C'était ce facteur de sa constitution - l'obligation d'anciennes associations qui lui était imposée - qui l'avait emmené vers l'Ouest avec de l'argent, des fournitures et un train de chiens pour l'aider à s'échapper.

Jessie est sortie pour retrouver son père. Son impatience de le voir dépassait ses pas. Ce n'était pas un sujet dont elle pouvait discuter avec Matapi -Koma. La femme Cri ne comprendrait pas à quel point cela ferait une énorme différence si elle pouvait prouver que son sang appartenait entièrement à une race supérieure. Jessie ne pouvait pas non plus soulever un tel point avec tact. Cela concernait non seulement la position de Matapi -Koma elle-même, mais aussi celle de ses fils.

La jeune fille a trouvé McRae dans la réserve en train de regarder un paquet de peaux assorties : martre, renard, vison et castor. La nouvelle tombait de ses lèvres en exclamations excitées.

« Oh, Père, devinez ! M. Lemoine a vu une photo – une femme Pieds-Noirs l'avait – la femme du vieux Makoye -kin – et elle l'a vendue. Et il a dit que c'était comme moi – exactement. Peut-être que c'était ma tante – ou quelqu'un d'autre. ... La sœur de mon père ! Vous ne trouvez pas ?

"Je saurai ce que je pense qu'il vaut mieux que vous vous taisiez et que vous me disiez un peu , ma fille."

Elle lui a dit. L'Écossais accepta ce qu'elle avait à dire sans aucun signe extérieur d'excitation. Néanmoins, son sang circulait plus vite. Il ne voulait aucun changement dans leurs relations qui puisse interférer avec l'amour qu'elle ressentait pour lui. Pour lui, peu importe qu'elle soit de sang pur ou métisse. Il avait toujours ignoré l'Indien qui était en elle. Elle était un précieux animal de beauté et de plaisir. Par nature, elle appartenait à la race dirigeante. Il n'y avait en elle rien de servile ou de dépendant, aucune de cette inertie qui était une caractéristique mentale si marquée des Pieds-Noirs et des Cris. Son corps mince était rempli de feu et d'esprit. Elle était vivante jusqu'au bout des doigts.

Néanmoins, il était content pour elle. Puisqu'il lui importait qu'elle soit de sang-mêlé, il se réjouirait aussi si elle pouvait prouver le contraire. Ou, si elle pouvait retrouver la famille de son propre père, il essaierait d'être heureux pour elle.

De son index rugueux, il toucha doucement la courbe tendre de la joue de la jeune fille. "Je pense que si vous trouvez des parents de l'autre côté de la ligne, le vieux Angus McRae va perdre son copain ."

Elle vola dans ses bras, son visage jeune et chaud pressé contre sa joue cousue.

"Jamais, jamais ! Tu es mon père, toujours comme ça, peu importe ce que je trouve. Tu m'as appris à lire et tu m'as soigné quand j'étais malade. Tu as toujours pris soin de moi et tu as été bon avec moi. Je n'aurai jamais n'importe quel vrai père à part toi", s'écria-t-elle avec passion.

Il caressa tendrement ses cheveux noirs et abondants. "Ma fille, je vous ai donné tout l'amour qu'un yin pourrait lui donner bébé . Je dois dire que j'ai parfois été dur avec vous, mais je suis un vieil homme austère et vous savez bien que mon cœur était malheur pour vous quand j'étais le plus strict.

Elle pouvait compter sur les doigts d'une main les fois où il lui avait dit cela. De nature, il était un peu de granit écossais à l'extérieur. Il était sentimental. La plupart des membres de sa race le sont. Mais il en gardait l'expression comme s'il s'agissait d'un vice.

"Peut-être qu'Onistah a entendu sa mère dire quelque chose à ce sujet", suggéra Jessie.

"C'est assez. Il n'y aura aucun mal à demander au garçon."

Mais les Pieds-Noirs n'avaient pas grand-chose à dire. Stokimatis lui avait dit que Sleeping Dawn était son cousin, mais il ne l'avait jamais vraiment cru. Un jour, alors qu'il avait pressé sa mère de questions, elle avait souri profondément et changé de sujet. Son sentiment était, et avait toujours été, qu'il y avait un certain mystère autour de la naissance de la jeune fille. Stokimatis savait ce que c'était ou en avait une idée.

Son témoignage tendait au moins à soutenir les espoirs fous qui flambaient dans le cœur de la jeune fille.

Lemoine est parti vers le sud pour Whoop-Up au point du jour.

# CHAPITRE XXXIII

## DANS LE PAYS SOLITAIRE

Les poursuivants se sont dirigés vers les aurores boréales après une traversée de quatre jours. Manders, des Montés, les accueillit avec le meilleur de lui-même. Aucune nouvelle ne lui était parvenue de l'extérieur depuis plus de deux mois, et après que ses visiteurs aient été nourris et réchauffés, ils se sont allongés devant un feu de bois rugissant pendant qu'il leur posait des questions sur ce que faisaient le monde et son voisin.

Manders était un homme à la barbe brune, un grand défenseur de la police du Nord-Ouest. Il avait deux passe-temps. L'un d'entre eux concernait les troubles dans les Balkans, qu'il prophétisait toujours. L'autre était une passion pour Sophocle, qu'il lisait dans l'original d'une édition de poche. Lancez-le dans la course de chars dans "Elektra" et il le débiterait pendant qu'il arpentait la cabine et faisait des gestes avec des yeux clignotants. Car il était un homme de rugby et d'Oxford, bien que né avec l'envie de voyager dans son cœur. Un jour, il hériterait d'un grand domaine en Angleterre, d'une vieille baronnie qui emportait avec elle des manoirs, des parcs à cerfs et des pelouses rasées qui avaient mis cent ans à pousser. Pendant ce temps, il vivait de pemmican et de banniques acidulées . Parfois, il grommelait, mais ses grognements étaient une tromperie. Il était ici de choix, car il était un âne sauvage du désert et ses oreilles n'entendaient que l'appel de l'aventure. Parmi eux se trouvait le North-West Mounted.

Bientôt, lorsque le courant de sa curiosité pour l'extérieur commença à se tarir, Beresford posa lui-même quelques questions. Manders ne pouvait lui donner aucune information. Il était en contact avec les trappeurs dans un rayon de cent milles dont Northern Lights était le centre, mais aucune nouvelle ne lui était parvenue d'un voyageur solitaire avec un train de chiens passant vers le nord.

"Il frappe probablement l'ouest d'ici", suggéra le grand Anglais noir.

Le visage de Beresford se transforma en une grimace ironique et humoristique. À l'est, à l'ouest ou au nord, il leur faudrait retrouver l'individu et le ramener.

Les chasseurs d'hommes ont passé une journée à Northern Lights pour reposer les chiens et réapprovisionner leurs provisions. Ils révisèrent soigneusement leur bois de fardage, réparèrent le harnais cassé en peau d'orignal et s'occupèrent de l'un des animaux qui était devenu un peu boiteux à cause d'un coussinet douloureux. À un métis français, ils ont acheté du matériel supplémentaire indispensable pour le trail. C'était un jeune homme gai et beau, vêtu d'une chemise de chasse en cuir à franges neuve, d'une casquette bleue de la Saskatchewan ornée de rubans et d'une ceinture croisée en tissu écarlate. Son stock dans le commerce était des chaussures pour chiens, fabriquées par sa femme en peau de caribou et trempées, pendant le processus de tannage, dans une sorte de liquide qui empêcherait les chiens de les manger sur leurs pieds.

La température était de trente-cinq degrés au-dessous de zéro lorsqu'ils quittèrent le poste et il y avait des chiens solaires dans le ciel. Manders avait suggéré qu'ils feraient mieux d'attendre un jour ou deux, mais les chasseurs d'hommes étaient impatients de se retrouver sur la piste. Ils avaient un travail dangereux et désagréable à accomplir. Tous deux voulaient en finir le plus vite possible.

Ils se dirigèrent vers la nature. La route qu'ils empruntèrent était un chemin tortueux à travers la forêt blanche et ininterrompue. Ils virent de nombreuses traces d'animaux à fourrure, mais ne s'arrêtèrent pas pour chasser. Le froid intense et l'apparence du ciel étaient des fouets pour les pousser plus vite. Au cours des deux ou trois jours suivants, ils passèrent quinze ou vingt lacs. Ils les parcouraient rapidement, mais dans les portages et dans les bois, ils devaient tasser la neige, parfois couper les broussailles qui obstruaient, et encore aider les chiens dans les endroits difficiles ou lourds.

Le blizzard les a attrapés le troisième jour. Ils se frayèrent un chemin à travers la tempête grandissante à travers un lac assez grand jusqu'à la lisière du bois. Ici, ils ont dégagé un espace d'environ neuf pieds carrés et ont coupé des branches d'arbres à feuilles persistantes pour le couvrir. D'un côté, Morse a allumé le feu pendant que Beresford dételait les chiens et décongelait pour eux un tas de poisson congelé. A présent, les bouilloires bouillonnaient sur le feu. Les hommes dînèrent et tirèrent le traîneau comme une barricade contre le vent.

Le froid s'était quelque peu atténué et la neige s'était installée. Toute la nuit, une bruine glaciale poussée par le vent les a frappés. Ils passèrent d'une nuit inconfortable à une journée sombre.

Ils se sont consultés sur ce qu'il était préférable de faire. Leur camp était dans un endroit pauvre, parmi quelques arbres gorgés d'eau qui faisaient un feu pauvre et enfumé. Il y avait peu d'abri contre la tempête et il n'y avait aucun signe de beau temps à portée de main.

"Mieux vaut s'attaquer à la prochaine traversée", conseilla Morse. "Une fois que nous aurons traversé le lac , notre situation ne pourra pas être pire qu'ici."

"Bien!" » approuva Beresford.

Ils ont emballé leurs provisions, attelé les chiens et sont partis. Ils foncèrent dans la tempête, la tête baissée, secoués par un vent hurlant chargé de grésil cinglant qui balayait le lac en hurlant. Tout autour d'eux, ils entendaient le bruit aigu de la glace qui craquait. À tout moment, une fissure peut s'ouvrir et sa largeur peut atteindre un pouce ou plusieurs mètres. Dans le vent aveuglant, ils ne voyaient rien. Littéralement, ils devaient tâtonner.

Morse partit tester la glace, Cuffy le suivant de près. L'eau s'engouffre après une fissure et gèle bientôt. Le danger est qu'on y arrive trop tôt.

C'est ce qui s'est passé. Morse, sur ses raquettes, a traversé en toute sécurité la glace finement gelée. Cuffy, un pas ou deux derrière le pionnier, plongea dans l'eau. L'énergie prompte de Beresford sauva les autres chiens. Il les arrêta instantanément et rejeta tout son poids pour retenir le traîneau. Le Saint-Bernard patauge dans l'eau pendant quelques instants et tente d'atteindre Morse. Le harnais retenait Cuffy. Beresford a couru jusqu'au bord de la pause et l'a appelé. Une seconde ou deux plus tard, il aidait à ramener le chien sur la glace ferme.

Dans le froid glacial, le pelage emmêlé du Saint-Bernard se figea. Cuffy connaissait le danger. Dès que le traîneau franchit la fissure, il plongea sur la charge et avança avec une telle vitesse qu'il semblait presque entraîner les autres chiens avec lui.

Heureusement , le rivage était proche, à moins de trois ou quatre milles. En une demi-heure, la terre fut atteinte. Une forêt descendait jusqu'au bord du lac. Dans les arbres les plus proches, Morse a coupé l'écorce de bouleau. On disposait d'une abondance de bois assez sec. Devant un feu crépitant, Cuffy était allongé sur une robe de buffle et fumait. En moins d'une heure, il blottit son nez satisfait contre la main caressante de Beresford.

Éreintés, les voyageurs se couchent tôt. Bien avant le lever du jour, ils étaient debout. Le blizzard s'était calmé pendant la nuit. Il laissait derrière lui une piste croûteuse sur laquelle les chiens se déplaçaient rapidement. Le thermomètre avait de nouveau fortement baissé et le temps était glacial. Avant que les lumières d'un village indien ne leur fassent un clin d'œil à travers les arbres, ils avaient parcouru près de quarante milles. Dans l' obscurité hivernale de l'après-midi , ils arrivèrent.

Les chiens indigènes aboyaient en guise de bienvenue bien avant de venir tinter au milieu des tipis. Bucks, squaws et papooses se précipitèrent vers eux avec des exclamations gutturales de salutation. Certains des jeunes et une ou deux jeunes filles n'avaient jamais vu d'homme blanc auparavant.

Une mêlée rapide et furieuse interrompit la conversation. Les chiens-loups du village mettaient à l'épreuve le courage des quatre étrangers. Les grognements et les jappements couvraient tous les autres sons jusqu'à ce que la horde décharnée de muselés pointus ; des brutes aux cheveux raides avaient été repoussées à coups de fouet sauvages et à coups rapides de crosse de fusil.

Le chef du groupe invita les deux Blancs dans la plus grande hutte. Morse et Beresford se sont assis devant un feu enfumé et ont mené un dialogue difficile. Ils répartirent un demi-mètre de tabac entre les hommes présents et donnèrent à chacune des femmes une petite poignée de perles de différentes couleurs.

Ils mangeaient avec parcimonie un ragoût de poisson, cadeau de leurs hôtes. A leur tour, les officiers avaient ajouté au menu un gros morceau d'orignal gras qui fut dévoré avec voracité.

Les Indiens interrogés avaient entendu l'histoire d'un homme blanc voyageant seul à travers les Terres Solitaires avec un train à chiens. C'était un type géant et maussade, la nouvelle s'était répandue. Ils ne savaient pas qui il était ni où il allait , mais il semblait se diriger vers le grand fleuve du nord. C'était la somme et la substance de ce que Beresford avait appris d'eux sur West grâce à une enquête persistante.

Après le souper, comme il faisait très froid dehors, les chasseurs d'hommes couchèrent dans le tipi du chef. Treize Indiens y dormaient également. Deux d'entre elles étaient les épouses du chef, six étaient ses enfants et une était un petit-enfant. Qui était le reste de la fête ni quelle relation ils entretenaient avec lui, les invités n'ont pas su.

L'endroit était sale et l'air était infect. Avant le matin, les deux jeunes Blancs regrettèrent de ne pas avoir pris de risques dehors.

"Plus jamais", dit Beresford avec un franc dégoût après leur départ le lendemain. "Je mourrai de faim s'il le faut. Je gèlerai s'il le faut. Mais, par Jupiter ! Je ne mangerai pas de ragoût indien ni ne dormirai dans un pot-pourri de nitchies . Pas assez bon."

Tom sourit. "Pendant que je mangeais le ragoût, je pensais que je pourrais supporter de dormir là même si j'avais des haut-le-cœur en mangeant, et pendant que j'essayais de dormir, j'ai décidé que si je devais en choisir un, ce serait le ragoût. " La prochaine fois que nous affronterons un blizzard, nous en saurons assez pour être reconnaissants de notre miséricorde. Nous pourrons imaginer que cela pourrait être bien pire. "

Cet après-midi-là, ils ont tué un caribou et ont obtenu de la viande fraîche dont ils avaient grand besoin ainsi que pour les chiens. Malheureusement, alors qu'il transportait l'arrière-train jusqu'au traîneau, Beresford a glissé et s'est étiré un tendon de la jambe gauche. Il ne l'a pas vraiment remarqué sur le moment, mais après une heure de voyage, la douleur s'est intensifiée. Il avait du mal à suivre le rythme des chiens.

Ils traversaient un lac de dix milles. Morse proposa de camper dès qu'ils en auraient atteint le bord.

"Mieux vaut monter sur le traîneau et rouler en attendant", a-t-il ajouté.

Beresford secoua la tête. "Non, je vais continuer, d'accord. Je dois sourire et le supporter. De toute façon, le traîneau est surchargé. Vous trottez et je vous suivrai. Une fois que vous aurez allumé les feux et fait tout le travail, je vais flâner." au camp."

Tom n'a fait aucune autre protestation. "Très bien. Vas-y doucement. Je vais décharger et revenir te chercher."

Le Montanan trouva un bon terrain de camping, laissa les fournitures et laissa Cuffy comme garde. Avec les autres chiens, il est reparti et a rencontré l'officier. Beresford boitait toujours avec obstination. Chaque pas lui envoyait une poussée de douleur, mais il serrait les dents et continuait d'avancer.

Il n'en était pas moins heureux de voir le traîneau vide. Il dégringola et laissa les autres faire le travail.

Au camp, il grattait la neige avec une chaussure pendant que Morse coupait des branches d'épinette et coupait du bois pour le feu.

Beresford a beaucoup souffert de son genou cette nuit-là. Il ne dormait pas beaucoup et, le jour venu, il était clair qu'il ne pouvait pas voyager. Le camping était bon. Il y avait beaucoup de bois et la forme de la digue dans laquelle ils se trouvaient les protégeait du vent froid. Les chiens ne seraient pas plus mal après un jour ou deux de repos. Les voyageurs décidèrent de rester ici aussi longtemps que nécessaire.

Tom est parti à la chasse. Il a ramené un sac de quatre lagopèdes en fin d'après-midi. Frits, ils étaient délicieux. Les chiens se mettaient en demi-cercle et attrapaient les os qu'on leur jetait. Croustillant, croquant, croquant. Les os n'étaient plus. Les chiens, la tête penchée d'un côté, attendaient avec impatience des friandises plus tendres.

"J'ai vu des traces de cerf. Demain, j'essaierai d'en trouver une", a déclaré Morse.

Le lendemain, le boiteux descendit en boitillant jusqu'au lac, brisa la glace et pêcha le brochet. Il a ramené au camp avec lui tout ce qu'il pouvait emporter.

Le quatrième jour, son genou s'était tellement amélioré qu'il pouvait voyager lentement. Ils furent heureux de voir cette nuit-là les lumières du Fort Désolation, comme l'un des Montés avait surnommé le poste à cause de sa solitude.

# CHAPITRE XXXIV

## LES CHASSEURS D'HOMME LIRE LE PANNEAU

Dans le Nord blanc, les voyageurs sont rares et éloignés. Il est impossible de parcourir le pays sans laisser une trace de ses progrès écrite sur le terrain et dans l'esprit des indigènes. Le fugitif n'a pas tenté de se cacher. Il avait maintenant avec lui un guide indien et s'avançait vers les Terres Arides. Il n'y avait aucune incertitude quant à ses mouvements. De Fort Chippewayan, il avait tourné vers le nord-ouest le long de la ligne des grands lacs gelés, contournant l'Athabasca et suivant la Grande rivière des Esclaves jusqu'au lac du même nom. Il traversa celle-ci au point le plus étroit, à peu près là où la rivière s'y jette, et se dirigea vers l'extrémité orientale du lac La Martre .

Sur ses talons, toujours loin derrière, marchaient les deux poursuivants, patients, tenaces et inexorables. Ils avaient laissé loin en arrière les forts des Montés et les petits établissements des libres-échangistes. Ils étaient déjà au cœur des terrains de piégeage de la Compagnie de la Baie d'Hudson. Devant eux s'étendaient les Barrens, qui s'étendaient jusqu'aux criques de l'océan Arctique.

Les jours s'allongeaient et les nuits devenaient plus courtes. Le soleil implacable du Northland frappait les cristaux de neige froide et reflétait un million d'étincelles de lumière. Dans ce champ blanc, l'éblouissement était presque insupportable. Tous deux portaient des lunettes fumées, mais même avec celles-ci, leurs yeux étaient continuellement brûlants. Ils sont devenus rouges et enflés. Si le temps n'avait pas été un élément aussi important dans leur voyage, ils n'auraient essayé de voyager qu'après le coucher du soleil. Mais ils ne pouvaient pas se le permettre. West continuerait aussi longtemps et aussi vite qu'il le pourrait.

Chacun d'eux redoutait la cécité des neiges. Ils en connaissaient le signe : une douleur épouvantable, un picotement des globes oculaires, comme si du sable chaud et brûlant leur était lancé. Au camp, la nuit , ils lavaient leurs paupières gonflées et appliquaient une pommade fraîche et cicatrisante.

Pendant ce temps, les semaines se transformaient en mois et ils restaient comme des bouledogues sur la trace de l'homme qu'ils poursuivaient.

Le silence des vastes étendues blanches et vides les entourait, à l'exception d'un mot occasionnel, du gémissement d'un chien et du craquement glissant des patins du traîneau. Des déserts gelés hostiles , ils passèrent, à travers le calme éternel, dans le désert de neige qui semblait s'étendre à l'infini. Lorsqu'ils arrivaient dans des forêts, désormais plus minces, plus petites et moins fréquentes, ils les accueillaient comme un vieil ami.

"Il se dirige vers Great Bear, semble-t-il", suggéra Morse un matin après une heure pendant laquelle aucun d'eux n'avait parlé.

"Je me demandais quand tu gazouillerais, Tom," sourit joyeusement Beresford. "Parfois, je pense que j'en ai marre à vie des sifflements des patins à raquettes. La voix humaine sonne bien ici. Oui, le Grand Lac de l'Ours. Et après ça, où?"

"En haut du lac, de l'autre côté du Mackenzie, et en bas jusqu'à l'océan, je dirais. Il se dirige vers les eaux baleinières. L'île Herschel peut-être. Il espère tomber sur un baleinier et descendre dessus jusqu'à Frisco. "

"Votre supposition est aussi bonne que n'importe quelle autre", a admis le Canadien. "Il s'est imposé un travail de taille humaine. Je dirai cela pour lui. C'est un pari de cinq contre un qu'il ne s'en sortira jamais vivant, même si nous ne l'attrapons pas."

"Que peut-il faire d'autre ? Il doit continuer ou être ramené pour être pendu. Je voyagerais aussi si j'étais à sa place."

" Moi aussi . Il la frappe certainement. J'aurais aimé qu'il se casse la jambe pendant une semaine ou deux", a déclaré l'agent avec légèreté.

Ils se sont plongés dans un marécage dense d'épicéas et ont sauté sur un ours à moitié adulte. Il était si proche d'eux que Tom, qui ouvrait la piste, pouvait voir ses petits yeux brillants. Morse portait son fusil, dans l'espoir d'apercevoir un lynx ou un élan. L'ours s'est retourné pour s'enfuir, mais son intention n'est jamais devenue réalité. Une balle lui a traversé la tête et a fait tomber l'animal.

Une heure plus tard, ils atteignirent un camp indien au bord d'un lac. Sur des scènes construites en hauteur, les poissons en train de sécher pendaient hors de portée des chiens. Ces animaux fonçaient vers les voyageurs comme d'habitude, des créatures de loups maigres, hérissées qui n'avaient jamais été à moitié apprivoisées.

Beresford les a ripostés avec le fouet. Des Indiens sortaient des huttes, les cheveux emmêlés tombant sur les yeux. Après les salutations d'usage et les petits cadeaux, les chasseurs d'hommes posèrent des questions.

"Grand Lac de l'Ours— wah -he-o- che (jusqu'où) ?"

Le chef ouvrit les yeux. Personne sain d'esprit n'allait aux grandes eaux à cette époque de l'année. C'était peut-être quinze, peut-être vingt jours de voyage. Qui pourrait le dire ? Toutes les peaux claires étaient-elles folles ? Il y avait seulement trois jours qu'un autre train de chiens était passé, conduit par un grand homme hirsute qui ne leur avait laissé aucun cadeau après avoir acheté du poisson. Trois blancs en autant de jours, et avant cela, seuls les voyageurs se métis en deux fois plus d'années.

Le soldat poussa un cri enfantin. "Il gagne vite. Seulement trois jours de retard, Tom. Si notre chance persiste, il n'atteindra jamais la Grande Ourse."

Il y avait une raison derrière le cri exultant de Beresford. Au moins un des chiens de West avait les pattes en sang. C'est ce que leur disait la neige tachée sur le sentier. Soit le grand homme n'avait pas de chaussures pour les animaux, soit il était trop négligent pour les utiliser en cas de besoin, avait suggéré le gendarme à son ami.

"Ce n'est pas de la négligence", a déclaré Morse. "C'est sa nature intimidante. Il a probablement les chaussures, mais il ne les mettra pas . Il frappera la pauvre brute à la tête et maudira sa chance quand il tombe en panne. Il est trop têtu pour être un bon conducteur."

Le quatrième jour suivant, ils furent confrontés à l'une des tragédies mineures des voyages subarctiques. Le squelette d'un chien gisait au bord du sentier. Ses os avaient été nettoyés par ses compagnons cannibales voraces.

"Il en reste trois", a commenté Beresford. "Il envisagera d'en prendre un autre lorsqu'il rencontrera des Indiens ou des Esquimaux."

"S'il le fait, cela ne servira à rien de travailler avec son train. Je crois que nous l'avons eu. Il n'a pas vingt-cinq milles d'avance sur nous en ce moment."

"Je le dirais à vingt heures. Dans trois jours environ, le feu d'artifice commencera."

C'est le deuxième jour après qu'ils commencèrent à remarquer quelque chose de particulier dans la piste qu'ils suivaient. Jusqu'ici, on avait suivi une ligne droite, sauf lorsque le mauvais terrain rendait un détour conseillé. Maintenant, il oscillait de manière incertaine, un peu comme un homme ivre chancelant dans la rue.

"Qu'est-ce qui ne va pas chez lui ? Ce ne peut pas être de l'alcool. Mais s'il n'est pas ivre, qu'est-ce qui lui prend ?" » demanda à haute voix le soldat, n'attendant aucune réponse expliquant ce phénomène.

Tom secoua la tête. "Vous voyez. L'Indien conduit maintenant. Il suit une ligne assez droite. Vous pouvez dire qu'il est à la ligne de queue par la forme des toiles. Et West avance toujours d' une manière folle. Il est tombé ici. Est-il malade , tu penses ?"

"Laissez tomber. De toute façon, il a des ennuis. Nous saurons bien assez tôt ce que c'est. Avant la nuit, nous les reverrons peut-être."

Avant qu'ils aient parcouru encore un kilomètre, la trace dans la neige montra une autre particularité. Il formait un large demi-cercle et se dirigeait de nouveau vers le sud.

"Il a abandonné. Qu'est-ce que ça veut dire ? À court de bouffe, tu crois ?" » demanda Beresford.

"Non. S'ils l'avaient été, il aurait installé son camp et serait parti chasser. Nous avons croisé le panneau du bœuf musqué aujourd'hui, vous savez."

"C'est vrai. Ça ne peut pas être ça. Il doit être malade."

Ils gardaient les yeux ouverts. D'un moment à l'autre, ils risquaient fort de faire une découverte. Comme ils se trouvaient dans un pays de broussailles, ils se déplaçaient avec prudence pour éviter une embuscade. Il était simplement possible que le fugitif les ait aperçus et prépare une mauvaise surprise. Mais c'était une possibilité qui ne ressemblait pas à une probabilité.

"Quelque chose s'est mal passé dans ses plans", a déclaré Morse après qu'ils aient parcouru le sentier sud pendant une heure. « On dirait qu'il ne sait pas ce qu'il fait. Est-il devenu fou ?

"C'est peut-être ça. Les hommes le font souvent dans ce pays. Nous ne savons pas à quel point il a traversé une période difficile."

"Je parie qu'il a résisté à de nombreuses tempêtes de neige au cours des deux derniers mois. Remarquez une chose. West suit le guide comme un agneau. Il fait un chemin ivre, bien sûr. Voyez comment la pointe de sa chaussure a attrapé la neige là-bas. et l'a jeté à terre. Les Cris ont immédiatement arrêté le traîneau pour que West puisse se relever. Pourquoi a-t-il fait cela ? Et pourquoi West ne s'éloigne-t-il jamais d'un pied du chemin qui est cassé ? Ce n'est pas comme lui. Il est toujours le patron. 'la tenue - toujours en tête '."

Beresford était également perplexe. "Je ne comprends pas la situation. Cela fait près de mille kilomètres que nous avons parcouru cette piste, huit cents en tout cas. Tout le long du trajet, Bully West a mis son grand pied dessus en tant que patron. Maintenant, il prend la deuxième place. . La raison me dépasse.

L'esprit de son ami sauta à la conclusion. "Je pense que je sais pourquoi il suit le chemin droit et étroit. Le guide a une corde autour de sa taille et West y est attaché."

"Pourquoi?"

Les rayons du soleil, réfléchis par la neige dans un éclat aveuglant et brillant, frappèrent Morse en plein yeux. Depuis des jours, les champs blancs étaient très pénibles à voir. Il y avait eu des moments où des points noirs clignotaient devant lui, où du sable brûlant était projeté contre ses globes oculaires, à en juger par la sensation de brûlure.

Il comprit maintenant, en un éclair, ce qui n'allait pas avec West.

Il l'a dit à Beresford en deux mots.

Le gendarme lui a giflé la cuisse. "Bien sûr. C'est la réponse."

La nuit est tombée, les fugitifs toujours invisibles. Le pays était si accidenté qu'ils pouvaient se trouver à moins d'un mile ou deux sans être vus.

"Un meilleur camp, je pense", suggéra Morse.

"Oui. Tiens. Nous les trouverons demain."

Ce soir-là, ils ont eu droit à un spectacle pyrotechnique d'une brillance indescriptible dans le ciel. Une aurore traversa le ciel comme aucun d' eux n'en avait jamais vu auparavant. La voûte était illuminée de vagues de rouge, de violet et de pourpre qui dansaient et tourbillonnaient, avec des éclairs inconstants et inconstants d'or et des barres vertes et jaunes. Une incandescence rayonnante d'une grande puissance illuminait l'arc et l'inondait de lumière qui se déversait à travers les fenêtres de la cathédrale du Très-Haut
.

Au point du jour, ils étaient debout. Rapidement, ils déjeunèrent et chargèrent. La piste qu'ils suivirent était avant midi pourrie, à cause d'une augmentation soudaine de la température, mais elle se dirigeait toujours vers le sud.

Ils atteignirent le camp où West et son guide avaient passé la nuit. Un autre chapitre de la longue histoire du sentier a été écrit ici. Thesled et le guide étaient partis vers le sud, mais West n'était pas avec eux. Ses toiles s'éloignaient en biais, hésitantes et incertaines. Parfois, elles doublaient la piste qu'il avait déjà tracée.

Beresford ouvrait la voie. Sa main jaillit tout droit. Au loin, il y avait un petit point noir dans le blanc perdu. Ça bouge.

Pour autant, les hommes venus faire respecter la loi dans les Terres Solitaires ne relâchèrent pas leur vigilance. Ils connaissaient l'esprit rusé et rusé de West. Cela pourrait être une ruse pour les piéger. Lorsqu'ils quittèrent le traîneau et avancèrent, c'était avec les règles prêtes. Les chasseurs traquaient leurs proies comme ils l'auraient fait avec un bœuf musqué. Lentement, sans bruit, ils s'approchèrent.

La silhouette était celle d'un homme immense. Il était assis blotti dans la neige, leur tournant le dos. Le désespoir était dans l' affaissement de la tête et dans la position des épaules courbées.

L'un des chiens a hurlé. Le gros torse se redressa instantanément. La tête hirsute est apparue. Bully West écoutait attentivement. Il se tourna et les regarda droit dans les yeux, mais il ne montra aucun signe qu'il savait qu'ils étaient là. Le connétable fit un pas et le sifflement du coureur de chaussures retentit.

"Je te surveille , Stomak -o-sox", grogna la voix lourde du condamné. "Je ne peux pas me tromper. Je vois chaque pas que tu fais."

C'était une vaine vantardise, presque pathétique dans sa futilité. Morse et Beresford se rapprochèrent, toujours sans parler.

West se lança dans des jurons violents et impuissants. "Tu es là, foutu Cri des bois ! Tu penses que je ne sais pas ? Tu penses que je ne peux pas te voir ? Eh bien, je peux. Aussi simple que tu peux me voir. Tu viens ici et me chercher, ou je vais t'écorcher vivant comme je l'ai fait la semaine dernière. Tu m'entends ?

La voix s'éleva jusqu'à un cri. Cela trahissait la terreur – l'horrible peur mortelle d'être laissé seul pour périr dans les déserts glacés du Nord.

Beresford se rapprocha et agita une main devant les yeux du grand homme. West ne le savait pas. Il balbutia des menaces vaines et insensées à l'adresse de son guide.

Le condamné était devenu aveugle – aveugle par la neige, et Stomak -o-sox l'avait laissé seul pour tenter de sauver sa vie pendant qu'il en était encore temps.

# CHAPITRE XXXV

## AVEUGLE DE NEIGE

West sourit à l'officier, ses canines jaunes ressemblant à des défenses. Son visage emmêlé n'était pas très beau à voir. Dans ce film, la peur nue et austère luttait contre la ruse et la cruauté.

"Bien, tu es revenu, tant mieux pour toi. Je ne suis pas aveugle. Je t'ai trompé depuis le début. Je voulais t'essayer. Maintenant, nous allons nous mettre en bouillie. Directement vers le grand lac. Du nord à l'ouest comme si nous allions " Tu comprends , Stomak -o-sox ? Je ne vais pas me cogner la tête cette fois, mais si jamais tu essayes à nouveau des tours de singe avec Bully West... " Il laissa la menace s'éteindre dans un bruit de grincements de dents.

Beresford parla. Sa voix était douce. Si ignoble que fût ce meurtrier, il y avait quelque chose de pitoyable dans son état. On ne peut pas voir un colosse de force et d'énergie frappé jusqu'à l'impuissance sans un certain sentiment de compassion.

"Ce n'est pas Stomak -o-sox. Nous sommes deux membres de la Gendarmerie du Nord-Ouest. Vous êtes en état d'arrestation pour avoir brisé la prison et tué Tim Kelly."

L'information a stupéfié West. Il leva les yeux avec des yeux aveugles. Pour autant qu'il le sache, aucun membre des Montés ne se trouvait à moins de cinq cents milles de lui. Pourtant, la loi avait tendu son long bras pour l'arracher à ce désert arctique après avoir parcouru près de mille cinq cents milles. Il était incroyable qu'une telle force de police puisse exister sur terre.

« Vous m'avez compris, n'est-ce pas ? » grogna-t-il. Il ajouta une vantardise qu'il ne pouvait retenir. "Eh bien, vous ne m'auriez jamais eu si je n'étais pas devenu aveugle - jamais dans ce monde. Il n'y a pas deux de ces maudits espions qui pourraient faire atterrir Bully West quand il est seul."

"Pris le petit déjeuner?"

Il se lança dans une série de jurons. "Non, notre nourriture est presque épuisée. Ce Cri des bois s'est enfui avec tout ce que nous avions. J'aurais aimé le tuer la semaine dernière quand je l'ai écorché avec le fouet à chien."

"Depuis combien de temps es-tu aveugle ?"

"Cela faisait deux ou trois jours. Ce foutu éclat brûlant de la neige. Hier, ils ont complètement cédé. Je me suis attaché par une ligne à l'Indien. Je savais que je ne pouvais pas lui faire confiance. Après tout ce que j'avais fait pour lui. aussi."

« Saviez-vous qu'il voyageait vers le sud avec vous – depuis hier après-midi ?

"Non, n'est-ce pas ?" Une fois de plus , West retomba dans son discours invectif naturel. "Quand je le rencontrerai, je le remplirai certainement de limaces", conclut-il sauvagement.

"Il est peu probable que vous le rencontriez à nouveau. Nous sommes venus vous ramener en prison."

Morse fit monter le train et l'homme affamé fut nourri. Ils ont soigné ses yeux avec les remèdes simples que connaît le Nord et les ont liés avec un mouchoir pour empêcher la lumière intense réfléchie par la neige d'entrer.

Ensuite, ils l'ont attaché par une corde au chauffeur. Il trébucha derrière. Parfois, il se prenait le pied ou glissait et s'enfonçait dans la neige. Personne ne l'avait jamais qualifié d'homme patient. Chaque fois qu'un incident survenait, il polluait l'air avec ses discours ignobles.

Ils progressaient lentement, car il fallait régler le rythme en fonction du prisonnier.

Les jours se succédaient, chacun avec sa routine à peu près la même que la précédente. Ils préparèrent le petit-déjeuner, levèrent le camp, firent leurs bagages et se mirent en bouillie. Le bruissement des coureurs résonnait du matin au soir. La nourriture commença à manquer. Une fois, ils ont laissé l'aveugle au camp pendant qu'ils chassaient le buffle des bois. Ce fut une affaire longue et difficile. Ils sont revenus les mains vides après une poursuite de deux jours, mais à moins d'un mile du camp, ils ont aperçu un ours polaire à moitié adulte et l'ont laissé tomber avant que l'animal n'ait eu la chance de bouger.

Un happy hour, ils traversèrent le pays des petits bâtons et frappèrent à nouveau les forêts.

Il y eut à nouveau un incendie ardent pour la première fois depuis six semaines. Des broussailles, des bâtons et des bûches y pénétrèrent jusqu'à ce qu'ils rugissent furieusement.

Morse se détourna du remplissage et remarqua que West avait retiré le bandage de ses yeux.

"Mieux vaut le garder", conseilla le jeune homme.

"Je le changeais . Trop serré. Ça me donne mal à la tête", répondit le détenu d'un ton maussade.

« Pouvez-vous encore voir quelque chose ? »

"Rien. Il me semble que je ne le ferais jamais."

Tom tourna la tête pour lui faire face directement à l'incendie. "Pas de lumière du tout ?"

"Non. Je ne pense pas que je le verrai un jour."

"Peut-être que tu le feras. J'ai connu des cas de cécité des neiges où ils ne pouvaient pas voir pendant un mois et s'en sortaient bien."

"Ça fait mal comme un incendie", grogna le grand gaillard.

"Je sais. Mais pas aussi grave, n'est-ce pas ? Cette pommade en a aidé certains."

Les deux jeunes gens prenaient soin de cet homme comme s'il eût été un frère. Ils lui lavaient les yeux, le nourrissaient, le guidaient, l'encourageaient. C'était un sale type – le pire qu'ils aient jamais connu. Mais il était en difficulté et s'apitoyait sur lui-même. Jamais malade auparavant, géant de force et d'énergie, son état le remplissait apparemment désormais de désespoir.

Il s'asseyait voûté devant le feu, la tête baissée dans les mains, une montagne de chagrin et de malheur. Parfois, il parlait et il accusait tout le monde, sauf lui-même, d'être responsable de son état. Il n'avait jamais eu de véritable accord. Tout le monde était contre lui. C'était un monde pourri. Alors il en arriverait à maudire Dieu et l'homme.

D'une certaine manière, il posait moins de problèmes que s'il avait pu voir. Il était impuissant et devait leur faire confiance. Sa sécurité dépendait de leur sécurité. Il ne pouvait pas les frapper sans se blesser. Peu importe à quel point il reculait à l'idée d'être ramené au châtiment, il reculait encore plus devant la perspective de mourir dans les déserts de neige. La situation l'exaspérait. Chaque mot décent qu'il leur donnait était à contrecœur, et il grondait et se plaignait toujours et parfois intimidait comme s'il avait la main du fouet.

"Un joli spécimen d' *ursus horribilis* ", murmura un jour Beresford à son compagnon. "Je pensais qu'il était en jeu, de toute façon, mais c'est un lâcheur jaune. Il agit comme si nous étions responsables de sa cécité et de ce qui l'attend à la fin du voyage. J'aime qu'un homme supporte la gaffe quand cela le pousse. "

Morse hocha la tête. "Faites attention à lui. J'ai l'impression au fond de ma tête qu'il commence à voir à nouveau. Il nous tuerait en une minute s'il l'osait. Seule sa cécité l'en empêche. Que voulez-vous dites ? Devons-nous le menotter la nuit ? »

"Pas nécessaire", a déclaré le gendarme. "Il ne voit rien. Regardez-le chercher ce bâton à tâtons."

"Tous ses cerveaux sont tournés vers la ruse. N'oubliez pas ça. Pourquoi devrait-il avoir si envie de ce bâton ? Il l'a posé lui-même il y a une minute. Il essaie peut-être de nous en glisser un."

Le Canadien regarda le visage maigre et brun de son ami et sourit. "J'ai l'impression que notre imagination aussi devient un peu nerveuse. Nous avons eu un moment de tyran au cours de ce voyage - avec l'anglais inversé. Tout cela fait partie de notre travail quotidien de résister aux blizzards, de mourir de faim et de geler, même si je ne le ferais pas. Je serais surpris si nos systèmes en avaient assez du chagrin avant d'attraper M. Bully West. Depuis lors, eh bien, vous ne pouvez pas l'appeler un joyeux compagnon de voyage, n'est-ce pas ? Une douzaine de fois par jour, j'ai envie de me déchaîner et de dis-lui à quel point je ne pense pas à lui.

"Toujours-"

"Nous garderons un œil sur lui. Si nécessaire, ce seront les bracelets pour lui. Je détesterais que l'inspecteur envoie un rapport au quartier général, 'L'agent Beresford a disparu dans l'exercice de ses fonctions.' J'ai un préjugé contre le fait de recevoir une balle dans le dos."

"C'est l'une des raisons pour lesquelles je suis ici – pour voir que tu ne l'es pas, si je peux l'aider."

Le visage enfantin de Beresford s'éclaira. Il comprit ce que voulait dire son ami. "Dites, Faraway n'est pas New York, ni Londres, ni même Toronto. Mais ça vous dirait de vous asseoir à table pour l'un des dîners de Jessie McRae ? Un peu de chevreuil grillé rendu juteux, des pommes de terre, des navets, des biscuits chauds à tartiner. avec de la confiture de framboise. Par Dieu , ça met l'eau à la bouche."

"Et une tranche de puddin aux prunes pour couronner le tout", suggéra Morse, mettant en jeu sa propre mémoire. "Ne me demandez pas comment j'aimerais ça. C'est une excuse justifiable pour un meurtre. Occupez-vous de ce rubaboo . Notre invité hurle pour son dîner."

Les faibles soupçons de Morse rendirent les officiers plus méfiants. Ils observaient leur prisonnier d'un peu plus près. Aucun d'eux ne croyait vraiment qu'il recouvrait la vue. C'était simplement une possibilité contre laquelle il fallait se prémunir.

Mais la supposition de Morse était vraie. Cela faisait une semaine que des éclairs de lumière étaient apparus pour la première fois sur West. Il commença à distinguer les objets de manière floue. Chaque jour, il voyait mieux. Il pouvait désormais distinguer Morse de Beresford, un chien d'un autre. Donnez-lui quelques jours de plus et il aura la même bonne vision qu'avant de devenir aveugle.

Il cachait tout cela avec ruse, comme un avare cache son or. Car son cerveau tordu et cruel préparait la mort de ces deux hommes. Après cela, nouvelle plongée dans le Nord pour la vie et la liberté.

# CHAPITRE XXXVI

## LA BÊTE SAUVAGE SAUTE

Tom Morse coupait du bois. Il savait manier une hache. Ses coups tombaient avec assurance et force, avec le mouvement circulaire complet de l'expert.

Le jeune arbre s'est effondré et il a commencé à couper ses branches. A mi-hauteur du coffre, il s'arrêta et releva la tête pour écouter.

Aucun son ne lui était parvenu. Aucun n'est venu maintenant. Mais, aussi cher qu'une cloche, il entendit la voix de Win Beresford qui l'appelait.

" *À l'aide!* "

Ce n'était pas un cri sorti de la gorge de son ami. Tom le savait. Mais c'était réel. Elle était née de son besoin urgent du cœur, peut-être au moment même où il l'avait quitté, et avait bondi silencieusement à travers l'espace, directement vers le cœur de son ami.

Tom a enfilé ses raquettes et a commencé à courir. Il tenait la hache dans sa main, agrippée près du manche. Il y avait peut-être quelques centaines de mètres entre lui et le camp, qui se trouvait juste au sommet d'une petite colline. Les buissons passèrent alors qu'il se dirigeait vers sa foulée. Jamais il n'avait effleuré la croûte plus vite, mais ses pieds semblaient chargés de plomb. Puis, alors qu'il parvenait au sommet de la montée, il vit le désastre qu'il redoutait.

Le gendarme s'effondrait sur le sol, le corps détendu et inerte, tandis que le géant le frappait avec un morceau de bois de chauffage qu'il avait arraché au sol. Le bras levé du soldat a brisé la force du coup, mais Morse a deviné à la façon dont le bras est tombé que l'os s'était cassé.

Au bruit des patins qui raclaient, West se retourna. Il se jeta sauvagement. Alors même que Tom s'esquivait, une vive douleur lui traversa la jambe à cause de la force du coup oblique. La tête de hache se balançait comme un cercle d'acier. Il frappa le bonnet de fourrure du forçat. Ce type est tombé comme un bœuf dans un abattoir.

Tom lui jeta un coup d'œil et courut vers son ami. Beresford était un spectacle désolant. Il gisait inconscient, la tête et le visage meurtris, le sang de ses blessures tachant la neige.

Les chasseurs d'hommes étaient arrivés dans le désert, préparés à faire face aux urgences. Jessie McRae avait préparé une petite trousse à médicaments comme cadeau pour le gendarme. Morse a couru vers le traîneau et a trouvé ceci. Il déroula les bandages et, après avoir lavé les blessures, les pansa. Alors qu'il s'apprêtait à examiner le bras, il leva les yeux.

Pendant une fraction de seconde, les yeux de loup de West le fixèrent avant de reprendre le regard de la cécité. L'homme avait bougé. Il s'était attelé quelques mètres plus près d'un fusil appuyé contre un baume.

Le revolver du commissaire adjoint est apparu. "Arrêtez-vous là où vous êtes. Ne faites pas un pas de plus."

Le condamné grogna de rage, mais il ne bougea pas. Un certain instinct l'avertit de ce que signifiait la lumière froide dans les yeux de son ravisseur, que s'il s'avançait d'un pouce vers l'arme, il mourrait sur son passage.

"Il... il m'a sauté dessus", dit le meurtrier d'une voix rauque.

"Menteur ! Vous avez fait du simulacre pendant une semaine pour avoir une chance contre nous. J'aimerais vous tirer dessus maintenant et en finir avec ça."

"Ne le faites pas." Lèvres sèches humidifiées par l'Ouest. " Honnêtement , il m'a sauté dessus. Il s'est mis en colère contre quelque chose que j'ai dit. Je ne te mentirais pas, Tom. "

Morse le gardait couvert, tournait autour de lui jusqu'au fusil, et de là jusqu'au traîneau. Un œil toujours fixé sur le desperado, il cherchait les menottes en acier. Ils étaient partis. Il sut instantanément qu'au cours des deux derniers jours, West avait eu l'occasion de les laisser tomber dans la neige.

Il a trouvé des lanières en cuir brut.

"Allongez-vous dans la neige, face contre terre", ordonna-t-il. "Mains derrière toi et poignets croisés."

Actuellement, le prisonnier était solidement attaché. Morse l'attacha au traîneau et retourna à Beresford.

Le bras était cassé au-dessus du poignet, comme il le craignait. Il l'a fixé du mieux qu'il a pu, en le liant avec des attelles.

Le jeune officier gémit et ouvrit les yeux. Il fit un mouvement pour se lever.

"Ne vous levez pas", a déclaré Morse. "Tu as été blessé."

"Blesser?" Le regard perplexe de Beresford se tourna vers le prisonnier. Un éclair de compréhension l'alluma. "Il m'a demandé d'allumer sa pipe et quand je me suis retourné, il m'a frappé avec un gourdin", a murmuré l'homme battu.

"À propos de ce que je pensais."

"J'ai peur, j'ai fini."

"Pas encore, mon vieux. Nous allons nous battre pour cela", répondit le Montanan.

"Je suis malade." La tête du soldat s'abaissa. Ses yeux se fermèrent.

Toute la force splendide et souple de sa jeunesse athlétique lui avait été arrachée. Pour Morse, c'était comme s'il était fini. Était-il possible de subir une telle agression sans succomber ? S'il était dans un hôpital, sous les soins de chirurgiens et d'infirmières experts, avec une nourriture et des soins appropriés, il aurait peut-être une chance sur cent. Mais dans ce désert arctique, à plusieurs centaines de kilomètres du médecin le plus proche, sans nourriture sauf la plus grossière à manger, ce serait un miracle s'il survivait.

La nuit amère approchait. Morse conduisit vers l'Ouest devant lui pour rapporter le bois qu'il avait coupé. Il a demandé à l'homme de préparer le rubaboo pour leur souper. Après que le condamné eut mangé, il lui lia de nouveau les mains et le laissa s'allonger dans ses couvertures près du feu.

Morse ne dormait pas. Il s'assit à côté de son ami et regarda la fièvre monter en lui jusqu'à ce qu'il délire follement. Il prodiguait autant de soins que possible.

Le prisonnier, telle une bête sauvage enchaînée, lui lança un regard avide. Tom savait que si West trouvait une chance de tuer, il frapperait. Aucun scrupule ne l'en empêcherait. Cet homme était sans conscience, poussé par la peur du sort qui se rapprochait à chaque pas vers le sud. Sa sécurité et son désir de vengeance allaient de pair. Beresford était à l'écart. Ce serait ensuite le tour de son compagnon.

Au bout d'un moment , le grand homme s'endormit et ronfla de façon stridente . Mais Tom n'a pas dormi. Il n'osait pas. Il a dû maintenir une garde vigilante pour sauver la vie de son ami et la sienne. Car même si les mains de West étaient liées, il ne lui faudrait qu'une minute pour brûler avec un charbon ardent les liens qui les liaient.

La nuit s'est écoulée. Il n'était pas question de voyager. Beresford était en proie à une fièvre furieuse et ne pouvait pas être déplacé. Morse a obligé West à couper du bois pendant qu'il se tenait au-dessus de lui, un fusil à la main. Ils manquaient de nourriture et comptaient partir à la chasse le lendemain. Les provisions pourraient durer au mieux six ou sept repas supplémentaires. Que fallait-il faire alors ? Morse ne pouvait pas quitter l'Ouest où il pourrait atteindre l'homme qui l'avait mis en prison et utiliser un train à chiens pour le transporter vers le nord. Il ne pouvait pas non plus laisser West disposer d'un fusil avec lequel partir à la recherche du gibier.

Il y avait d'autres problèmes qui rendaient la situation impossible. Une autre nuit était proche, et encore une fois Tom devait rester éveillé pour se sauver lui et son ami de l'homme-gorille qui le surveillait, se réjouissait de lui, attendait le moment où il pourrait frapper en toute sécurité. Et après cela, il y aurait d'autres nuits, et beaucoup d'entre elles.

Que devrait-il faire? Que pouvait-il faire ? Tandis qu'il était assis à côté de l'officier en délire, Tom réfléchissait à cette question. De l'autre côté du feu gisait le prisonnier. Le triomphe – un triomphe horrible, cruel et menaçant – chevauchait dans ses yeux et se pavanait dans sa démarche à cheval lorsqu'il se levait. Son heure approchait. Cela arrivait vite.

Une fois, Tom s'est endormi pour une sieste. Il se surprit à hocher la tête et, d'un coup sec, rejeta sa tête en arrière et se retrouva éveillé. Il y avait dans l'air une odeur de brûlé.

Son instinct lui disait ce que c'était. West avait manipulé les lanières de cuir brut autour de ses poignets et avait essayé de les brûler.

Il s'assura que l'homme était toujours rapide, puis but une tasse de thé fort en fer-blanc. Après avoir donné au malade un peu de bouillon de caribou, le persuadant avec une patience infinie d'en prendre une cuillerée à la fois, Morse se rassit pour user les heures d'obscurité.

Le problème qui le pressait ne pouvait plus être éludé. Une décision difficile s'offrait à lui. Le reporter, c'était choisir l'une des alternatives. Il savait maintenant, presque sans aucun doute possible, que soit West devait mourir, soit lui et son ami. S'il ne s'était pas réveillé aussi rapidement il y a une heure, Win et lui seraient déjà des hommes morts. Il se pourrait que le constable allait mourir de toute façon, mais il avait droit à sa chance de vivre.

D'autre part , il y avait une règle rigide de la Montée du Nord-Ouest. La Force était fière d'être à la hauteur de ses engagements. Quand un homme était envoyé chercher un prisonnier, *il le ramenait vivant* . C'était une tradition. Les Montés n'ont pas choisi la voie facile pour tuer les contrevenants en raison de la difficulté de les capturer. Ils ont traversé le danger, généralement avec aplomb, ont attrapé leur homme et l'ont amené chez eux.

C'est ce que Beresford avait fait avec Pierre Poulette après que le Français eut tué Buckskin Jerry. Il avait suivi l'homme pendant des mois, l'avait capturé, avait vécu seul avec lui pendant un quart d'année dans la neige épaisse et l'avait ramené au châtiment. Il était assez facile de prétendre que cette situation était totalement différente. Pierre Poulette n'était pas une bête sauvage aussi dangereuse que Bully West. Win n'avait pas avec lui un compagnon blessé presque à mort qu'il fallait soigner, abattu par le prisonnier traîtreusement. Il y avait juste une chance pour les officiers de retourner à

Désolation si l'Ouest était éliminé de l'équation. Tom savait qu'il aurait du pain sur la planche pour s'en sortir – sans le handicap du prisonnier.

Au fond de son cœur, il croyait que c'était la vie de West ou la leur. Il n'était pas humainement possible, en plus de toutes les autres difficultés qui pesaient sur lui, de garder ce meurtrier et de le ramener pour le punir. Il n'y avait pas d'alternative, semblait-il à Tom. La pensée ne pouvait pas changer les conditions. Cela pourrait être plus tôt, peut-être plus tard, mais dans les circonstances actuelles, le desperado trouverait sa chance d'attaquer *s'il était en vie pour la saisir* .

La vie de cet homme était perdue. Dès qu'il serait remis à l'État, cela lui serait exigé. Depuis son assaut sur Beresford, il avait sûrement perdu tout droit à être considéré comme un être humain.

À l'heure actuelle, il n'y avait que trois hommes dans le monde pour eux. Ces trois-là constituaient la société . Beresford, l'esprit toujours vagabondé par des marmonnements incohérents, était un membre sans droit de vote. Lui, Tom Morse, doit être juge et partie. Il devra, si le prisonnier était condamné, jouer un rôle bien plus horrible. Dans le silence de la froide nuit subarctique, il mena la bataille tout en attendant automatiquement son ami.

West ronflait de l'autre côté du feu.

# CHAPITRE XXXVII

## PRÈS DE LA FIN D'UN LONG SENTIER TORDU

Lorsque West se réveilla, Morse était en train de tailler un morceau de bois avec son couteau de chasse bien aiguisé. C'était une section plate d'épicéa, et elle avait été taillée avec une hache jusqu'à ce qu'elle ressemble à une forme de secousse.

La curiosité du hors-la-loi eut enfin raison de sa maussade. De toute façon, cela le rendait nerveux de rester assis là en silence, à l'exception des marmonnements du malade.

« Qu'est-ce que c'est ? » il a ordonné.

Morse n'a rien dit. Il lissa le tableau à sa satisfaction, puis commença à écrire dessus avec un crayon.

"J'ai dit whajadoin '", grogna West, après un autre silence.

L'agent spécial le regarda, et dans les yeux du jeune homme il y avait quelque chose qui fit frissonner l'assassin.

"Je fabrique une pierre tombale."

"Quoi?" West sentit une gorgée de glace lui venir au cœur.

"Un marqueur pour une tombe."

"Pour... pour lui ? Peut-être qu'il ne mourra pas. Cela me semble mieux. La fièvre n'est pas si élevée."

"Ce n'est pas pour lui."

West humecta ses lèvres sèches avec sa langue. "Vous l'aurez autrefois Je vais plaisanter, hein ? C'est pour qui ?"

"Pour toi."

"Pour moi?" La peur de l'homme éclata dans un cri. " Qu'est-ce que ça veut dire pour moi ? "

Morse a lu à haute voix les lettres. "'Bully West, exécuté à la fin du mois de mars 1875.'" Et en dessous, "'Que Dieu ait pitié de son âme.'"

De minuscules gouttes de sueur s'accumulaient sur le front moite du condamné. "Vous avez pour objectif de m'assassiner ?" » demanda-t-il d'une voix rauque.

"Pour vous exécuter."

"Avec... sans procès ? Mon Dieu, tu ne peux pas faire ça ! J'ai droit à un procès."

"Vous avez été jugé... et condamné. J'ai réglé tout ça dans la nuit."

"Mais... ce n'est pas légal. Dieu puissant , tu n'as pas *le droit* d'agir ainsi . Tout ce que tu peux faire, c'est me ramener devant les tribunaux." La voix lourde se transforma à nouveau en un cri.

Morse remit le couteau de chasse dans son étui. Il regarda fixement le prisonnier. Dans ses yeux, il n'y avait ni colère, ni haine. Mais derrière leur tristesse se trouvait une résolution implacable.

"Les tribunaux et la justice sont à des milliers de kilomètres", a-t-il déclaré. "Vous connaissez vos crimes. Vous avez assassiné Tim Kelly par trahison. Vous aviez prévu de gâcher la vie d'une jeune fille innocente en la conduisant à pire que la mort. Vous avez tiré sur votre partenaire dans le dos après qu'il ait fait de son mieux pour vous aider à vous échapper. Vous avez torturé Onistah et vous l'avez fait. "Je l'aurais tué si nous n'étions pas arrivés à temps. Vous avez agressé mon ami ici et il mourra probablement de ses blessures. C'est la fin de la longue piste pour vous, Bully West. Dans une demi-heure, vous serez mort. Si vous avez quelque chose à dire, si vous pouvez faire la paix avec le ciel, ne perdez pas un instant. »

Le visage de West est devenu gris. Il regarda l'autre homme, les yeux remplis d'horreur fascinés. "Tu... tu essaies de me faire peur," balbutia-t-il. "Vous ne feriez pas ça. Vous ne pourriez pas. Ce n'est pas autorisé par le commissaire." L'un des bras liés se contracta involontairement. Le condamné savait qu'il était perdu. Il avait l'horrible conviction que cet homme avait l'intention de faire ce qu'il avait dit.

Le visage de Morse était inexorable comme le destin lui-même, mais à l'intérieur de lui, il y avait un fleuve de sympathie débordante. Cet homme était mauvais. Il avait lui-même forcé les circonstances qui empêchaient de le laisser vivre. Néanmoins, Tom se sentait comme un meurtrier. La chose qu'il devait faire était horriblement froide. Si cela avait été une affaire entre eux deux, il aurait au moins pu donner à cet homme une chance de survivre. Mais pas maintenant – pas avec Win Beresford dans l'état où il se trouvait. S'il voulait sauver son ami, il ne pouvait pas prendre le risque d'un duel.

"Dix minutes maintenant", dit Morse. Sa voix était rauque et basse. Il sentit ses nerfs se contracter, une douleur tendue dans la gorge.

"Je t'ai toujours bien aimé, Tom," plaida désespérément le détenu. "Toi et moi avons toujours été de bons amis. Vous ne me feriez plus de conneries comme ça maintenant. Si vous saviez les bonnes choses - comment cette Kelly m'a - diabolisé , comment Whaley était prêt à me tirer dessus quand Il a eu une chance , comment j'ai défendu la fille McRae et l'ai protégée contre lui. Goddlemighty , mec, tu n'es pas je vise à me tuer comme un loup ! » Le cri de terreur incontrôlable s'éleva une fois de plus dans sa voix. « Je ne suis pas prêt à mourir. Donne-moi une chance, Tom. Je vais changer mes habitudes. Je jure que je le ferai. Je ferai ce que tu dis à chaque minute. Je vais soigner Beresford. Moi, je suis une bonne infirmière. Si vous me donnez une semaine, juste une semaine de plus. Ce n'est pas grand-chose à demander. Alors je peux me préparer.

L'homme tomba à genoux et commença à ramper vers Morse. Le jeune homme se leva , les dents serrées. Il ne pouvait pas supporter ce genre de choses sans s'effondrer.

"Lève-toi", dit-il. "Nous traversons la colline là-bas."

"Non non Non!"

Il fallut cinq minutes à Morse pour remettre le condamné sur pied. Le visage du type était cendré. Ses genoux tremblaient.

Tom était lui-même dans un état presque aussi mauvais.

Intervint la voix aiguë de Beresford. Dans son délire, il revivait peut-être son expérience avec Pierre Poulette.

" Maintiens le droit. Récupérez votre homme et amenez-le. La luge est difficile. Peu importe. Passez, mon vieux. Amenez-le. C'est pour cela qu'on vous envoie. Attachez-le. Traînez-le avec une corde autour du cou. Obtenez le reviendra d'une manière ou d'une autre.

Les mots frappèrent Tom, immobile. C'était comme si une voix lui parlait par les lèvres du malade. Il a attendu.

"Bien sûr, monsieur", continua le soldat. "Voyez ce que je peux faire, monsieur. Essayez quand même." Et il murmura encore la devise de la Gendarmerie.

Tom s'était excusé pour ce qu'il pensait être de son devoir de faire au motif qu'il n'était pas humainement possible de sauver son ami et de ramener West. Il se rendit compte en un éclair que la Police à cheval devenait un si puissant pouvoir de maintien de l'ordre parce qu'elle ne se demandait jamais si la tâche qui lui était assignée était possible. Ils sont allés de l'avant et l'ont fait ou sont morts en essayant de le faire. Peu importe que Beresford et lui soient revenus vivants ou non. Si West les assassinait, d'autres hommes en blouse rouge suivraient la piste et l'attraperaient.

Ce que lui, Tom Morse, devait faire, c'était continuer. Il ne pouvait pas choisir la voie facile, même si celle-ci était désespérément difficile pour lui. Il ne pouvait pas se faire juge de ce meurtrier, doté d'un pouvoir de vie ou de mort.

La chose qui lui avait été confiée était d'amener West à Faraway. Il n'avait pas le choix en la matière. Gagner ou perdre, il devait jouer la main telle qu'elle lui était distribuée.

# CHAPITRE XXXVIII

## SUR UN SENTIER POURRI

Tom croyait que les paroles délirantes de Beresford les avaient tous deux condamnés à mort. Il ne pouvait pas soigner son ami, surveiller West nuit et jour, approvisionner le camp en nourriture et parcourir les centaines de kilomètres de champs de neige mornes qui s'étendaient entre eux et la colonie la plus proche. Il ne pensait pas qu'il existe un seul homme capable de réussir une telle tâche.

Pourtant, son premier sentiment fut un soulagement immédiat. L'horrible devoir qui semblait lui être imposé n'était pas du tout un devoir. Il a vu son parcours tout simplement. Tout ce qu'il avait à faire était de réaliser l'impossible. S'il y échouait, il tomberait comme un soldat dans son travail quotidien. De toute façon, il n'aurait aucune torture de conscience, aucun fléau ne pèserait sur lui jusqu'au jour de sa mort.

"Vous êtes gracié, West", annonça-t-il simplement.

Le desperado tituba jusqu'au traîneau et s'y appuya légèrement. Son énorme corps se balançait. La répulsion était presque trop forte pour lui.

"Je—je— savais que tu ne pouvais pas soigner un vieux partenaire comme ça , Tom," murmura-t-il.

Morse a emmené l'homme près d'un sapin. Il portait avec lui une couverture, une robe de buffle et une partie du harnais du chien.

" Qu'est-ce que tu voulais faire ?" » demanda West avec inquiétude. Il n'était pas encore sûr d'être tiré d'affaire.

"Enroulez-vous dans les couvertures", ordonna Morse.

L'homme regarda son visage sombre et fit ce qu'on lui disait. Tom l'attacha à l'arbre, après s'être assuré que ses mains étaient bien derrière lui.

"Je vais geler ici", se plaignit le condamné.

Les deux officiers étaient maigres et décharnés à cause d'un travail acharné et d'une nourriture insuffisante, mais West était toujours élégant et bien rembourré de chair. Il n'avait pas manqué un seul repas et, ces dernières semaines, il était passager. Tous les durs travaux, l'emballage des portages, la constitution du camp, les longues et épuisantes journées de chasse, étaient tombés sur les deux dont il était prisonnier. Il pourrait supporter un peu d'épreuves, décida Tom.

"Pas de chance," dit-il brusquement. "Et je n'essaierais pas de m'enfuir si j'étais toi. Je ne peux pas te tuer, mais je te frapperai avec le fouet si tu me cause des ennuis."

Morse a appelé Cuffy et a demandé au chien de surveiller l'homme attaché. Il ne savait pas si le Saint-Bernard ferait cela, mais il fut heureux de voir que le chef du train comprit tout de suite et s'installa dans la neige pour dormir avec un œil attentif sur West.

Tom retourna vers son ami. Il savait qu'il devait concentrer ses efforts pour garder la vie dans le corps meurtri du soldat. Il faut qu'il l'allaite et le nourrisse judicieusement jusqu'à ce que la fièvre s'épuise.

Pendant qu'il nourrissait le bouillon Win, il s'est endormi avec la cuillère à la main. Il rejeta brusquement la tête en arrière et ouvrit les yeux. Cuffy gisait toujours près du prisonnier, visiblement préparé à une veillée nocturne avec de courtes siestes légères dont le moindre mouvement le réveillerait instantanément.

"Je suis à fond. Je dois dormir un peu", se dit Morse à moitié voix.

Il s'est enveloppé dans ses couvertures. Quand ses yeux s'ouvrirent, le soleil tapait du haut du ciel. Il avait dormi du jour au lendemain. Même dans son sommeil, il avait été conscient d'un bruit qui tambourinait à ses oreilles. C'était la voix de West.

"Tu vas dormir toute la journée ? On n'a pas de bouffe ? Dois-je mourir de faim pendant que tu martèles l' oreille ?"

Précipitamment, Tom jeta ses écharpes. Il se leva d'un bond, un homme nouveau, sa confiance et sa vitalité retrouvées.

L'incendie était mort en cendres. Il entendait au loin les aboiements des chiens. Ils participaient à leur propre chasse au lapin, tous sauf Cuffy. Le Saint-Bernard gisait toujours dans la neige et surveillait l'Ouest.

Le délire de Beresford avait disparu et sa fièvre était moindre. Il était très faible, mais Tom crut voir un fantôme du vieux sourire enfantin scintiller indomptablement dans ses yeux. Alors que Tom regardait la tête enveloppée et bandée, pour la première fois depuis l'attaque meurtrière, il s'autorisa à espérer. L'esprit inébranlable de cet homme et la splendide constitution bâtie par une vie en plein air propre pourraient encore le tirer d'affaire.

"West avait peur que tu ne te réveilles jamais, Tom. Cela l'inquiétait. Tu sais à quel point il t'aime," dit faiblement l'agent.

Morse était pénitent. "Pourquoi ne m'as-tu pas réveillé, Win ? Tu dois mourir de soif."

"Je pourrais prendre un verre", a-t-il admis. "Mais tu avais besoin de dormir. Chaque minute."

Tom a allumé le feu et fait fondre la neige. Il a donné à boire à Beresford puis lui a donné davantage de bouillon. Il prépara le petit-déjeuner pour le prisonnier et pour lui-même.

Ensuite, il fit le point sur leur garde-manger. C'était presque vide. "Assez de farine et de pemmican pour un autre gâchis de rubaboo . Je dois me réapprovisionner tout de suite ou nos estomacs seront plats comme ceux d'un buffle après une longue bousculade."

Il parlait joyeusement, mais lui et Beresford savaient tous deux qu'une chasse au gibier risquait d'être infructueuse. Les lapins ne feraient pas l'affaire. Il devait fournir suffisamment pour nourrir les chiens ainsi qu'eux-mêmes. S'il n'avait pas d'orignal, d'ours ou de caribou, ils risquaient de mourir de faim.

Tom pansa les blessures du soldat et examina les attelles du bras pour s'assurer qu'elles ne s'étaient pas dérangées pendant la nuit dans le délire du malade.

"Je dois te quitter, Win. Peut-être pour un jour ou plus. J'aurai beaucoup de bois empilé à portée de main pour le feu et du bouillon prêt à chauffer. Tu penses que tu peux t'en sortir ?"

La perspective n'aurait pas pu être attrayante pour le blessé, mais il acquiesça tout naturellement.

"Tout ira bien. Prends ton temps. Ne gâche pas ta chasse en t'inquiétant pour moi."

Pourtant, c'était avec une extrême réticence que Tom avait décidé de partir. Il prendrait le train à chiens avec lui — et West, non armé, bien sûr. Il dut le prendre à cause de Beresford, car il n'osait pas le quitter. Mais alors qu'il regardait son ami, toute sa force souple arrachée, faible et impuissant comme un enfant malade, il ressentit un étrange tiraillement au cœur. Quelle assurance avait-il de le retrouver encore vivant à son retour ?

Beresford savait à quoi il pensait. Il sourit, de ce sourire doux et affectueux des grands malades. "Tout va bien, mon vieux. Il faut se ressaisir et continuer, tu sais. Attention à West. Ne lui donne pas de spectacle. Ne lui fais jamais confiance, pas une minute. Souviens-toi que c'est un loup. " Sa main faible serra celle de Tom en signe d'adieu.

L'Américain se détourna précipitamment, pour ne pas montrer les larmes qui débordaient inopinément de ses paupières. Même s'il portait la surface dure de la frontière, c'était une âme sensible. Il aimait beaucoup ce jeune homme gai et galant qui partait à l'aventure comme s'il s'agissait d'un amant avec qui il avait rendez-vous. Ils avaient traversé l'enfer ensemble et les feux de la fournaise avaient prouvé le véritable or canadien. Après tout, Tom lui-même n'était guère plus qu'un garçon depuis des années. Il chérissait, profondément cachés en lui, les rêves et les illusions qu'un long contact avec le monde est susceptible de dissiper. À New Haven et à Cambridge, des garçons de son âge s'amusaient sous les ormes et se faisaient des farces enfantines.

West conduisait l'équipe. Tom a soit ouvert la piste, soit suivi. Il a découvert de nombreuses traces, mais la plupart étaient anciennes. Il reconnut les traces de cerfs, d'ours et d'innombrables lapins. Vers midi, de nouvelles traces de caribous croisèrent leur chemin. La fente pointait vers le sud. Sur une piste molle et pourrie, Morse se tourna à sa poursuite.

Ils en ont fait du lourd. Il a dû se frayer un chemin dans la neige fondante. Ses chaussures ont traversé la croûte et se sont obstruées par la boue, de sorte que ses pieds étaient très alourdis. La fatigue pesait comme un fardeau sur ses épaules. Les chiens et West se vautraient derrière.

La nuit, la piste serait probablement bien meilleure, mais ils n'osèrent pas attendre jusque-là. Le caribou ne s'arrêtait pas pour la commodité des chasseurs. C'est peut-être le dernier coup dans le casier. Chaque traction des toiles emportait Morse plus loin du camp, mais il fallait trouver de la nourriture en quantité.

Le crépuscule était proche lorsque Tom devina qu'ils s'approchaient du troupeau. Il a attaché le train à un arbre et a continué avec West. Juste avant la tombée de la nuit, il aperçut le troupeau en train de brouter de la mousse de muskeg. Il y en avait environ une douzaine en tout. Le vent était heureusement bon.

Tom fit signe à West de ne pas le suivre. À quatre pattes, le chasseur s'avança en rampant, profitant de la couverture qu'il pouvait trouver. C'était une affaire lente et froide, mais il n'était pas là pour le plaisir. Une erreur pourrait faire la différence entre la vie et la mort pour lui et Win Beresford.

Pour un harceleur, déterminer le moment précis où tirer est généralement une bonne décision. Peut-être pourra-t-il gagner encore une dizaine de mètres sur sa proie. D'un autre côté, en se rapprochant, il risque de les surprendre et de perdre sa chance. Avec tant d'enjeux, Tom a ressenti pour la deuxième fois de sa vie la paralysie qui accompagne la fièvre du mâle.

Un cerf releva la tête et renifla vers le danger caché. Tom connaissait le signe d'un doute surpris. Instantanément, son tremblement cessa. Il a visé avec précaution et a tiré. Le cerf tomba dans son élan. Il tira de nouveau , deux fois, trois fois. Le dernier coup fut fou, envoyé sur une centième chance. Le troupeau disparut dans l'obscurité grandissante.

Tom se tourna en avant, exultant, ses toiles tourbillonnant rapidement sur la neige. Il en avait laissé tomber deux. Un deuxième chevreuil était tombé, s'était relevé, avait couru cinquante mètres et était revenu sur terre. Le fusil du chasseur était prêt au cas où l'un des caribous surgirait. Il trouva le premier mort, l'autre grièvement blessé. Il s'est immédiatement débarrassé de sa douleur.

West sortit du bois, affalé, au signal de Tom. Sous la direction de l'officier, il alluma un feu et se prépara au travail. Les stars étaient de sortie alors qu'elles dressaient la viande et cuisaient un gros steak sur la braise. Ensuite, ils suspendaient le caribou à une branche d'épinette, en le tirant suffisamment haut pour qu'aucun loup en rôdeur ne puisse atteindre le gibier.

nuit venue, la température avait baissé et la neige avait durci. La croûte restait sous leurs toiles alors qu'ils retournaient au traîneau. West voulait camper là où les cerfs avaient été tués. Il protesta, avec des jurons, dans son grognement sauvage habituel, qu'il était mort de fatigue et qu'il ne pouvait pas faire un pas de plus.

Mais il l'a fait. Sous les étoiles, les chasseurs parcoururent vingt milles pour rentrer au camp. Ils progressèrent bien mieux grâce à la piste gelée et au bon repas qu'ils avaient mangé.

C'était l'aube lorsque Morse aperçut la fumée du feu de camp. Son cœur fit un bond. Beresford a dû être capable de le maintenir en vie grâce au carburant. Il était donc en vie depuis au plus une heure ou deux.

Les chiens et les hommes entraient péniblement dans le camp, prêts à tomber de fatigue.

Beresford, d'où il se trouvait, fit un signe de la main vers Tom. « Avez-vous de la chance ? » Il a demandé.

"Deux caribous."

"Bien. Je serai prêt pour un steak demain."

Morse le regarda avec inquiétude. Le vernis avait quitté ses yeux. Il ne brûlait plus de fièvre. La voix et les mouvements semblaient plus forts qu'ils ne l'étaient vingt-quatre heures plus tôt.

"Intimidateur pour toi, Win," répondit-il.

# CHAPITRE XXXIX

## UN COUREUR CRIE APPORTE DES NOUVELLES

"Ne t'inquiète pas pour ce garçon, Jessie. Il a autant de vies qu'un chat – et plus encore. Je le connais depuis qu'il a la hauteur des genoux comme une sauterelle."

Brad Stearns parlait. Il s'est assis dans la grande salle familiale de la maison McRae et a soufflé des nuages de tabac, de la fumée jusqu'aux chevrons.

« Vous voulez dire M. Beresford ? » demanda modestement Jessie. Elle était en train de réparer un pantalon en cuir pour Fergus et elle ne leva pas les yeux du travail.

" Je veux dire Tom Morse", dit l'ancien. "Non, mais quoi. Beresford est aussi un bon garçon. Du sable dans le ventre et un coup de pied comme une mule dans le poing. Mais il a été élevé quelque part dans l'Est, et bien sûr, il est un peu moins coriace que Tom. Non. , monsieur. Tom va revenir ici un de ces jours aussi bien que jamais. Ne vous inquiétez pas pour ça. Eh bien, il n'est pas parti mais... laissez-moi voir, une semaine ou deux mieux que quatre mois. Quand un homme doit aller au pôle Nord et en revenir, quatre mois... "

Sous ses longs cils, la jeune fille jeta un rapide regard à Brad. " Cela fait deux fois que vous m'avez dit en deux minutes de ne pas m'inquiéter pour M. Morse. Est-ce que j'ai l'air au sommet ? Est-ce que je passe des nuits éveillées à penser à lui, pensez-vous ? " Elle leva le pantalon renouvelé et examina son travail d'un œil critique.

Brad la regardait à travers les paupières rétrécies. "Je serai acharné si je sais si vous l'êtes ou non . Je parierais une paire de bottes à dessus rouge que c'est l'un de ces gars. Bien sûr, Beresford a un manteau rouge et des éperons qui tintent et" une ligne de discussion fine. Tom, il n'en a pas un sur trois. Mais si c'est un homme que vous cherchez , un homme à deux poings qui... "

Une vague de gaieté traversa le visage de Jessie comme une ondulation sur une eau calme. Sa voix imitait la sienne. "Pourquoi veux-tu attaquer une vieille fille sur cet homme à deux poings que tu connais depuis qu'il est à hauteur de genou comme une sauterelle ? Qu'est-ce qu'il t'a jamais fait de si méchant ?"

"Maintenant , écoute , tu peux te moquer de moi autant que tu veux. Tout ce que je dis , c'est—"

"Oh, je ne me moque pas de toi," s'interposa-t-elle précipitamment avec une impression d'anxiété que démentaient ses yeux bouillonnants. « Si vous pouviez me montrer comment attraper votre homme aux deux poings à son retour – ou même celui avec l'habit rouge, les éperons et le beau langage... »

"Je ne suis pas en disant que ce n'est pas non plus un homme de base, interrompit                                                                    Brad.
Compte tenu de ses opportunités, c'est un jeune homme vraiment costaud. Mais
Tom Morse, il... "

"C'est exactement ça. Tom Morse il—"

"Continuez à vous moquer de moi. Tom Morse, c'est un homme sur dix mille, et je ne sais pas car je couvre assez de population en plus."

"Et vous êtes prêt à en faire un homme-squaw. Oh, M. Stearns!"

Il la regarda sévèrement. "Tu n'as pas le droit de dire ça , Jessie McRae. Tu es la fille d'Angus McRae et tu es allée à l'école à Winnipeg. Quoi qu'il en soit, après ce que Lemoine a découvert—"

"Qu'a-t-il découvert ? Pierre Roubideaux ne pouvait rien lui dire sur le médaillon et la bague. Makoye -kin a déclaré qu'il l'avait obtenu de son frère qui faisait partie d'un groupe qui a massacré une équipe de trappeurs américains en route vers Peace River. Il ne sait pas si la photo de la femme dans le médaillon était celle d'une des femmes du camp. Tout ce que nous avons appris, c'est que je ressemble à la photo d'une femme blanche trouvée dans un médaillon il y a près de vingt ans. Cela ne nous mène pas très loin, n'est-ce pas ? »

"Eh bien, Stokimatis sait peut-être quelque chose. Quand Onistah reviendra avec elle, nous mettrons les faits au clair."

McRae entra dans la pièce. "Des nouvelles, ma fille", cria-t-il, et sa voix sonna. "Un coureur cri passe juste devant Northern Lights. Il dit que les gars ont été récupérés par des trappeurs près de Desolation. L'un d'entre eux a été grièvement blessé, mais il est en voie de guérison. Ce que je ne sais pas. Qu'est-ce que c'est que la famine et les blizzards ? et les batailles, ils ont eu des moments difficiles. Mais on dit qu'ils vont bien, non .

"Ouest?" » a demandé Brad. "Est-ce qu'ils l'ont eu ?"

"Ils l'ont attrapé. Ils l'ont ramené à Désolation avec une corde autour du cou. Ils se sont accrochés à lui pendant qu'ils traversaient des blizzards et couraient une course avec la mort pour revenir avant de mourir de faim. Je l'ai trouvé là-bas . " Les Tarides quelque part, c'est l'histoire. Il sera pendu au moment opportun et à un " endroit. C'est dans la Parole. " Ceux qui prennent l'épée périront par l'épée. " Matthieu 26 :52. »

Brad laissa échapper le cri rebelle exultant qu'il avait appris des années auparavant dans l'armée confédérée. "Qu'est-ce que je t'ai dit à propos de ce garçon ? Je ne le connais pas depuis qu'il est un petit peu ? C'est un fonceur, Tom. Tu paries !"

Le cœur de Jessie chantait aussi, mais elle ne pouvait s'empêcher de lui lancer une quolibet amicale. "Je suppose que Win Beresford n'était pas là du tout. Il n'a rien à voir avec ça, n'est-ce pas ?"

Le vieux cow-boy leva une main protestataire. "Je n'ai pas dit un mot contre lui. Et maintenant, McRae ? Rien de grand. Tout ce que j'ai dit, c'est que j'avais dit à tout le monde que Tom ramènerait certainement Bully West avec lui."

La fille a ri. "Tu es ridicule à propos de ce garçon que tu as élevé à la main. Je ne discuterai pas avec toi."

"Ce sont tous les deux de bons gars", résuma l'Écossais et passa à sa deuxième nouvelle. " Onistah et Stokimatis sont dans le pays des Pieds-Noirs. Ils s'arrêtent au magasin, mais ils vont bientôt s'entendre . J'ai eu un mot avec ' Onistah . Nous l'attendrons ici."

« Est-ce qu'il a dit ce qu'il avait découvert ? Jessie a pleuré.

"Seulement qu'il avait ramené la vérité. Ce sera le garçon qui frappera à la porte."

Jessie s'ouvrit pour laisser entrer Onistah et sa mère. Stokimatis et la jeune fille se sont pris dans les bras l'un de l'autre, comme c'est le cas pour les femmes qui s'aiment. L'Indienne est impassible, mais Jessie avait l'habitude d'être impétuosité, de se laisser entraîner par ses sentiments dans la démonstration. Même les femmes autochtones qu'elle aimait n'y étaient pas à l'abri.

McRae a interrogé Stokimatis .

Sans gaspillage de mots, la mère d' Onistah a raconté l'histoire qu'elle avait parcouru des centaines de kilomètres pour la raconter.

Sleeping Dawn n'était pas l'enfant de sa sœur. Lors de l'attaque des trappeurs blancs en route vers Peace River, la mère d'un bébé avait glissé l'enfant sous une bouilloire en fer. Après le massacre, sa sœur avait retrouvé le petit atome gémissant de l'humanité. La femme indienne avait récemment perdu son propre enfant. Elle a caché le bébé et a ensuite été autorisée à l'adopter. Lorsque, quelques mois plus tard, elle mourut de la variole, Stokimatis avait hérité des soins du petit. Elle l'avait baptisé Sleeping Dawn. Plus tard, lorsque l'année de famine arriva, elle vendit l'enfant à Angus McRae.

C'était tout ce qu'elle savait. Mais c'était suffisant pour Jessie. Elle ne savait pas qui étaient ses parents. Elle ne le saurait jamais, hormis le fait qu'ils étaient américains et que sa mère avait été une belle fille dont les yeux riaient et dansaient. Mais cette connaissance a fait une énorme différence pour elle. Elle appartenait à la race dirigeante et non aux Métis, tout autant que Win Beresford et Tom Morse.

Elle essayait de cacher sa joie, elle en avait même honte. Car toute expression de cela semblait être un reproche à Matapi -Koma, Onistah et Stokimatis , à son frère Fergus et, dans un sens, même à son père. Néanmoins, son sang battait vite. Ce qu'elle venait de découvrir signifiait qu'elle pouvait aspirer à la civilisation des blancs, qu'elle avait devant elle une perspective, qu'elle ne devait pas être gênée par les limitations que lui imposait la race.

Le cœur de la jeune fille chantait une chanson de soleil dansant sur l'herbe, d'alouettes des prés lançant leurs notes de joie insouciantes. À travers elle, comme un fil d'or, coulaient comme un motif de petites mélodies qui avaient à voir avec un homme qui était arrivé à Fort Désolation en titubant hors du Nord gelé, malade et affamé et peut-être blessé, mais toujours indomptable capitaine de son âme.

# CHAPITRE XL

## "MALBROUCK S'EN VA-T-EN GUERRE"

L'inspecteur MacLean était présent en personne lorsque les deux chasseurs d'hommes du North-West Mounted sont revenus à Faraway. Leur réception avait le caractère d'un spectacle. Des voyageurs et des trappeurs habillés de façon gaie, chantant de vieilles chansons fluviales qui leur avaient été transmises par leurs pères, dételèrent les chiens et traînèrent la carriole jusqu'en ville. Beresford y était assis, toujours inapte aux longs et lourds déplacements en mushing. À côté, West était affalé, la tête baissée, les mains liées derrière le dos, les yeux du visage emmêlé envoyant des messages de haine à la foule qui cabriolait. À ses trousses se déplaçait Morse, sombre et infatigable, une figure peu romantique et d'une efficacité dominante.

Bien avant que les voyageurs usés et leur escorte n'atteignent le village, Jessie pouvait entendre le rythme joyeux du chantey qui annonçait leur arrivée :

"Malbrouck s'en va -t- en guerre,
  Mironton -ton-ton, mirontaine ."

La jeune fille le fredonna elle-même, le cœur battant d'excitation. Elle se retrouva à se joindre aux acclamations de bienvenue qui s'élevèrent joyeusement lorsque la cavalcade apparut. Sur ses joues flottaient des drapeaux de salutation enthousiastes. Les larmes débordaient de ses yeux doux, de sorte qu'elle pouvait à peine distinguer Tom Morse et Win Beresford, l'un maigre, décharné et sinistre, l'autre pâle et aux yeux creux à cause de la maladie, mais éparpillant des sourires de générosité. Car son cœur criait, dans une paraphrase de la grande parabole : « Il était mort et il est de nouveau vivant ; il était perdu et il est retrouvé. »

Beresford aperçut le visage de l'inspecteur et rit comme un écolier pris dans une bêtise. Cette procession gaie, avec ses métis en manteaux de laine tricolores, ses voyageurs aux plumes gaies évoquant de vaillants troubadours d'antan avec des ceintures coupées et des glands, n'était pas tout à fait le genre de retour qui faisait applaudir l'inspecteur MacLean. Extérieurement, au moins, il était une pièce de machine militaire. Un soldat a fait son travail, et cela a mis fin. Dans la Montée du Nord-Ouest, il n'était pas nécessaire d'en faire une journée de gala car un connétable faisait venir son homme. S'il ne le faisait pas venir, eh bien, ce serait une autre et plus triste histoire pour l'officier qui a échoué lors de sa mission.

Dès que Beresford et Morse se sont débarrassés de leur prisonnier et se sont débarrassés de leurs amis exubérants, ils ont fait rapport à l'inspecteur. Il s'assit à un bureau et écouta sèchement leur histoire. Ce n'est qu'après qu'ils eurent fini qu'il fit un commentaire.

" Vous aurez une semaine de congé pour récupérer, gendarme Beresford. Après cela, faites votre rapport au détachement de Writing-on-Stone pour les ordres. Voici un bon pour votre solde, gendarme spécial Morse. Je vous dirai à tous les deux que c'était un travail difficile et bien fait." Il hésita un moment, puis commença à libérer son esprit. "Quant à cette histoire de triomphe romain - une procession de victoire avec des prisonniers enchaînés aux roues de votre char - tout à fait inutile, je la considère."

Beresford expliqua en souriant. "Nous ne pouvions vraiment pas nous en empêcher, monsieur. Ils étaient obligés de faire de nous des vacances romaines, que nous le voulions ou non. Vous savez à quel point les Français sont excités. Ils ont dû s'en sortir."

" Ce n'est pas la façon dont les Montés font des affaires. Vous le savez, Beresford. Nous ne voulons pas de bruit, de plumes, de fol -de- rol , ces trucs de mironton -ton-ton. Bon sang, monsieur, vous avez aimé. Je Je pouvais voir que tu le mangeais. Tu supposes que je n'ai pas d'yeux dans la tête ?

Le vernis de sobriété que Beresford imposait à son visage refusait de rester sur place.

MacLean fulminait encore. " Hmp ! Malbrouck s'en va -t- en guerre, hein ? Très jolie. Très romantique, sans aucun doute. Mais putain de tommyrot sentimental, quand même. »

"Oui, monsieur", acquiesça le constable, en toussant juste à temps pour interrompre son rire.

"Sortir!" » ordonna l'inspecteur, et il y avait une lueur d'un sourire amical dans ses propres yeux. "Et je m'attends à ce que vous dîniez tous les deux avec moi ce soir. Six heures précises. J'entendrai cette merveilleuse histoire plus en détail. Et prends soin de toi, Beresford. Tu n'as pas encore l'air fort. Je Je ferai en sorte que cette semaine soit deux ou trois si nécessaire.

"Merci Monsieur."

" Hmp ! Ne me remercie pas. Tu l'as bien mérité, n'est-ce pas ? Pourquoi traînes-tu ? Sortez ! "

L'agent Beresford a pris sa revanche. Alors qu'il passait devant la fenêtre, l'inspecteur MacLean l'entendit chanter. Les mots qui ont dérivé jusqu'au bureau mandaté ! étaient familiers.

"Malbrouck s'en va -t- en guerre,
    Mironton -ton-ton, mirontaine ."

MacLean sourit au jeune irrépressible. Comme la plupart des gens, il a répondu au charme de Winthrop Beresford. Il pourrait lui pardonner une touche d'impudence débonnaire s'il le fallait.

Il se trouvait que son cœur était tout à l'heure très chaleureux envers ces deux jeunes gens. Ils avaient traversé l'enfer et avaient maintenu les meilleures traditions de la Force. Entre les lignes de l'histoire qu'ils avaient racontée, il comprit qu'ils avaient frôlé le désastre une douzaine de fois. Mais ils étaient restés fidèles à leurs armes comme des soldats. Ils s'étaient battus semaine après semaine, s'accrochant à leur homme au courage de bouledogue. Et quand enfin on les trouva presque affamés dans le camp, ils partageaient leur dernier lapin avec celui qu'ils amenaient pour le pendre.

L'inspecteur se dirigea vers la fenêtre et regarda derrière eux dans la rue. Ses lèvres remuèrent, mais aucun son n'en sortait. Leur mouvement rythmique aurait pu suggérer, s'il y avait eu quelqu'un présent pour les observer, que son esprit était occupé par le vieux chant de la rivière.

"Malbrouck s'en va -t- en guerre,
  Mironton -ton-ton, mirontaine ."

# CHAPITRE XLI

## SENS ET NON-SENS

Beresford s'adressant à un auditoire composé d'une personne qui écoutait avec de doux yeux sombres, brillants et pétillants.

"C'est le meilleur éclaireur jamais vu de l'autre côté de la frontière, Jessie. Fiable comme l'acier, il tient la gaffe sans se plaindre, soutient ses amis jusqu'à la limite et joue le jeu jusqu'à ce que la dernière carte soit distribuée et le dernier pli perdu. Tom Morse est un homme sur cinquante mille. »

"J'en connais un autre", murmura-t-elle. "Chaque mot que tu as dit est vrai pour lui aussi."

"C'est une merveille, cet autre." » Admit sèchement le soldat. "Mais nous parlons de Tom maintenant. Je vous le dis, cet Iron Man nous a traîné West et moi hors des Tarides par la peau du cou. Il n'abandonnerait pas. Il n'abandonnerait pas. Le jaune de West est sorti une demi-heure. Des dizaines de fois. Lorsque le blizzard de dix jours nous a rattrapés, il s'est allongé et a crié comme un chien. Je n'aurais pas donné un six pence branché pour nos chances. Mais Tom est sorti, pendant une petite accalmie, et a apporté Il était revenu avec lui un loup des bois. Comment il l'a trouvé, comment il l'a tué, Dieu seul le sait. Il était recouvert de glace de la tête aux pieds. Ce loup nous a gardés en vie, nous et les chiens, pendant une semaine. Chaque jour, lorsque les hurlements de Le blizzard s'apaisa un peu, Tom obligea West à descendre avec lui jusqu'au ruisseau chercher du bois. Cela devait être une heure terrible. Ils revenaient tellement fatigués, tellement gelés, qu'ils pouvaient à peine tituber avec leurs bottes de neige. Je n'ai jamais entendu l'homme se plaindre, pas une seule fois. Il a résisté comme Tom Sayers le faisait.

La jeune fille sentit un courant chaud de vie la traverser rapidement. "J'aime t'entendre parler si généreusement de lui."

"De mon rival ?" dit-il en souriant. "Comment puis-je parler autrement ? Ce scélérat a jeté sur moi ces charbons ardents dont nous lisons. Je ne vous en ai pas raconté la moitié - comment il m'a soigné comme une femme et a pris soin de moi pour que je ne prenne pas froid, comme il avait l'habitude de me border dans le traîneau avec une pierre chaude aux pieds et de faire de courtes journées de courses pour ne pas épuiser mes forces. Par Jupiter, c'était un avantage diablement injuste qu'il prenait de moi.

"Est-ce votre rival ?" elle a demandé.

"N'est-ce pas ?"

"Dans les affaires?"

"Comme Miss McRae est sage," commenta-t-il. "Observez ces longs cils flotter jusqu'aux joues douces."

"Dans quel livre as-tu lu ça ?" elle voulait savoir.

"Dans ce livre de souffrance connu sous le nom d'expérience", soupira-t-il, les yeux dansant.

"Si tu essaies de me dire que tu es amoureux d'une fille—"

« Cela fait un an que j'essaie de te le dire ?

Ses yeux lui lançaient un défi. "Faites attention, monsieur. Tout d'abord, vous savez que vous serez sur de la glace. Vous pourriez percer."

"Et si je le faisais—"

" Bien sûr , je t'attraperais avant que tu puisses sourciller. Y a-t-il une fille qui ne le ferait pas ? Et je suis presque une vieille fille. N'oublie pas ça. Je dois cueillir des boutons de roses pendant que je peux. , parce que le temps passe si vite, dit un poète."

"Le temps s'est arrêté pour vous, ma chère", s'inclina-t-il avec une gaie imitation des manières grandioses.

"Merci." Son sourire se moquait de lui. Elle avait beaucoup flirté avec ce jeune homme et le comprenait très bien. Il n'avait aucune intention d'abandonner les gais aléas de la vie pour une aventure aussi durable que le mariage. De plus, il savait qu'elle le savait. "Mais restons dans le vif du sujet. Pendant que vous proposez..."

"Comment aidez-vous un gars!" il rit. "Est-ce que je propose?"

" Bien sûr que oui. Mais je n'ai pas encore découvert si c'était pour vous ou pour M. Morse. "

"Une bonne suggestion, un roman aussi. Pour nous deux, disons. À vous de choisir." Il tendit la main dans un geste gai et débonnaire.

"Vous avez parlé de ses mérites, mais je ne pense pas avoir jamais entendu parler des vôtres", rétorqua-t-elle. "Si vous pouviez les réciter, s'il vous plaît."

"C'est un sujet sur lequel je ne peux que rendre justice." Il s'inclina de nouveau.
"Sergent Beresford, à votre service, de la North-West Mounted."

"Sergent ! Depuis quand ?"

"Depuis hier. Promu pour conduite méritoire dans l'exercice de mes fonctions. Mon salaire est augmenté à un dollar et quart par jour. Au cas où par bonheur votre choix se porterait sur moi, ne le gaspillez pas en soies et satins, en voyages à Paris. et Londres… »

"Si je te choisis, ce ne sera pas pour ta richesse", lui assura-t-elle.

" Rassurée, belle dame. Je procède à l'inventaire de l'équipement du sergent Beresford en tant que futur mari. Affectueux, mais, hélas ! inconstant. Une famille de moutons noirs, ou sinon noirs, du moins rayés. Sans doute ne vous tourmentera-t-elle pas longtemps, si il a été envoyé sur de nombreux autres travaux comme le précédent. On dit qu'il est de bonne humeur, mais pas docile. Gentil, comme le disent les hommes, mais un vaurien, un prodigue, un gaspilleur. Quelque chose me murmure à l'oreille qu'il je ferai un meilleur ami qu'un mari.

"Une fée jumelle me murmure la même chose à l'oreille", acquiesça la jeune fille. "Au moins un meilleur ami de Jessie McRae. Mais je pense qu'il a un piètre défenseur en vous. La description n'est pas flatteuse. Je ne reconnais même pas le portrait."

"Mais Tom Morse—"

"Exactement, Tom Morse. N'avez-vous pas plutôt pris le pauvre garçon pour acquis ?" Elle sentit une rougeur inattendue lui monter à la joue. Cela tacha la chair douce de sa gorge. Car elle découvrait que les bêtises commencées si légèrement étaient embarrassantes. Elle ne voulait pas parler des sentiments de Tom Morse à son égard. "C'est très bien de plaisanter, mais—"

"Dois-je lui demander ?" taquina-t-il.

Elle tomba dans une légère quasi-panique. "Si vous l'osez, gagnez Beresford !" L'éclair dans ses yeux n'était plus de la gaieté. "Nous parlerons d'autre chose. Je ne pense pas que ce soit très gentil de notre part de—de—"

"Tom s'est retiré de la circulation conversationnelle", annonça-t-il. "Devrions-nous parler de chats ou de rois ?"

"Dis-moi tes projets, maintenant tu as été promu."

" Des plans ? Des hommes meilleurs les font . Je touche mon chapeau, je dis : " Oui, monsieur " et j'aide à les élaborer . Pour en revenir à Tom une minute, avez-vous entendu dire que le colonel lui a écrit une lettre de remerciement. pour le service distingué rendu par lui à la Gendarmerie et suggérant qu'une place permanente d'importance peut lui être trouvée dans la Force s'il l'accepte ?

"Non. Vraiment ? N'est-ce pas très bien ?" La douce lueur avait de nouveau dansé dans ses yeux. "Il ne le prendra pas, n'est-ce pas ?"

"Qu'en penses-tu?" Ses yeux défiaient les siens froidement. Il était prêt, s'il le pouvait, à découvrir si Jessie était amoureuse de son ami.

"Oh, je ne pense pas qu'il devrait," dit-elle rapidement. "Il a de bonnes affaires. Elles s'améliorent tout le temps. C'est un homme prometteur. Et bien sûr , il obtiendrait des emplois difficiles à cheval, comme vous le faites."

"C'est un compliment, si c'est vrai", sourit-il.

"J'ose le dire, mais cela ne rend pas les choses plus sûres."

"Ils ne pouvaient pas lui donner une tâche plus dure que celle que vous avez faite lorsque vous l'avez envoyé dans les Tarides pour le ramener dans l'Ouest." Ses yeux, touchés par l'humour et pourtant d'une attention déconcertante à l'information, étaient fixés fermement sur les siens.

Les joues de la jeune fille arboraient des signaux de couleur. "Pourquoi dis-tu ça ? Je ne lui ai pas demandé d'y aller. Il s'est porté volontaire."

"N'était-ce pas parce que tu le voulais ?"

"Je pense que tu serais le dernier homme à dire ça", protesta-t-elle avec indignation. "C'était ton ami, et il ne voulait pas que tu coures seul un si grand risque."

"Alors tu ne voulais pas qu'il parte ?"

"Si je l'ai fait, c'était pour toi. Peut-être qu'il m'en veut, mais je ne vois pas comment *tu* peux. Tu viens de finir de me dire qu'il t'a sauvé la vie une douzaine de fois."

« Est-ce que j'ai dit que je te blâmais ? Son sourire chaleureux et affectueux implorait
pardon s'il avait offensé. "J'essayais juste de comprendre. Tu voulais qu'il parte cette fois-là, mais tu ne voudrais pas qu'il y revienne. C'est ça ?"

"Je ne voudrais pas qu'aucun de vous y retourne. Pourquoi voulez-vous en venir,
Win Beresford ?"

"Non, rien!" Il rit. "Mais si vous pensez que Tom est trop bon pour être gaspillé avec les Montés, vous feriez mieux de le lui dire pendant qu'il est encore temps. Il se décidera d'ici un jour ou deux."

"Je ne le vois pas. Il ne vient jamais ici."

"Je me demande pourquoi."

Jessie se demandait parfois pourquoi elle-même.

# CHAPITRE XLII

## L'EXPÉDITION IMPÉRATIVE

La raison pour laquelle Tom n'est pas allé voir Jessie était qu'il avait envie de le faire dans toutes les fibres de son être. Son esprit ne s'était jamais libéré un instant de la routine du travail quotidien sans se tourner automatiquement vers elle. S'il voyait une femme descendre la rue avec le pas léger et libre que seule une personne à Faraway possédait, son cœur se mettrait à battre plus vite. Bref, il souffrait de ce tourment qu'on appelle être amoureux.

Il n'osait pas aller la voir de peur qu'elle ne le découvre. Elle était la chérie de son ami. C'était aussi naturel que la lumière du jour qu'elle se tourne vers Win Beresford pour lui offrir son amour. Personne comme lui n'était jamais entré dans sa vie. Son courage gai, sa grâce débonnaire, les bonnes manières de ce monde extérieur dont une telle fille doit rêver, la touche affectueuse et amicale de son sourire : comment une femme de cette lisière abandonnée de l'Arctique pourrait-elle leur résister ?

Bien sûr, elle ne pouvait pas laisser tomber une personne aussi passionnée par la vie que Jessie McRae.

Si Tom avait pu la regarder sans s'émouvoir, s'il avait pu maîtriser ou cacher le feu ardent en lui, il serait allé l'appeler de temps en temps comme par hasard. Mais il ne pouvait pas se faire confiance. Il était comme un volcan prêt à entrer en éruption. Déjà, il s'arrangeait avec son oncle pour placer ici un subordonné et le laisser retourner à Benton. En attendant, il essayait de la voir le moins possible.

Mais Jessie était une enfant née d'un besoin impératif. Elle se répéta cinquante fois que cela ne la regardait pas s'il acceptait l'offre d'une place au Mont du Nord-Ouest. Il pouvait faire ce qu'il voulait. Pourquoi devrait-elle intervenir ? Et pourtant—et pourtant—

Elle trouvait une ombre d'excuse dans le fait que c'était par son intermédiaire qu'il s'était proposé comme agent spécial. Il pourrait penser qu'elle voulait qu'il s'engage de façon permanente. Tant de filles se moquaient des tuniques rouges des soldats. Elle l'avait remarqué parmi ses amies d'école à Winnipeg. Si elle avait une quelconque influence sur lui, elle ne voulait pas qu'elle soit rejetée de ce côté-là de l'échelle.

Mais bien sûr, il ne se souciait probablement pas de ce qu'elle pensait. C'était très probablement sa vanité qui lui avait murmuré qu'il était parti dans le Nord avec Win Beresford en partie pour lui faire plaisir. Pourtant, puisqu'elle était son amie, ne devrait-elle pas simplement laisser entendre qu'il était un citoyen plus utile là où il était qu'à cheval ? Il ne pouvait pas vraiment lui en vouloir, n'est-ce pas ? Ou la pensez-vous officieuse ? Ou en avant ?

Elle a imaginé de petits projets pour le rencontrer lorsqu'il serait seul et qu'elle pourrait lui parler, mais elle les a rejetés parce qu'elle avait peur qu'il ne les voie à travers. Il était devenu primordial pour elle que Tom Morse ne pense qu'elle n'avait pour lui qu'un intérêt superficiel.

Lorsqu'elle le rencontra enfin, ce fut par pur hasard. Le crépuscule tombait. Elle passait devant la cour où se trouvait son entrepôt. Il sortit et la tomba dodu face à face. Tous deux furent complètement surpris. Ni l'un ni l'autre ne pouvait en sortir instantanément avec des mots de salutation désinvoltes.

Jessie sentit son pouls battre. Une étrange consternation paralysait les facultés qui auraient dû venir à son secours en alerte. Elle resta debout, étrangement silencieuse, paniquée et timide jusqu'au bout de ses doigts. Plus tard, elle se fouettait avec mépris pour sa folie, mais cela ne l'aidait en rien maintenant.

"Je... j'allais justement chez M. Whaley avec une petite robe que maman avait confectionnée pour le bébé", dit-elle enfin.

"C'est un joli bébé", c'était le mieux qu'il pouvait faire.

"Oui. C'est drôle. Vous savez, M. Whaley s'en fichait avant, alors que c'était très peu. Mais maintenant, il pense que c'est merveilleux. Je suis tellement content qu'il le fasse."

Elle commençait à se ressaisir, à sortir de la crise émotionnelle dans laquelle cette rencontre l'avait plongée. Elle avait pris conscience qu'il était aussi perturbé qu'elle, et une découverte de cette nature apporte toujours le calme à une femme.

"Il traite beaucoup mieux sa femme aussi."

"Il y avait de la place pour ça", dit-il sèchement.

"C'est une gentille petite chose."

"Oui."

La conversation, momentanément animée, menaçait de s'éteindre faute de carburant. Tout valait mieux que des silences significatifs dans lesquels elle pouvait presque entendre les battements de son cœur.

"Win Beresford m'a parlé de l'offre que tu avais d'entrer dans la Montée", dit-elle, plongeante.

"Oui?"

"Accepterez-vous?"

Il la regarda, surpris. "Win ne te l'a pas dit ? J'ai dit tout de suite que je ne pouvais pas accepter. Il le savait."

"Oh ! Je ne crois pas qu'il me l'ait dit. Peut-être que tu n'avais pas décidé à ce moment-là." En privé, elle était déterminée à s'entendre un jour avec Winthrop Beresford pour l'avoir conduite dans cette voie. Il avait volontairement gardé le silence, elle le savait maintenant, dans l'espoir qu'elle en parlerait à Tom Morse. "Mais je suis content que tu aies décidé de ne pas entrer."

"Pourquoi?"

"C'est dangereux et je ne pense pas que cela ait beaucoup d'avenir."

"Win aime ça."

"Oui, Win le sait. Il touchera une commission un de ces jours."

"Il en mérite un. Je—j'espère que vous serez tous les deux très heureux."

Il marchait à côté d'elle. Rapidement, son regard se tourna vers lui. Était-ce la raison pour laquelle il s'était tenu si loin d'elle ?

"Je pense que nous le ferons, très probablement, si vous parlez de Win et moi. Il est toujours heureux, n'est-ce pas ? Et j'essaie de l'être. Je suis désolé qu'il quitte cette partie du pays. Écrire sur pierre est un très loin d'ici. Il ne reviendra peut-être jamais. Il me manquera beaucoup. Bien sûr , vous aussi.

C'était assez clair, mais Tom ne pouvait pas l'accepter au pied de la lettre. Peut-être voulait-elle dire qu'il lui manquerait jusqu'à ce que Win soit prêt à l'envoyer chercher. Une idée fermement ancrée dans l'esprit ne peut pas être éjectée en un instant.

"Oui, il va me manquer. C'est un garçon formidable. Je n'en ai jamais rencontré un comme lui, aussi fidèle, aussi joyeux et joueur. Parfois, j'aimerais vous raconter ce voyage que nous avons fait. Vous seriez fier de lui."

"Je suis sûre que tous ses amis le sont", dit-elle, souriant d'un étrange petit sourire perdu dans l'obscurité.

"C'était un homme très malade, qui souffrait beaucoup, et nous avons vécu une période assez épouvantable. Bien sûr, cela l'a frappé beaucoup plus durement que West ou moi. Mais jamais un gémissement de sa part du premier au dernier. Toujours joyeux, toujours plein d'espoir, avec une petite blague ou un extrait de chanson, même quand il semblait que nous ne pouvions pas y aller un autre jour. Il est un sur dix mille. "

"Je l'ai entendu dire cela à propos d'un autre homme, mais je pense qu'il a dit un sur cinquante mille", a-t-elle commenté, presque dans un murmure.

"N'importe quelle fille aurait de la chance d'avoir un tel homme pour mari", ajouta-t-il avec fatuité.

"Oui. J'espère qu'il trouvera quelqu'un de sympa qui l'appréciera."

Cela ne laissait aucune place à un malentendu. Le cerveau de Tom tourna. « Vous… vous et lui n'avez eu aucune… dispute ?

"Non. Qu'est-ce qui te fait penser cela ?"

"Je ne sais pas. Je suppose que je suis un idiot. Mais je pensais—"

Il a arreté. Elle reprit sa phrase inachevée.

"Tu as mal pensé."